U0616057

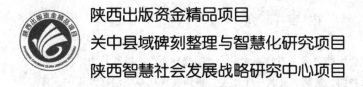

陕西出版资金精品项目

关中县域碑刻整理与智慧化研究项目

陕西智慧社会发展战略研究中心项目

乡规民约碑刻与

清代陕西地方社会治理研究

董永强　著

西安电子科技大学出版社

内 容 简 介

本书以历史人类学、历史社会学的理念、方法为圭臬，"眼光向下"，以碑补史，主要利用陕西地方碑刻和地方志，选取乡约、禁赌、义渡三个维度，重新发现在基层治理过程中，官府、民众、会社三者之间复杂多样的控制与因应关系，重新建构明清陕西区域社会史生动鲜活的历史细节。书中通过对地方碑刻文献的文本细读，在历史社会学的理念和方法的指导下，重新理解明清时代陕西地方治理的历史过程。

本书可作为高校和科研院所研究人员的参考书，也适于对陕西地方社会史感兴趣的普通读者。

图书在版编目(CIP)数据

乡规民约碑刻与清代陕西地方社会治理研究 / 董永强著. —西安：西安电子科技大学出版社，2021.3
ISBN 978-7-5606-5775-2

Ⅰ. ①乡…　　Ⅱ. ①董…　　Ⅲ. ①农村—社会管理—研究—陕西—清代
Ⅳ. ①D691.2

中国版本图书馆 CIP 数据核字(2020)第 116363 号

策划编辑　高　樱
责任编辑　高　樱　宁晓蓉
出版发行　西安电子科技大学出版社（西安市太白南路 2 号）
电　　话　(029)88242885　88201467　　　　邮　　编　710071
网　　址　www.xduph.com　　　　　　　　　电子邮箱　xdupfxb001@163.com
经　　销　新华书店
印刷单位　陕西精工印务有限公司
版　　次　2021 年 3 月第 1 版　　2021 年 3 月第 1 次印刷
开　　本　787 毫米×1092 毫米　1/16　印张 14.25
字　　数　227 千字
印　　数　1～1000 册
定　　价　59.00 元
ISBN　978-7-5606-5775-2 / D

XDUP 6077001-1

*** 如有印装问题可调换 ***

序

　　黄宗羲在其《明儒学案》中曾言"关学世有渊源，以躬行礼教为本"，关学的开创者张载及其弟子"蓝田三吕"皆重礼力行，形成关学一大特色。关中学人对礼教的重视基于儒家所倡导的仁义原则与价值取向，他们试图通过将礼教渗透于百姓日用常行之中实现化民成俗，维持封建伦理纲常，稳定社会秩序，这也是传统中国社会基层治理的一个重要方面。北宋蓝田吕氏兄弟将礼教思想付诸社会实践，制定了中国第一部成文乡约——《吕氏乡约》，通过乡约所规定的一套制度与规则，对组织内成员进行约束与管理。《吕氏乡约》对传统中国社会产生了极其深远的影响，南宋的朱熹对《吕氏乡约》进行了增损修订，明代的王阳明在《吕氏乡约》的基础上制定了《南赣乡约》，这些乡约在官方的支持下成为传统社会乡村治理的主要模式。

　　《乡规民约碑刻与清代陕西地方社会治理研究》是作者在田野考察的基础上对流散在陕西民间关于乡规民约的碑刻进行了搜集与整理，并为之作注，用功可谓勤矣。透过这些翔实的第一手资料，对清代陕西基层乡村人们的生活场景有了比较清晰的认识和了解，人们日用常行中的婚丧嫁娶、邻里矛盾，公私冲突、世风民俗等跃然纸上，充满了生活的气息。

　　马克思说人的本质是一切社会关系的总和，人们的社会实践及在社会实践过程中形成的关系总是现实的。通过著作中有关乡规民约的碑刻资料可以看出，人们的现实生活并非田园牧歌式的惬意和舒适，而是充满了利益的纠葛冲突及"世风随日俭，俗态逐势热"的隐忧，这些都是地方官员所面临的现实问题。中国传统吏制强调"为官一任，造福一方"，面对这些现实问题，地方官员必须做出回应，以期维护基层社会的稳定，约束与规范民众的行为。在诸多碑刻资料中看出，这些地方官员对"民所呼，有所应"，制定的乡规民约既体现出国家法律所具有的威严，但同时又体现出其温情的一面，形成了"习成上古醇厚雅化之风，老安少怀之仁境"的基层管理模式，这也是中国德治传统的一个缩影。

　　本著的作者永强君笃志于学，好学深思，于吐鲁番文书研究起家，深耕细耘，颇有建树。最近几年，他将学术研究的目光转向关中的社会文化史领域，这一转向大致有两方面原因。其一，是当前史学研究视角的多元化。中国传统史学有"究天人之际，通古今之变"的史学意识，注重天道人事、王朝兴衰及历史镜鉴。自二十世纪八十年代以来，西方社会文化史的研究方法兴起于中国，区域性的社会文化史研究蔚然成风，江南地区史学研究者在这方面已经取得了骄人的成绩，西北地区的史学研究者稍显落后。为此，他愿意成为这一领域研究的奋起直追者。其二，他是"生于斯、长于斯、学于斯"的地地道道关中人，有着浓厚的乡土情结。"秦川自古帝王都"，为周、秦、汉、唐京畿故地，有着非常丰厚的历史文化资源，作为一个史学研究者，占据了"地利"之便。永强君世代所居灞桥离"蓝田三吕"所居故地不远，浸染《吕氏乡约》遗风，民风醇厚。他以乡约与社会基层治理为新的研究领域，既是对本地先贤的一种追慕，也是对养育自己文化的一种精神回馈。

我虽虚长永强几岁，但进入史学堂奥为迟，在陕西师范大学攻读博士期间同堂受教于诸贤，也曾把酒临风，指点江山。毕业后，他来到我的母校和工作单位——西安电子科技大学任教，成为同事。其间我们一起探讨学术，砥砺前行，一晃十余三年。2018 年初，我调离母校到西安交通大学工作，但时常与他谋面，我指导的研究生也受教于他良多，这些都延续了我们的情谊。永强君大作杀青，索序于予，从学养而言，难堪此任，但就情谊来说，义不容辞，不谬乐于写此序文。

常新
2020 年初夏于终南草堂

目　录

绪言 1

第一章　明清时期陕西乡规民约碑刻的文献学研究 11

第一节　明清陕西乡规民约碑刻释录 14

一、"乡约"碑刻 14

二、"乡规民约"碑刻 29

第二节　"乡规民约"碑刻的类型与内涵 102

一、示禁碑 102

二、环保碑 108

三、诉讼记事碑 114

第二章　乡约与清代陕西地方社会 122

一、清代陕西乡约的推行 122

二、清代陕西推广乡约的原因 124

三、清代陕西乡约的组织形式 126

四、清代陕西乡约的职能 127

五、清代陕西乡约主事的选任 135

六、清代陕西乡约主事的收入 138

第三章　禁赌碑与乡规民约——以清代陕西安康地区为中心 142

一、禁赌碑的内容与形式 144

二、约条与罚则：典型禁赌碑举隅 148

三、禁赌碑所见安康地区乡规民约的特点 150

四、清代安康地区赌博屡禁不止的原因 151

小结 154

第四章　津渡与清代陕西乡村社会治理 156

第一节　清代陕西津渡的设置 158

一、津渡的设置及其动因 158

　　二、官渡与义渡 159

　第二节　清代陕西津渡的构成要素及其运营管理 163

　　一、渡口、渡夫与渡产 163

　　二、津渡的运营与管理 164

　　三、义渡的经费来源 165

　第三节　清代义渡与陕西地方社会 166

　　一、义渡与地方社会群体 166

　　二、民间组织——义渡会 171

第五章　利济在兹：船桥会与清代陕南地方社会 180

　第一节　清代陕南船桥会的概况 181

　　一、陕南船桥会的历史由来 181

　　二、船桥会的组织构成与职责 185

　　三、船桥会的会产构成 192

　第二节　船桥会与陕南地方社会的关系 193

　　一、船桥会与民间信仰的关系 193

　　二、船桥会的田产与灌区的关系 194

　　三、船桥会与乡村精英群体的关系 198

附录　汉中南郑县船桥会碑刻辑存 200

参考文献 217

后记 221

绪　言

　　著名社会学家费孝通先生分析中国传统社会的特征时说："从基层上看去，中国社会是乡土性的"①。这个概括无疑是十分精准的。他进而认为，礼和法都是维持行为规范的力量。法是靠国家的权力推行的，而礼不需要外在有形的权力机构来维持。维持乡土社会秩序主要是靠合于礼的传统②。乡规民约是礼治传统在乡土社会中基层化、民间化的重要表现之一，也是民间社会组织维护乡土社会正常秩序的带有自治性质的社会规范。与国家法律和私人契约不同，从地方社会治理实践来看，国家法律在某种程度上甚至会以乡规民约的方式被二次本土化诠释，转变为民间习惯法，从而达到符合实际的效果。

　　因现代汉语用语习惯，"乡规民约"常被简称为"乡约"③。很多学者在研究中也往往将"乡规民约"和"乡约"混为一谈。因此在讨论本书内容之前，有必要对这两个概念进行明确界定。实际上，董建辉先生较早意识到应对二者加以区别。他在《"乡约"不等于"乡规民约"》一文中指出，"乡规民约"是基层社会组织的社会成员共同制定出来供大家共同遵守的一种社会行为规范，而"乡约"是乡村社会中以社会教化为主要目的的一种民间基层组织形式④。此后，段自成先生在《清代北方官办乡约

---

① 费孝通：《乡土中国》，北京出版社，2004 年，第 1 页。
② 费孝通：《乡土中国》，北京出版社，2004 年，第 71 页。
③ 《中国大百科全书》"乡规民约"条："乡规民约是中国基层社会组织中社会成员共同制订的一种社会行为规范。又称乡约"，详见《中国大百科全书·社会学》，中国大百科全书出版社，1991 年，第 434 页。
④ 董建辉：《"乡约"不等于"乡规民约"》，《厦门大学学报》2006 年第 2 期，第 51-58 页。

研究》一书导言中也明确指出清代"乡约"的四种含义：一指的是乡村中一定范围的民众遵循的乡规民约；二指的是宣讲活动，即州县官朔望讲读圣谕的活动，以及各乡约组织每月朔望讲读圣谕或乡规民约的活动；三指的是乡约正、约长、约正；四指的是民众自愿或者根据官府的强制，依地缘或血缘或其他关系组织起来的基层社会组织①。他研究的是乡约的职能，乡约与官府、地方社会的关系，因此用的是乡约的第四种含义。本书试图通过乡规民约碑刻资料来探讨明清陕西乡土社会自我治理的方式、手段和效果，民间习惯法与明清国法的关系，明清乡村社会治理的困境等问题；因此所用"乡约"概念是指乡规民约或者村规民约。但鉴于乡约与乡规民约的文化渊源关系，二者之间有许多联系和共通之处，因此在对此论题进行学术史回顾时，兼顾二者，以备参考。

一、乡约研究综述

学界关注乡规民约由来已久。早在 20 世纪 30 年代，我国第一代社会学家杨开道先生的系列论著即已开启了乡规民约研究的风气之先。其《中国农村组织史略》②《乡约制度的研究》③对历史上的乡规民约进行了系统爬梳，为山西当时的村治提供了理论指导。杨氏《吕新吾的乡甲约制度》④详细介绍了明儒吕坤的乡约理论，认为乡甲约是乡约与保甲的合并，兼有教民与治民的双重作用，是儒家"政教合一"观念的体现。1937 年，杨氏在山东乡村建设研究院出版了《中国乡约制度》⑤，该书全面论述了乡约制度的起源、发展演变轨迹、成败得失及其与乡村治理的互动关系，对传统乡约制度研究有开拓之功。随后，王兰荫的《明代之乡约与民众教育》⑥论述了明

---

① 段自成：《清代北方官办乡约研究》，中国社会科学出版社，2009 年，第 1-2 页。
② 杨开道：《中国农村组织史略（乡约）》，《社会学刊》1930 年第 1 卷第 4 期。
③ 杨开道：《乡约制度的研究》，《社会学界》1931 年第 5 卷。
④ 杨开道：《吕新吾的乡甲约制度》，《社会学界》1934 年第 8 卷。
⑤ 杨开道：《中国乡约制度》，山东省乡村服务人员训练处 1937 年排印版；又见商务印书馆，2015 年版。
⑥ 王兰荫：《明代之乡约与民众教育》，《师大月刊》1935 年第 5 卷。

代乡规民约制定的时间、地点、人员和仪式等，又分析了乡约与保甲、社仓、社学的联系，最后总结了明代乡约教化的流弊。吕著清的《中国乡约概要》①从宏观上勾勒了中国乡约发展演变的概貌。

此后相当长时间内，国内学术界对传统乡规民约的研究处于停滞状态，成果也乏善可陈。20 世纪 90 年代以来，我国逐步推行村民自治制度，乡规民约再次引起关注，研究也逐渐升温。学者们或从实证角度，以民俗学的理论为依据，研究历代乡规民约在不同地域乡土社会的制定和实施情况；或从学理层面，以法学理论为基础，研究以乡规民约为代表的民间法与国家法之间的关系和互动。总体而言，明清乡约成为学者们研究的重点。主要研究可以分成专题性研究与区域性研究两大类。

第一类：专题性研究

有的学者专门针对明清乡约的职能展开讨论，如谢长法的《乡约及其社会教化》②、段自成与施铁清的《试论清代乡约的政治职能》③、段自成的《明清乡约的司法职能及其产生原因》④《论清代里甲催科向乡约催科的转变》⑤《论清代乡约职能演变的复杂性》⑥《论清代的乡村儒学教化——以清代乡约为中心》⑦、《清代乡约长的官役化与乡约教化的衰落》⑧等。有的学者主要探讨乡约的属性与职能的关系问题，如王日根的《论明清乡

---

① 吕著清：《中国乡约概要》，《河北学刊》1936 年第 4 卷。
② 谢长法：《乡约及其社会教化》，《史学集刊》1996 年第 3 期，第 53-58 页。
③ 段自成、施铁清：《试论清代乡约的政治职能》，《河池学院学报》1998 年第 3 期，第 74-77 页。
④ 段自成：《明清乡约的司法职能及其产生原因》，《史学集刊》1999 年第 2 期，第 45-49 页。
⑤ 段自成：《论清代里甲催科向乡约催科的转变》，《青海师范大学学报》2005 年第 6 期，第 70-74 页。
⑥ 段自成：《论清代乡约职能演变的复杂性》，《求是学刊》2013 年第 2 期，第 170-176 页。
⑦ 段自成：《论清代乡村的儒学教化——以清代乡约为中心》，《孔子研究》2009 年第 2 期，第 84-93 页。
⑧ 段自成：《清代乡约长的官役化与乡约教化的衰落》，《平顶山师专学报》2003 年第 4 期，第 15-17 页。

约属性与职能的变迁》①指出，民间性是乡约的基本属性，而教化是乡约的主要职能，乡约职能因时期、地区而有一定差异。清代乡约与官府的关系日益密切，呈现官化倾向。张中秋的《乡约的诸属性及其文化原理认识》②认为，时空性、价值性和法律性是传统乡约的三个基本属性，在乡民的实际生活中发挥着法的作用，是构建传统社会秩序的重要环节。黄志繁的《乡约与保甲：以明代赣南为中心的分析》③一文认为，王阳明的保甲法和赣南乡约因各自内在原因，容易流于形式，但又在基层社会中发挥了一定的作用，保甲、乡约有和基层社会的各种势力相结合的可能。

第二类：区域性研究

关于乡约与地方社会关系的研究，也是学界关注的重点。这主要集中在乡约与宗族及乡绅的关系方面。常建华《明代徽州的宗族乡约化》④认为，宗族的乡约化不仅对基层社会影响巨大，而且加强了宗族与官府的互动关系。常建华的另一力作《乡约的推行与明朝对基层社会的治理》⑤从基层社会治理的角度，探讨了乡约制度在明代推行的过程和特点，认为明代是大规模推行乡约的时代，形成了通过乡约治理基层社会的统治特色，对后世影响深远。陈柯云的《略论明清时期徽州的乡约》⑥也指出，徽州的宗族性乡约具有综合管理功能。汪毅夫的《试论明清时期的闽台乡约》⑦指出，乡约在明清时期的闽台地区得到普遍推行，表现了特殊历史时期地方基层政权

---

① 王日根：《论明清乡约属性与职能的变迁》，《厦门大学学报》2003 年第 2 期，第 69-76 页。

② 张中秋：《乡约的诸属性及其文化原理认识》，《南京大学学报》2004 年第 5 期，第 51-57 页。

③ 黄志繁：《乡约与保甲：以明代赣南为中心的分析》，《中国社会经济史研究》2002 年第 2 期，第 3-7 页。

④ 常建华：《明代徽州的宗族乡约化》，《中国史研究》2003 年第 3 期，第 135-152 页。

⑤ 常建华：《乡约的推行与明朝对基层社会的治理》，《清史论丛》2003 年第 4 辑，第 1-36 页。

⑥ 陈柯云：《略论明清时期徽州的乡约》，《中国史研究》1990 年第 4 期，第 44-55 页。

⑦ 汪毅夫：《试论明清时期的闽台乡约》，《中国史研究》2002 年第 1 期，第 131-144 页。

与乡绅势力重建社会秩序的努力。刘永华的《明清时期闽西四保的乡约》①认为，下层士绅和无功名的地方精英在四保乡约中扮演着重要的角色。此外，胡庆钧的《从保长到乡约》②、郑峰的《杨增新治新时期的南疆乡约》③和曹国庆的《明代乡约推行的特点》④也从不同层面对乡约与乡绅的关系进行了探讨。

从地方社会史角度，学者们对明清时期乡约的区域性研究主要集中在我国南方地区。徽州是较早引起学者们关注的地区。陈柯云的《略论明清徽州的乡约》论述了乡约在徽州的发展流变。卞利的《明清时期徽州乡约简论》⑤《明清徽州社会研究》⑥等论著对明清时期徽州乡约的形成与发展、类型与特点、运作形式、功能与作用等展开了深入的研究。此外，也有学者就徽州乡约与宗族的关系进行探讨。如洪性鸠的《明代中期徽州的乡约与宗族的关系——以祁门县文堂陈氏乡约为例》⑦和陈瑞的《明清时期徽州宗族的内部救济》⑧。

一些学者将研究地域集中在闽台地区。如汪毅夫的《明清乡约制度与闽台乡土社会——〈闽台区域社会研究〉之一节》⑨从福建、台湾的地方文献取取证，论述了明清时期乡约与地方行政制度、乡约的自治性质与自愿原则等乡约制度与闽台社会的种种关系。常建华的《国家与社会：明清时期福建泉州乡约的地域化——以〈福建宗教碑铭汇编·泉州府分册〉为中心》⑩对明

---

① 刘永华：《明清时期闽西四保的乡约》，《历史人类学》2003 年第 2 期，第 21-45 页。
② 吴晗、费孝通：《皇权与绅权(增补本)》，华东师范大学出版社，2015 年，第 107-115 页。
③ 郑峰：《杨增新治新时期的南疆乡约》，《喀什师范学院学报》2001 年第 6 期，第 39-41 页。
④ 曹国庆：《明代乡约推行的特点》，《中国文化研究》1997 年第 1 期，第 17-23 页。
⑤ 卞利：《明清时期徽州乡约简论》，《安徽大学学报》2002 年第 6 期，第 34-40 页。
⑥ 卞利：《明清徽州社会研究》，安徽大学出版社，2004 年。
⑦ 洪性鸠：《明代中期徽州的乡约与宗族的关系——以祁门县文堂陈氏乡约为例》，《上海师范大学学报》2005 年第 2 期，第 80-89 页。
⑧ 陈瑞：《明清时期徽州宗族的内部救济》，《中国农史》2007 年第 1 期，第 86-99 页。
⑨ 汪毅夫：《明清乡约制度与闽台乡土社会——〈闽台区域社会研究〉之一节》，《台湾研究集刊》(厦门)2001 年第 3 期，第 70-79 页。
⑩ 常建华：《国家与社会：明清时期福建泉州乡约的地域化——以〈福建宗教碑铭汇编·泉州府分册〉为中心》，《天津师范大学学报》2007 年第 1 期，第 40-46 页。

清泉州乡约的地方化、本土化过程进行了梳理，认为乡约与保甲相结合是基层社会的统治秩序得以维护的重要力量，实现了地方自治。此外，杨念群的《论十九世纪岭南乡约的军事化——中英冲突的一个区域性结果》①探究了乡约在广东岭南地区的推行状况，清末的战乱使当地乡约与社学、团练等基层组织逐步趋于军事化。

近二十年来，学术界对北方乡约的研究也开始增多。对此，段自成的著述可谓丰硕。他对新疆、东北、山西等地区乡约的研究渐成体系。如《论清末民初新疆乡约的特点》②《清代北方官办乡约组织形式述论》③《清代北方官办乡约与绅衿富民的关系》④《论清代北方官办乡约首事选任条件的演变》⑤《略论晚清东北乡约》⑥等。

二、乡规民约研究综述

学界对乡规民约的研究起步较早，始于 20 世纪 30 年代。代表成果即是杨开道的《中国乡约制度》。此后，张广修、张景峰合著的《村规民约论》⑦从宏观视角对历代乡规民约的发展演变进行了系统研究，探究了乡规民约在乡村社会治理中所扮演的角色和作用。党晓红的《中国传统乡规民约研究》⑧系统考察了传统乡规民约的发展演变过程，对其产生的思想

---

① 杨念群：《论十九世纪岭南乡约的军事化——中英冲突的一个区域性结果》，《清史研究》1993 年第 3 期，第 114-121 页。
② 段自成：《论清末民初新疆乡约的特点》，《兰州学刊》2006 年第 3 期，第 71-79 页。
③ 段自成：《清代北方官办乡约组织形式述论》，《中国社会历史评论》第 7 卷，2006 年，第 291-306 页。
④ 段自成：《清代北方官办乡约与绅衿富民的关系》，《河南大学学报》2007 年第 5 期，第 112-116 页。
⑤ 段自成：《论清代北方官办乡约首事选任条件的演变》，《石家庄学院学报》2008 年第 5 期，第 48-51 页。
⑥ 段自成：《略论晚清东北乡约》，《史学月刊》2008 年第 8 期，第 66-71 页。
⑦ 张广修、张景峰：《村规民约论》，武汉大学出版社，2002 年。
⑧ 党晓红：《中国传统乡规民约研究》，西北农林科技大学 2011 年博士论文。

文化渊源进行了分析，又对其影响和作用进行了评估，指明了它的历史局限性。认为儒家思想是其产生的思想渊源，"广教化而厚风俗"是其主要作用和功能。后来，乡规民约的内容涉及乡里社会生活的各个层面，国家法律也会渗入到乡规民约中实现基层治理的软控制。党晓红、樊志民的《传统乡规民约的历史反思及其当代启示——乡村精英、国家政权和农民互动的视角》[①]，周家明、刘祖云的《传统乡规民约何以可能》[②]对传统乡规民约的价值功能、有效治理经验等进行梳理后，认为乡村精英阶层、国家政权以及广大民众之间的相互博弈是影响基层乡土社会有效治理的重要动因。刘笃才、祖伟合著的《民间规约与中国古代法律秩序》[③]探究了中国古代法律秩序的结构与民间组织的关系，村社等乡村自治组织、民间社团组织和宗族等制定的各种民间规约的类型与特点，民间规约与国家法律的关系，民间规约的性质与作用以及其在古代法律秩序中的功能定位问题。

就明清时期的乡规民约，部分学者进行了专门研究。比如关于乡规民约与宗族的关系问题，有刘广安的《论明清的家法族规》[④]、许水涛的《清代族规家训的社会功能》[⑤]；关于区域社会治理的研究，有卞利的《明清徽州乡（村）规民约论纲》[⑥]、党晓红的《明清晋陕地区乡规民约对水资源的管理及其作用探析》[⑦]；其他研究还有陈学文的《明清时

① 党晓红、樊志民：《传统乡规民约的历史反思及其当代启示——乡村精英、国家政权和农民互动的视角》，《中国农史》2010年第4期，第100-105页。

② 周家明、刘祖云：《传统乡规民约何以可能》，《民俗研究》2013年第5期，第65-70页。

③ 刘笃才、祖伟：《民间规约与中国古代法律秩序》，社会科学文献出版社，2014年。

④ 刘广安：《论明清的家法族规》，《中国法学》1988年第1期，第103-111页。

⑤ 中国人民大学清史研究所：《清史研究集　第八辑》，中国人民大学出版社，1997年。

⑥ 卞利：《明清徽州乡（村）规民约论纲》，《中国农史》2004年第4期，第97-104页。

⑦ 党晓红：《明清晋陕地区乡规民约对水资源的管理及其作用探析》，《农业考古》2010年第6期，第10-12页。

期社会治安的条令和乡规民约》①和程功群的《明清时期乡规民约教化活动探析》②等。

国外专门研究中国乡规民约的著述并不多见，成果集中在明清与民国时代。日本学者滋贺秀三、寺田浩明的《明清时期的民事审判与民间契约》③从习惯法的视角探讨了乡规民约在司法审判和民间契约等方面的作用。美籍华人黄宗智的专著《清代的法律、社会与文化：民法的表达与实践》④主要探讨了习惯法意义上的乡规民约，认为明清时期的法律实践中，乡规民约是基层社会民间习惯法不可或缺的组成部分。美国杜克大学教授牛铭实的专著《中国历代乡约》⑤系统梳理了历代乡规民约的发展历程，并且从村民自治的角度对当代乡规民约进行了详细的论述。

西方学者较早从治理的角度研究社会，认为治理主体的多元化、治理方式的民主化是现代治理与传统管控的主要区别。乡规民约常被作为治理工具进行研究。这方面的理论研究成果有詹姆斯·N.罗西瑙的专著《没有政府的治理》⑥、让-皮埃尔·戈丹的专著《何谓治理》⑦、格里·斯托克《作为理论的治理：五个论点》⑧、鲍勃·杰普索《治理的兴起及其失败的风险：以经济发展为例的论述》⑨、弗兰西斯·福山《什么是治理？》⑩等。此外，Beate

---

① 陈学文：《明清时期社会治安的条令和乡规民约》，《江南大学学报》2014 年第 4 期，第 48-53 页。

② 程功群：《明清时期乡规民约教化活动探析》，《宁波大学学报》2015 年第 1 期，第 36-40 页。

③ 滋贺秀三、寺田浩明：《明清时期的民事审判与民间契约》，法律出版社，1998 年。

④ 黄宗智：《清代的法律、社会与文化：民法的表达与实践》，上海书店出版社，2001 年。

⑤ 牛铭实：《中国历代乡约》，中国社会出版社，2005 年。

⑥ 詹姆斯·N. 罗西瑙著，张胜军、刘小林译：《没有政府的治理》，江西人民出版社，2001 年。

⑦ 让-皮埃尔·戈丹：《何谓治理》，社会科学文献出版社，2010 年。

⑧ 格里·斯托克：《作为理论的治理：五个论点》，《国际社会科学杂志》（中文版）1999 年第 1 期，第 19-30 页。

⑨ 鲍勃·杰普索：《治理的兴起及其失败的风险：以经济发展为例的论述》，《国际社会科学杂志》（中文版）1999 年第 1 期，第 31-48 页。

⑩ 弗兰西斯·福山：《什么是治理？》，《国家行政学院学报》2013 年第 6 期，第 19-27 页。

Kohler-Koch[①]、 Richard C. Box[②]、Peter John[③]、John Stuart Hall[④]、Katharine Owens[⑤]等人对欧美社会的政府治理问题也有论述。

综上所述，关于乡约和乡规民约的研究，已经得到国内外学者的充分关注。不论是从政治学、社会学、历史学，还是从人类学、法学等不同学科出发，或是从跨学科视野立论，已有的研究成果在深度和广度上都已初见规模，业已形成对传统乡规民约的发展历程、类型特点、价值功能、地域特征等方面的基本认识。但仔细分析后发现，关于乡规民约的研究仍然存在着以下几方面可以继续深化的可能：

其一，现有成果更多注重的是个案研究、区域研究，站在全国视野上，对不同区域的比较研究和宏观的整体研究比较少。而区域研究也以南方为多，北方偏少，陕西更少。区域研究的基础材料比较散乱，未能整理出一地区与乡规民约或乡约相关的资料汇编。

其二，史学界对乡规民约的研究主要集中在明清时代，对北方乡规民约的研究相对薄弱，而综合研究明清陕西乡规民约者更是寥寥无几。陕西丰富的明清碑刻材料是研究乡土社会不可多得的珍贵资料，可惜学术界对此重视不够。

其三，已有成果中对陕西的关注是因为《吕氏乡约》。对《吕氏乡约》的历史学考察已有相当规模，但从基层治理的视角，从具体实践效果出发的研究尚不多见，仍有继续挖掘的可能与必要。

其四，民事纠纷、社会治安、社会救济、基础教育等问题是乡村社会常见的治理难题，现有研究成果中针对这些治理难题的论述也不多见，或者仅

---

① Beate Kohler-Koch，Rainer Eising. The Transformation of Governance in the European Union. London: Routledge，1999: 14.

② Richard C. Box. Citizen Governance: Leading American Communities into the 21st Century. Thousand Oaks: Sage Publications, 1998: 66-87.

③ Peter John. Local Governance in Western Europe. Thousand Oaks: Sage Publications，2001: 14-17.

④ John Stuart Hall. Reconsidering the Connection between Capacity and Governance，Pubic Organization Review，2012, 2(1): 23-43.

⑤ Katharine Owens，Carl Zimmerman. Local Governance Versus Centralization: Connecticut Wetlands Governance as a model. Review of Policy Research，2013，30(6).

涉及某个方面，但涵盖多个方面的综合研究还需深入。

其五，现有成果对传统乡规民约的探讨以实证研究较多，理论概括不够。具体而言，已有研究对传统乡规民约在构建国家立体治理体系中的地位和作用有所重视，但仍有必要继续深化。对地方政府利用乡规民约等习惯法来治理乡村社会的治理模式和治理能力进行的理论抽象和总结还需加强。

有鉴于此，本书从社会治理的视角出发，以明清时期陕西境内文献记载的、考古发掘的和民间征集的各式各类乡规民约碑刻为研究对象，首先，对乡规民约碑刻文本进行文献学研究；其次，结合《吕氏乡约》的文献记载和前人相关研究，对清代陕西乡规民约的类型、内容、形态、功能和实效等问题进行系统探讨；再次，重点分析乡规民约与乡村精英阶层、国家法律、乡村民众之间的互动关系，探究明清时期乡村社会治理所遇到的难题，比如民事纠纷、社会治安、社会公益等。

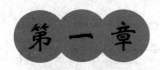

明清时期陕西乡规民约碑刻的
文献学研究

　　清代的行省以下设有道、府、州、厅、县等。道是监察区域，设置道员，代表行省监察巡视，但不直接负责民政，故道不是一级行政区。厅有直隶厅与散厅两种，但都是设在边远地区及军事要地，纯粹是一种军事部署。州有直隶州及散州之别，直隶州的地位与府相同，散州与县相当。因此，清代的地方行政实际上仍是省、府、县三级制。

　　顺治元年(1644)设立陕西等处承宣布政使司，三年改置陕西省，设巡抚，驻西安，并设川陕总督，十四年改设山陕总督，康熙三年(1664)分陕西为左、右两布政使司。十九年将山陕总督改为川陕甘总督，仍驻西安，雍正九年(1731)又改为陕甘总督，十三年兼辖四川，乾隆十四年(1749)复改为陕甘总督，十九年兼甘肃巡抚事，二十九年移驻兰州。陕西省辖区领有西安府、同州府、凤翔府、榆林府、延安府、汉中府、兴安府等 7 府，50多个州县，分 5 道巡察，详见图 1-1。

　　明清时期是中国王朝国家的最后阶段，多民族大一统的政治格局进一步得到强化，甚至走向极端。中央自不待言，地方上的乡约与保甲组织成为地方行政制度的核心，随着里甲赋役制度的变化成为一级乡村行政组织，是地方官进行社会治理的有效抓手。散落在陕西各地，尤其是陕南地区的乡规民约碑刻客观记录了地方官府与乡里精英共同治理基层社会的真实情况。

图 1-1　清代陕西省全图（来自谭其骧《中国历史地图集》，中国地图出版社，1987 年版）

陕西地方文献资源丰富，吴敏霞主编《陕西碑刻总目提要初编》中收集的历代资料就有 7000 余种①。本书主要以清代陕西地方碑刻资料为主要史料，通过细读文本，从民间视角来看乡村社会治理问题。

为更好地研究地方与乡里在基层公共领域的治理举措、效果、弊端，有必要首先分"乡约"和"乡规民约"两大类对这些碑刻资料进行细致的文献学研究，对录文进行重新释读、考订、勘误，并以按语方式对碑文中所反映的核心信息进行提炼，为后续分类研究和综合研究提供线索，最终在此基础上，总结出明清陕西地区基层社会治理的模式和经验教训。

实际上，有些碑刻文本中既有反映"乡约"组织的内容，也有关于"乡规民约"的具体条款，在具体分析解读过程中，都会进行有针对性的说明。但为行文方便起见，仍然按照"乡约"碑刻和"乡规民约"碑刻进行整理。此外，有些"乡规民约"是乡民绅粮公议而成的，有些则是地方官以敦风厉俗的名义自上而下颁布的，无论规约的制定主体有何差异，是来自民间自身，还是官方，一旦刻石立碑为广大乡民所习见，久而久之便会化成民众必须遵守的习惯，自然对人们的言行具有某种程度的约束力，成为乡规民约。

整理说明：

其一，整理碑文时，先据照片、拓片录出碑文，然后据原石校核。凡陈显远先生编著《汉中碑石》、张沛先生编著《安康碑石》、李启良等先生编著《安康碑版钩沉》已收录者，则据原石校核，以原石为据。本文对各书中明显的录文、标点讹误径改，为节省篇幅，不出注释。

其二，为便于阅读、使用，笔者对录文加以标点。碑文中无法辨识，然可判断字数者，以"□"表示；无法判断字数者，以省略号表示。前人整理碑文时，有的以"/"或"｜"表示换行，有的没有标明换行符号。本文校录时取消换行符，以便统一体例。

其三，"辛"表示补字"辛"。碑石原文中明显的错字、漏字，录文时改正或补充，字后加括号注明，如刊(砍)、砖(坪)、紫(阳)。碑文中的俗体字、异体字一律径改，不出校记，不做说明。

---

① 吴敏霞：《陕西碑刻总目提要初编》，科学出版社，2018 年，前言。

第一节 明清陕西乡规民约碑刻释录

一、"乡约"碑刻

1. 清嘉庆七年（1802）汉中市褒城县《禁挖山河堰堤碑》

◎ 简介

此碑原立于褒城县山河堰头，现存汉中市博物馆。王多士撰文，孙骏烈书丹。碑为圆额长方形，额刻"皇清"，碑身高 150 厘米，宽 68 厘米，厚 15 厘米。碑文为楷书 15 行，满行 41 字，间有漫漶，未见著录。

◎ 录文

粤稽汉志[1]，山河官堰为 汉 相 国 萧何创建[2]，横截龙江，直以长桩□□□□巨石为主，琐石为辅，溉南褒田四万五千顷，并无第三堰水分，惟有渗溢之水，尔等听用。至嘉庆 六 年 七月内，偶逢天道炕旱，河源水竭，忽有第三堰栽田人户，不遵旧制，掘挖山河堰堤，以致山河官堰 士 庶具控水利道宪朱暨府宪樊，查明旧制，出示禁止，永不许第三堰掘挖官堰。嗣奉护理□宪赵饬委候补县朱、陈，会同南郑县[3]班、褒城县吕，赴堰勘验。查阅汉志，并无第三堰水分，劝令山河官堰士庶，如遇 炕 旱水缺，将官堰堤坎，仍照旧例横截，通以石砌，草土坚筑。止留五丈许，用石横截，不得草土坚筑；五丈 之 外，仍以草土坚筑。自立碑以后，官堰不得将所留五丈漏水，草土堵塞；三堰亦不得擅行掘挖，妄起 争 端。从此建碑，永垂不朽云。

执事：岁贡生王多士撰，生员孙骏烈书丹。

生员蓝士杰、景逢彦、张瑞林、刘钟奇、丁震川、何生云、马玉英、许镜、郭干城、许懋德、景焕彩、郑兆祥、郑兰香、何会云、许华国、方彩、萧成、周兆熊、张瑞香、张元勋、张云、欧文学、刘钟才、何葵、张作舟、周世德、张献书、宋维商、朱孔锡。禀员周维新，贡生许抡元、许国策。国学[4]张振，吏员郑劝，乡饮[5]张镇，乡约史维直。

嘉庆七年五月敬立。①

---

① 陈显远：《汉中碑石》，三秦出版社，1996 年，第 230-231 页。

◎ 考释

[1] 粤稽汉志：粤，助词，通"曰""越"，用于句首，表发端。粤稽：查考、考证之意。汉志：《汉书》中十志的简称，多指《汉书地理志》和《汉书艺文志》。

[2] 山河堰：因褒河又名山河水而得名。据宋代《山河堰赋》碑载："山河堰盖汉相国酂侯（即萧何）、懿侯（即曹参）之所肇创。"因此，山河堰又称萧曹堰。它是汉中最早的灌溉工程，是引褒水灌溉农田的一项伟大水利工程，与关中的郑国渠、白公渠和四川的都江堰齐名于世。山河堰创修于汉初，对汉中农业生产的发展至关重要。据记载，山河堰曾多次被洪水冲毁，当地官民不断修复扩建。三国时诸葛亮屯兵汉中，曾对此堰进行过整修。五代后蜀武漳，北宋许逊、赵从俨，南宋吴玠、吴璘、杨政、吴拱，元代赛因普化，明代张良知，清代余正焕、严如熤等都曾组织民众和军士重修山河堰。

[3] 南郑县：今属汉中市南郑区。位于陕西省西南边缘、汉中盆地西南部，北临汉江，南依巴山。南郑地名，因郑人南奔而得名。据郦道元《水经注·沔水》引《耆旧传》记载："南郑之号始于郑桓公。桓公死于犬戎，其民南奔，故以南郑为称"。

[4] 国学：即国学生，又称国子生，是明清时期国子监肄业的学生，一般为官员子弟。

[5] 乡饮：即乡饮宾，古代乡饮酒礼的宾介。周制，乡饮酒礼举乡里处士之贤者为"宾"。其后历代相沿，名称不尽相同。明清时又有乡饮"宾"，亦有乡饮"大宾""僎宾""介宾""三宾""众宾"等名号，统称为"乡饮宾"。

2. 清嘉庆十二年（1807）白河县《谨固地方碑》

◎ 简介

碑圭首，额题"谨固地方"四字。碑身长方形，高 150 厘米，宽 66 厘米。清嘉庆十二年（1807）立石，现存白河县构扒镇碾盘村。

◎ 录文

署白河县正堂加五级纪录十次黄[1]，为剀切晓谕以靖地方事[2]。照得[3]黄石板地方，路通楚省，五方杂处，奸良不齐，值……项杂粮在地未收，访得有等匪徒乘机偷窃，并于收割之际，假以拾捡为名，田……更有窝留外来匪徒酗酒赌博，遇事□□诈害地方。甚至有等年轻强壮之人……三五成群，日则沿门索讨，夜则挖墙摸窃，种种不法，殊堪痛恨。余饬差密访查……为此示仰乡居民人等知悉；如有前不法棍徒及假扮道人探路、偷窃、窝……地方者，许尔乡保[4]查实，指名具禀，以凭严拿，尽法究办。倘该乡保徇隐故纵，知不……察出定行并究，决不宽贷。一乡公议[5]：置酒演戏[6]。特示竖碑严禁，永垂不朽。

（以下刊捐资人四十五名略）

皇上嘉庆十二年岁在……①

◎ 考释

[1] 署白河县正堂加五级纪录十次黄：署，意为"代理"。白河县属清兴安府管辖，在今陕西东南部，西与旬阳县相邻，东南与湖北郧县相接。正堂：明、清时知州、知府、知县等地方长官处理政务的官署大堂，各县官署所发告示亦常以县正堂为知县的代称。白河县正堂是指白河县知县，此人姓黄。加五级纪录十次，是指黄知县的议叙。议叙是清代对官员的通常奖赏，分成"纪录"和"加级"两种。"纪录"有时也写作"记录"。最低的是"纪录一次"，累积三次，算"加一级"，再上为"加一级纪录一次"，到"加一级纪录三次"晋升为"加二级"，依此类推累进。议叙是考核官员政绩，评定优劣等次的依据。官员因过受降级、罚俸处分时，可以"加级、纪录"抵消。官员要有具体政绩才能纪录，有纪录才能加级，有纪录、加级才能加衔。可知，此件碑刻是以白河县黄知县的名义发布的，代表着地方官府对当地社会治安现状的态度和要求。

[2] 为剀切晓谕以靖地方事：表明刊刻此碑的目的是平定地方，使社会秩序安定。剀切：恳切，切实。靖：平定，安定。

[3] 照得：查察而得。常用于旧时下行公文和布告之中。

[4] 乡保：乡约、地保的略称，泛指明清时代的乡间小吏。

[5] 一乡公议：该乡众人的评论、公断。

[6] 置酒演戏：出钱置办酒席，请人唱戏。置酒演戏是乡村社会对违犯村规民约之人采取的一种变相经济惩罚措施。

---

① 李启良、李厚之、张会鉴、杨克：《安康碑版钩沉》，陕西人民出版社，1998年，第98页。

◎ 按语

乡约有三义：一为同乡居民共同遵守的规约，"居家有家范，居乡有乡约"，是一种社会行为规范；二为乡里中掌理公共事务的人；三是指乡村社会中以教化为目的的一种半民间半官方的基层组织形式。清代发展出完善的乡约制度，有组织机构，有固定场所，定期聚会，讲读圣谕。地保是清代及民国初年地方上替官府办差的人，大约相当于秦汉时的亭长、隋唐的里正、宋的保正。关于乡保在乡村基层社会的作用可参见《玩草园文集》卷八《论乡保》。乡约、保正在地方常常扮演地方赋役的征收代理人、社会治安的巡查员、民间纠纷的调解员等多重角色，在乡村社会中有一定的影响。清后期，地方政府摊派的赋役加重，乡保身上的压力很大，因此，无人愿意充任乡保。有的乡保与差役勾结，借机搭车收费，普通民众的赋役负担更加沉重，生活困苦不堪。

3. 清嘉庆二十四年(1819)咸阳县马庄乡《禁杀耕牛碑》

◎ 简介

此碑清嘉庆二十四年(1819)十二月初四立石。圆首方额，额刻篆书"皇清"，额饰二龙戏珠纹。碑身长方形，高 176 厘米，宽 63 厘米，厚 12 厘米。断为两截，碑文楷书 9 行，满行 31 字。现存咸阳市秦都区马庄街道马庄村。

◎ 录文

特调咸阳县正堂加六级纪录十六次周[1]，为严禁宰杀耕牛事，照得服田力穑[2]，首重农功；犁雨锄云，专藉牛力。欲备耕犁之用，时严宰杀之条，赫赫玉章，理宜凛遵。近闻马庄镇屠户专以杀牛为事，甚至宰杀牛犊，煮卖汤牛。非惟惨伤物命，抑且妨碍农功，违禁犯法，殊堪痛恨。本县正在出示严禁间，兹据该镇生员王应诏等禀请示禁前来，除差役[3]密访查拿外，合亟出示严禁。为此示仰该处乡地居民人等知悉，自示以后，该屠户等倘敢宰杀耕牛，或戕及牛犊，仍煎汤卖，许尔乡地居民指名密禀，以凭严拿治罪。该乡地等倘敢徇情容隐，一经差役拿获，或被告发，并将该乡地一并究治[4]，决不姑宽。各宜凛遵，特示。[5]

贡生□□□、监生□□岱、生员□□域、生员□□革、生员侯□烈、生员王□□、武生张□柱、武生张□□、生员王□泰、生员王□中、生员王□基、

总约王□样敬勒石[6]

嘉庆二十四年十二月初四日□示

富平石……①

◎ 考释

[1] 特调咸阳县正堂加六级纪录十六次周：特调，特别选调、特别征调；咸阳县正堂，咸阳县令；议叙为加六级纪录十六次；周是咸阳县令姓氏。

[2] 服田力穑：服，从事；穑，收割谷物，也泛指耕作。服田力穑指努力从事农业生产，成语出自《尚书·盘庚上》："若农服田力穑，乃亦有秋。"

[3] 差役：原指衙门中的公差，后泛指供差遣的人。

[4] 究治：追究惩治。

[5] 各宜凛遵，特示：人人应该严肃遵守，特意公示。

[6] 贡生、监生、武生、生员、总约：生员是指经过童试取入地方官学(府、州、县学)的学生，俗称秀才，生员有廪膳生员(廪生)、增广生员(增生)、附学生员(附生)等类别，统称诸生；所谓贡生，就是地方进献给朝廷任使的生员，在清代，贡生也称作"明经"；明清时期中央官学、全国最高学府是国子监，在国子监读书或取得进国子监读书资格的人称监生；武生俗称武秀才，参加武科举选拔，作为将军的未来人选；总约是指负责较大片区的乡约长。

◎ 按语

在咸阳县令周某颁示的《禁杀耕牛碑》中，各种贡生、监生、武生、生员、总约身份的人都署名，说明他们不仅要知悉此事，而且有责任和义务负责对普通民众进行宣传和教育，务必使人人遵守此禁规。

4. 清道光元年(1821)澄城县善化乡《合村公议禁条碑》

◎ 简介

此碑现存澄城县善化乡马村。碑为长方形，宽63厘米，高167厘米。楷书28行，满行11字，字迹清楚。

善化乡位于今澄城县西北32公里处，该乡居安村西相传为秦穆公所建王官城所在地。

---

① 李慧、曹发展：《咸阳碑石》(上下册)，三秦出版社，2003年，图第261页，文第654页。

◎ 录文

阖村[1]公议禁条并列于后：

一、招场窝赌，罚钱二千文；

二、攀折树木，罚钱二千文；

三、偷糜掐谷，罚钱一千文；

四、偷割草苗，罚钱五百文；

五、盗采苜蓿，罚钱一百文；

六、纵放六畜，践踏青苗，骡马，罚钱四百文；牛驴，二百文；猪羊，罚钱二百文；

七、自春至五月底，窖内收水[2]，罚名戏一台[3]；

八、吃酒放风，乡约、公直量罚[4]；

九、奉公直、乡约不到，处事不平，众人议罚。

凡此数条，若能遵而行之，大家有益，并无一点私心，数年之间，咸知礼规，仁让成风，其有造于兹邑者非浅也。间有强梁[5]之徒及无知之辈。犯此禁条，一经人见，即时告知乡约、公直，按条同罚，一半存公，一半为谢。倘或强梁不遵规，或抗拒不出钱，乡约、公直即禀官究治。盘费照粮均摊，不依摊者，一体受罚。每轮公直六名，限定三年，自寻替换。

道光元年三月二十七日立。①

◎ 考释

[1] 阖村：全村。

[2] 窖内收水：指从他人水窖中偷水。

[3] 罚名戏一台：名戏是指知名戏目，意即罚戏一出。

[4] 乡约、公直：都是乡里中掌理公共事务的人，职责有所区别，乡约总体负责乡间事务，公直是具体值守。

[5] 强梁：刚强横暴。

◎ 按语

碑文曰："若能遵而行之""数年之间，咸知礼规，仁让成风"，由此可见，敦风厉俗是列此禁条碑的主要目的。所列 9 项禁条主要是关涉危及乡村社会生活的睦邻关系和公共安全的行为，包括窝赌、偷盗、偷采乱折苗木、

① 张进忠：《澄城碑石》，三秦出版社，2000 年，第 166-167 页。

纵放六畜等,对违犯这些条款者,乡约、公直会依条处罚,处罚常以罚钱和罚戏两种方式为主。对强梁不遵者,"禀官究治"。可见,在基层治理中,乡约、公直具有一定权限的维护乡村社会公共秩序的执法权。乡约、公直的活动经费是"照粮均摊",公直三年一换,每轮6人,自寻替换,有很大的自主性。

5. 清道光四年(1824)平利县丰口坝《严禁窝藏匪类赌博以固地方碑》

◎ 简介

碑圆首,额题"永垂不朽"四字。高130厘米,宽58厘米。清道光四年(1824)立石。现存平利县洛河丰口坝。

◎ 录文

公议严禁六畜僧道乞丐么儿[1]窝藏匪类赌博等以固地方事。窃思古帝王从欲以治,罔不率俾[2]。今犹是海晏河清[3]之年也,亦犹是政简刑清之日也,何民情之不古耶。我丰口坝[4]土薄人稠,朝不谋夕,安植菜麦,以图来春,而不仁者纵放六畜,践害一空,居民无不切齿。兼以往来僧道,虚冒三乘[5],确(敲)诈乡愚。乞丐、么儿,明索暗捞。山居独户,任其肆行,即此一端,大伤风化。是以演戏勒碑,遂行注明,以垂不朽,使由是子弟醇良,习风寝息,不昭然太上之流风与(欤)[6]是序。

一、获纵放六畜[7]者,同公处罚,不从,杀死不究。

一、僧道强化乡愚及么儿讹索者,捆缚送官。

一、乞丐遇红白喜事,每名给钱四文。

一、窝藏匪类赌博,议将地主、招主一同禀案。

绅士[8]柯瑞其 乡约刘占华 保正[9]徐国文 王正友 陈继尧 董信珍 罗国杰 肖述言 吴大恕 龙三易 汤锦环

道光四年十二月十五日公立。①

◎ 考释

[1] 么儿:西南(云贵川渝鄂)话里,父母对家中最小子女的爱称。么同"幺"。民间有"皇帝爱长子,百姓疼幺儿"的说法。

---

① 张沛:《安康碑石》,三秦出版社,1991年,第125-126页。

[2] 罔不率俾：率俾，顺从。《书·君奭》："丕冒海隅出日，罔不率俾。"王引之《经义述闻·尚书下》："俾之言比也。比，《象传》曰：'比，下顺从也。'比与俾古字通。"《汉书·武帝纪》："朕闻昔在唐虞，画象而民不犯，日月所烛，莫不率俾。"罔不率俾意为无不顺从。

[3] 海晏河清：晏，平静。黄河水清了，大海没有浪了，比喻天下太平。唐·薛逢《九日曲池游眺》有："正当海晏河清日，便是修文偃武时。"唐·郑锡《日中有王子赋》也有："河清海晏，时和岁丰。"

[4] 丰口坝：乾隆十九年(1754)，平利县改设 19 乡：县城、县河、县下河、水田河、大贵坪、魏坝、狮子坝、丰口坝、岚河、下坝、白土营、中下坝、中坝、上坝、冲河、石牛河、连仙河、太平河、秋河乡。

[5] 三乘：佛教所说的"三乘"即三种交通工具，比喻运载众生渡越生死到涅槃彼岸之三种法门，即"声闻乘""缘觉乘""菩萨乘"，声闻乘又名小乘，缘觉乘又名中乘，菩萨乘又名大乘。

[6] 太上之流风：太上，本指至高无上之意，后也指上古、太古、三皇五帝之世。

[7] 六畜：泛指家畜。《周礼·天官·庖人》："庖人掌共六畜、六兽、六禽，辨其名物。"《左传·昭公二十五年》："为六畜、五牲、三牺，以奉五味。"杜预注曰："为六畜：马、牛、羊、鸡、犬、豕。"南宋王应麟编写的《三字经》中也有："马牛羊，鸡犬豕。此六畜，人所饲。"

[8] 绅士：旧时在地方上有财势、有资望或得过一官半职之人，多以地主和退职官僚居多。

[9] 保正：一保之长称保正。《宋史·兵志六》："熙宁初，王安石变募兵而行保甲……十家为一保，选主户有斡力者一人为保长；五十家为一大保，选一人为大保长；十大保为一都保，选为众所服者为都保正，又以一人为之副。"保长、保正分别掌管户口治安、训练壮勇等事，意在加强对民间的统治。后世直至民国沿其法，因泛称保长等为保正。

◎ 按语

平利县丰口坝乡社会正常秩序的维护依靠一位乡约和九位保正，表明清代乡村治理过程中，县政府对乡村细小之事无暇顾及，也不屑管理。这些地方的社会秩序是完全依靠当地民间组织在公议基础上出台的民间法来维持的。

公议内容涉及严禁六畜、僧道、乞丐、么儿、窝藏匪类赌博等方面。乡保虽然在民间有一定的公权力，但他们没有执法权和司法权，遇到案情重大或难以断决的不法行为，他们也只是负责捉拿，扭送县衙。因此，可想而知，乡保在民间是有作用的，但这种作用是有限的。

6. 清道光五年（1825）石泉县《中池河靖地方告示碑》

◎ 简介

清道光五年（1825）立石，碑圭首，额饰线刻"二龙戏珠"纹，碑身长方形，高104厘米，宽66厘米，碑身边栏饰减底忍冬花纹，右角稍残。现存石泉县中池河甜水井。

◎ 录文

特调石泉县[1]正堂加五级纪录十次盉为整饬风化以靖地方事。案据中池河[2]绅士、粮户[3]、乡保等禀称，近来人心不古，□各乡保肆行告状兴讼；又有外来游僧野道，并装烟吹唱之辈，每遇红白喜酌[4]，硬行强讨恶化；并有淘挖沙金，损毁田地，无赖匪类偷窃□□漆树、田禾、树木，及窝赌窝娼之家，任意妄为，禀请示禁等情。据此，除遣差查拿外，合亟分晰出示严禁。为此示仰该地居民人等知悉，嗣后如有复闻不法之徒，照依条示，分别禁止、驱逐。倘其抗违，许尔等禀案，以凭惩办[5]。尔等亦不得藉有此示，挟嫌擅禀，致干并究[6]。宜各凛遵，毋违。特示。

计开

一、应报乡保，务与绅士粮户公议公举，不许挟嫌私报。

一、遇争竞不明，鼠牙雀角[7]等事，务先鸣乡保理论，不许逞凶殴打。如有不公，方可控告，不得挟嫌诬告，拖累无辜。

一、丐食人止许年老残废以及妇女幼孩，每人听主家酌给米面，如遇冠婚丧祭，静候正席后，每□□□听便，不得肆行多索。其少年壮丁，不许乞讨，无论平时及冠婚丧祭，俱不许壮丁三五成群结□□□□□□。

一、冠婚丧祭，不许少年壮丁装水烟[8]、唱道情[9]及地方棍徒招留赌博。违者，该乡保立即禀究。

一、僧道募化，听民乐施，凡外来游僧野道，不得藉修庙宇敲梆为名，恶化乡间[10]。

一、差役下乡，或唤案，或催粮等项，总以签为凭，不许藉端讹索。

一、淘挖沙金，止许在离田地较远之荒野地方，不许近田地淘挖。

一、各色粮食、竹木、耳扒、漆树等项，物各有主，倘敢肆行窃取，许乡保禀究。

一、凡捡粮食、棉花，必待收割后，方许年老残废之人并妇女幼孩寻捡，不得于未收割以前任意摘取。

右仰通知

道光五年九月初四日　告示。①

◎ 考释

[1]　石泉县：石泉建县于西魏废帝元年(552)，因"城南石隙多泉、径流不息"而得名。清代嘉庆年间石泉县属汉中府，后属陕安道兴安府。石泉县位于陕西省安康市的西部，北依秦岭、南枕巴山，地处秦巴腹地、汉水之滨。石泉县是先秦文化的重要发祥地，纵横学派鼻祖鬼谷子在石泉县修炼授徒，又称鬼谷子故里。

[2]　中池河：清康熙年间，石泉县分为八里，后在八里下设 16 地，中池河属太平里。

[3]　粮户：缴纳田赋之民户。《明史·食货志二》："里甲催征，粮户上纳，粮长收解，州县监收。粮长不敢多收斛面，粮户不敢搀杂水谷糠秕。"

[4]　红白喜酌：酌，饮酒宴会。男女结婚是喜事，高寿的人病逝的丧事叫喜丧，统称红白喜事，有时也称红白事。逢红白喜事时，必设酒席以款待亲朋、乡里，这种宴会即是红白喜酌。

[5]　以凭惩办：凭，凭证、证据。惩罚治罪要讲证据。

[6]　致干并究：导致干扰必当追究责任。

[7]　鼠牙雀角：语本《诗经·召南·行露》："谁谓雀无角？何以穿我屋？……谁谓鼠无牙？何以穿我墉？"后比喻因小事而争讼。《幼学琼林·卷四·讼狱类》："与人构讼，曰鼠牙雀角之争。罪人诉冤，有抢地吁天之惨。"亦作"雀角鼠牙""雀鼠"。

[8]　装水烟：水烟，用水烟袋装烟丝吸用的烟。吸时，烟从注水的筒管中通过，故称。清·黄钧宰《金壶浪墨·烟草》："兰州别产烟种，范铜为管，贮水而吸之，谓之水烟。"

---

① 张沛：《安康碑石》，三秦出版社，1991 年，第 132-135 页。

[9] 唱道情：是传统民间说唱艺术的一种形式。用渔鼓和简板为伴奏乐器，一般以唱为主，以说为辅，各地种类繁多。清·顾张思《土风录》卷二："俗谓弹唱故事者为唱道情。"

[10] 乡闾：亦作"鄉闾"。（1）古以二十五家为闾，一万二千五百家为乡，因以"乡闾"泛指民众聚居之处。《管子·幼官》："闲男女之畜，修乡闾之什伍。"《南齐书·礼志上》："郡县有学，乡闾立教。"宋·王安石《原教》："夫妇者无失其为夫妇也，率是也有赏，不然则罪，乡闾之师，族酂之长。"（2）家乡；故里。三国·魏·阮籍《大人先生传》："少称乡闾，长闻邦国。"宋·曾巩《应举启》："足迹不游于场屋，姓名不署于乡闾。"（3）乡亲；同乡。《后汉书·朱儁传》："儁以孝致名，为县门下书佐，好义轻财，乡闾敬之。"《旧唐书·高季辅传》："丑言过行，见嗤于乡闾；忘义私昵，取摈于亲族。"宋·苏辙《巢谷传》："予以乡闾，故幼而识之。"

◎ 按语

石泉县县令颁示此碑的目的是正式授予乡保、士绅、粮户在处理乡村纠纷和矛盾时的集体权力。要求他们公议民间法规，对危害乡村社会安定和风俗民情的种种不法言行进行约束。同时要求人人知悉此禁碑，遵守禁碑条款。遇有纠纷，先投鸣乡保理论，理论后无法解决才来县衙打官司。另外，对县衙官办差役也进行规训，要求他们遵守相关规定，不得扰乱地方。

7. 清道光九年(1829)安康县巍风乡《严禁匪类告示碑》

◎ 简介

清道光九年(1829)立石，碑圆首，额饰浅浮雕二龙戏珠纹。中题"遵谕严禁"四字。高160厘米，宽69厘米。现存安康市汉滨区红莲村。

◎ 录文

奉安康县正堂加五级纪录十次董，为严禁匪类以靖地方事。据该铺绅耆[1]乡保禀称，秦铺宽阔，五方杂处，居民甚多，恐有不肖之徒勾结外来匪棍，招场窝赌，酗酒打架，唆人成讼。更有恶丐，凡遇民间冠婚丧祭，三五成群，踞□□□酒席钱米，稍不遂意，混打混闹。又有各处饭店，希图微利，落寓面生可疑之人，诚恐滋祸，晓谕示禁等情。据此，除饬差察访查拿外，合行出示严禁。为此，示仰该乡保居民人等知悉：自示之后，如有前项不法之徒在铺滋扰，即着捆绑送案，以凭尽法究治，决不姑宽。各宜凛遵，谨刊以示永禁。

——议，贼匪，该牌甲[2]每月必要挨户巡查，不得怠玩隐匿。有此情弊，禀县一同究治。

——议，不得滥报保约[3]，凡报保正乡约，必须同合铺公议公评，不得自行滥报，以致禀县究治。

道光九年小阳月吉旦五堰铺[4]绅士乡保客民公立。①

◎ 考释

[1] 绅耆：旧指乡间中绅士或高年有声望的人。绅，古代士大夫束腰的大带子，引申为束绅的人。耆，年老，六十岁以上的人。耆老、耆年，指在社会上有名望的老年人。

[2] 牌甲：宋熙宁初，王安石改募兵制为保甲，置牌以书其户数及姓名。元时兵制设万夫、千夫、百夫，而以牌甲为基层单位。清世祖入关之初，下令编置户口牌甲。各州、县城乡，每户给印牌一，牌上写明该户姓氏、丁口。凡外出者，即注明去往何处；来者则写明从何处前来。每十户立一牌长，十牌立一甲长，十甲立一保长。寺院庵观也一律颁给牌，以便稽查僧道之出入。各客栈旅店，立簿登记寓客姓名、行李等项，以便稽查。至乾隆二十二年（1757），更定保甲制度，立十五条。其内容包括：直省所属每户每年发给门牌，牌长、甲长三年更代，保长一年更代，令民人公举诚实识字者充之。牌、甲长负责查报牌甲内盗窃、邪教、赌博、窝逃、奸拐、私铸、私盐等违禁之事及面生可疑之人，并负责户口登记、门牌更换等事。

[3] 不得滥报保约：保约，保长和乡约的合称。

[4] 五堰铺：铺是旧时传递公文的驿站，多用于地名。

◎ 按语

乡保负责一乡的教化与治安。这是保持乡村社会秩序的两大目标。乡约负责教化，保正负责治安。他们共同对乡间的外来匪棍、招场窝赌、酗酒打架等不安定事件进行监督和上报。家长里短的细小纠纷，可以由他们

---

① 李启良、李厚之、张会鉴、杨克：《安康碑版钩沉》，陕西人民出版社，1998年，第216页。

公议解决。同时规定，乡间若出现有碍治安的事件时，不得不加选择、不作区别地向保约报告，必须与全铺人共同商议，公平处置。

8. 清道光九年（1829）镇坪县《严禁牲匪赌窃告示碑》

◎ 简介

清道光九年（1830）立石。碑平首方趺，高 210 厘米，宽 95 厘米。现存镇坪县白家乡茶店村。

◎ 录文

镇坪[1]抚民分县加五级纪录五次经，为严禁牲匪赌窃以靖地方，以卫民生事。慨思圣人不言而百姓亲、万邦宁者何谓也，官司之守，万姓之众，思其患而严其防矣。盖王政首重乎农桑，而劝课悉周于蔀屋[2]，故□隅苍生，均蒙省耕省敛之休；九有亿兆，群沐平章时雍之化[3]。稽今镇邑所属，土瘠民贫，人心叵测，风化浇漓[4]，上古之淳风荡然无存。兹值播麦纳禾之秋，每有不法无耻之徒，抛放牛马牲畜，践踏蚕食；山林树木，恣意砍伐，肆行偷窃，恬然无忌[5]，以致民食艰鲜而俯仰不给。嗟我农人，遭此荼毒。更有不轨游民，饕餮成性，结连啯匪[6]，打头放稍，引诱良愚，聚赌私室，财罄囊乏，便行穿窬，剪绺偷窃，致为祸阶。种种不法，殊堪痛恨。是以晓示严禁，永杜祸患，庶民生有自而邦本可固，教化可行也。自示之后，各自凛悉，仰约甲士庶人等，刻勒碑铭，演戏建立[7]，永垂不朽。倘有仍蹈前辙，不遵示谕，尔等核实禀明，笞杖惩斥，决不宽贷。毋得徇情隐匿，致令滋蔓，亦不得滋事妄禀，殃及良善。所有禁例，缕列于左：

——禁种麦之后，毋得抛放牛马猪畜践踏种子，残食春苗，麦季失望。

——禁秋熟之时，毋得以采猪草、拾柴为由，偷取粮食等项。

——禁店户外来人等，一宿两餐，毋得久站窝赌，引诱良愚，滋生祸端。

——禁远来僧道，往来乞丐人等，毋得四乡估化讹讨，否则捆绑送公。

——禁山林树木不分皂白横行砍伐，囤卖粮食，毋得高抬时价，违禁取利。

——禁夜行，或则手执灯笼火把，扬歌唱曲，一呼即应。否则枪炮刺伤者，毋得异言。

——禁包揽诬控，欺压良善，以公报私，稽查禀明。

山主[8]沈德应、曾永忠。甲长周凤、徐兆贵

乡约闰占魁，禁首关朝榜、何绍学、杨祖文纠合众姓人等，遵颁示禁，群姓沾恩

皇上道光九年岁次己丑季冬月二十八日住持僧源照，监口刊①

◎ 考释

[1] 镇坪：县名。镇坪县位于陕西省安康地区东南，大巴山北侧腹地。东与湖北省竹溪县接壤，南与重庆市巫溪县、城口县毗邻，西北与本省平利县连界。有"鸡鸣一声听三省""一脚踏三省"之称。

[2] 蔀屋：草席盖顶之屋，泛指贫家幽暗简陋之屋。

[3] 群沐平章时雍之化：平章，《书经·尧典》曰："克明俊德，以亲九族，九族既睦，平章百姓。"又曰："百姓昭明，协和万邦，黎民于变时雍。"《千字文》中有："坐朝问道，垂拱平章。"意为君主坐朝临政，与群臣共商国是，垂衣拱手，无为而治，天下太平，政绩彰明。时雍，指天下太平的景象。此句是说，亿万庶民全都沐浴在无为而治、天下太平的景象中。

[4] 稽今：核查当今。成语有：道古稽今，言远和近。谈论古时的事要结合今天的实际，说远处的事要结合眼前的事。风化浇漓：亦作"浇醨"，浮薄不厚，多用于指社会风气浮薄。

[5] 忝然无忌：忝然，是指无耻、不知羞愧的样子。忝然无忌，意为不知羞耻，无所顾忌。

[6] 啯匪：清代的四川，曾经是黑恶势力活动最为猖獗的省份之一。当时四川最大的黑恶势力，民间称为"啯噜子"，官方则称为"啯匪"。

[7] 刻勒碑铭，演戏建立：是指将严禁条款刻石立碑时，请戏班演戏以示告成。

[8] 山主：寺院的主持、书院的山长等。

◎ 按语

此碑是以镇坪县县令的名义刊刻发布的示禁碑。碑文内容主要涉及该县各乡里中各种人群的管控，比如游僧野道、外来乞丐等，对牲畜践踏庄稼、

---

① 李启良、李厚之、张会鉴、杨克：《安康碑版钩沉》，陕西人民出版社，1998年，第239-240页；又见张沛《安康碑石》，三秦出版社，1991年，第140-142页。

偷盗粮食、店家窝赌、乱砍滥伐、哄抬物价、包揽诬控等不法行为命令禁止。在碑尾刊刻乡约、禁首的姓名，表明他们对以上禁条负有稽查、报官的责任。对查明违犯，"不遵示谕"者，要进行"笞杖惩斥"。

9. 清道光十六年（1836）澄城县善化乡《合村乡约公直同议禁条碑》

◎ 简介

此碑现存澄城县善化乡居安村。碑身为长方形，宽 62 厘米，高 166 厘米。楷书 33 行，满行 13 字，字迹清晰。

◎ 录文

尝思世之盛也，上重睦渊任恤之教[1]，下有礼义廉耻之风。迨其后，人心不古，风俗日偷[2]，而弭盗之方，遂不得不严矣。吾郡旧有赏善罚恶条，特以罚轻易犯，人多玩之，用是同议更新焉。自今以往，各戒偷窃，共趋醇穆[3]，倘有犯者，决不容情。宝钟一响，捉者不管。若有强梗不遵者，乡约、公直送官究治，盘费照粮均摊[4]。若乡约、公直处事有弊，罚油五斤；若乡约、公直议事之际多言者，亦罚油五斤。至于文昌、药王戏钱，一半照粮均摊，一半照人均摊。吾今照谙老幼人等，尚其奉而行之，将偷薄日以革，仁让日以兴，依然于变时雍之休也，岂不懿哉！罚条开列于后。公直二年自寻替代[5]。（编者按：此句下有两行小字曰："当日送戏钱不到，罚油一斤；会长长钱不显，罚油二斤。"疑为后补之条款。）

招场窝赌者罚钱四千文；

偷割首宿者，昼罚钱一千五百文，夜罚钱三千文；

偷折树木者罚钱五百文；

偷采首蓿者罚钱一百文；

盗五谷者，昼罚钱两千文，夜罚钱四千文；

盗瓜果者，昼罚钱两千文，夜罚钱四千文；

偷放骡马者罚钱一千文；

偷放牛驴者罚钱五百文；

偷放猪羊者，昼罚钱二百文，夜罚钱四百文；

吃酒放风者罚戏一台；

有与乞人者，罚影戏一台；

自春至五月月尽，窖内不许收水，有人犯者，罚戏一台。

时太清道光拾陆年葭月吉日立①

◎ 考释

[1] 睦渊任恤：语出《周礼·地官·大司徒》："二曰六行：孝、友、睦、姻、任、恤。"姻同"姻"。郑玄注："睦，亲於九族；姻，亲於外亲。任，信於友道。恤，赈忧贫者。"后因以"睦姻"谓对宗族和睦，对外亲亲密；"任恤"谓诚信并给人以帮助同情。

[2] 风俗日偷：指世风日见苟且敷衍。偷，苟且。

[3] 共趋醇穆：共同趋向醇厚质朴、静穆淳和的状态。

[4] 盘费照粮均摊：盘费，有路费、日常生活费用、花销三义，此处指开销。照粮均摊是指按照粮户多寡均匀摊派。

[5] 公直二年自寻替代：是指公直等乡官任期为两年，期满后，自行寻找接替者。

◎ 按语

善化乡位于今澄城县西北 32 公里处，该乡居安村西相传为秦穆公所建王官城所在地。从碑文记载来看，立碑目的是为更新原有的赏善罚恶条款，敦厚乡里，弭盗止偷。文曰："若有强梗不遵者，乡约、公直送官究治，盘费照粮均摊。若乡约、公直处事有弊，罚油五斤；若乡约、公直议事之际多言者，亦罚油五斤。"表明乡约、公直对窝赌、偷割、偷采、偷折、偷盗等行为负有执法责任，对不遵者有相应的惩罚条款，总计 12 条。惩罚主要采取罚款与罚戏两种方式。此外，碑文中对乡约、公直等人员处事不公也有相应惩处规定。

二、"乡规民约"碑刻

1. 明天启二年（1622）泾阳县《禁牛羊践渠碑》

◎ 简介

此碑刊刻于明天启二年（1622）正月二十五日。碑身长方形，高 130 厘米，宽 76 厘米，楷书 8 行大字，满行 19 字，详见图 1-2。发现于泾阳县雪河乡

---

① 张进忠：《澄城碑石》，三秦出版社，2002 年，第 174 页。

兵巡关内道案示仲渠旁居民及水手知悉如有牛羊作践渠岸致土落渠内者牛一隻罚十枚以下各水手征自挎畜宰役勿论原主姑免究牛二隻羊十隻以上一百将牛羊圈拴水利司一面报一镇拿原主枷号重责牛羊尽数辨价一半赏水半畜为修渠之用待示

天启二年正月二十五日立

图1-2　明西安府泾阳县《禁牛羊践渠碑》

堤洞村泾惠渠北干渠旁，现存泾阳县博物馆。

◎ 录文

兵巡关内道[1]沈示：仰渠[2]旁居民及水手[3]知悉，如有牛羊作践渠岸致土落渠内者，牛一只、羊十枚以下，各水手径自拴留宰杀，勿论原主，姑免究。牛二只、羊十只以上，一面将牛羊圈拴水利司，一面报官锁拿原主，枷号重责，牛羊尽数辨价，一半赏水手，一半留为修渠之用。特示。

天启二年正月二十五日立

上中渠：附马东斗[4]、附马西斗、圣女大斗、圣女小斗、至广斗、十劫斗、七劫斗、白功斗、成村斗、染口斗

高陵县知县兼泾阳县事奉文行取赵天赐[5]

富平县作头　　赵良才勒

石匠王允①

◎ 考释

这是一件以地方官府口吻颁发的告示。目的是保护泾惠渠，严禁牛羊在渠两岸行走，践踏渠堤导致落土壅塞渠道，影响灌溉。

[1]　兵巡关内道：此处关内道应为关中道。此碑所禁牛羊践渠之事应是关中道道尹发布的，或是知县赵天赐请求道尹发布的。清乾隆时专设分巡道，多兼兵备衔，辖府州，因此称"兵巡某道"，是地方省和府州之间的高级行政长官，属正四品官。

[2]　仲渠：《咸阳碑刻》的录文"仲渠"有误，细审碑石拓片，"仲"应是"仰"之误。此处所指之渠应即泾惠渠。

[3]　水手：即固定的巡渠渠工，明时出现在民间。水手的职责是帮助斗长维护用水秩序，巡查管理渠道。清则出现"值月利夫"，即轮流值月服务的利夫(古代以土地面积享有灌溉权的农户户主)，协助斗长工作，是一种义务工。明清时期还有"水老"之设，水老较斗长的地位高一级，仍然来自民间，主要协调上下几个斗门的关系，人选的要求是有声望的人。唐至清，泾惠渠民间管理以中小地主和乡绅为主体。民国时期水老(段长)和斗夫(斗长)也大体由农村中产以上的人担任。

---

① 李慧、曹发展：《咸阳碑刻》，三秦出版社，2003 年，图第 163 页，文第 575-576 页。

[4] 斗：是指上中渠上的十斗吏，这是当时负责渠堰修护和分水的斗长，又称斗门子、斗夫、斗吏。他们都是民间渠系的管理人员。唐时，对民间管水组织尤其斗长的要求较严格。《大唐六典》记："每渠及斗门各置长一人，以庶人五十以上并勋官及停官资有干用者为之，及灌溉时，乃专其水之多少均其灌溉焉。"

[5] 高陵县知县兼泾阳县事奉文行取赵天赐：赵天赐原为高陵县知县，天启二年正月时暂时兼理泾阳事。泾惠渠干渠两旁的农民放牧时，牛羊经常践渠致使土落渠内，容易导致壅塞渠道，屡禁不止，因此请关内道道尹出面示禁警告。

◎ 按语

此碑又称作《兵巡关内道沈示碑》。这是一通为保护渠堰的官禁碑。它是由官府颁布给民间公示的，显然具有地方性法规的性质。一旦立在泾惠渠的干渠旁，家家知晓，人人得知，长此以往就会成为当地人普遍接受的一种乡规民约，以民间习惯法的形式长期存在并发挥一定作用。

2. 明天启二年（1622）鄠县《道安里凿齿村禁约告示碑》

◎ 录文

鄠县为禁约事，据本县道安里凿齿[1]居民阎诗告称：凿齿村菩萨庙内常住地伍拾余亩，被党豪[2]杨一大、杨一得、杨孟真、韩崇江等，恃素习恶，胡作非为，串通道人杨真兰、李真灵贿买管见，假写私约，不通三社人知，暗行盗卖，平白吞占。阎邦教、阎邦吏等证。似此豪强吞占庙地，神人共愆；朋谋非为，律法难容。上告等情，据此查得香火地[3]原系三社[4]众家舍入，今杨真兰等通同党恶韩崇江等，擅行盗卖。若非阎诗具告，则社地将来尽为乌有。除吞地土已追还本庙讫，将道人杨真兰等责惩拟罪。为此示仰被处社众人等知悉。自示以后，如再将土地肆意盗卖盗买者，许社众禀县，定行重□，责治不恕。须至告示者。

天启二年三月初七日

告示押

右仰通知

（社众人名略）①

◎ 考释

[1] 道安里凿齿：即今西安市鄠邑区大王镇凿齿村。民国二十二年吴继祖《重修鄠县志》载："道安与襄阳习凿齿入秦，尝游于户。凿齿村村北有道安寺。"

[2] 党豪：横行乡里的豪强恶霸。

[3] 香火地：即香火田。寺院维持香火的土地，属寺院私有财产。此处指凿齿村菩萨庙的五十多亩常住田。它们是附近三个村社"众家舍入"的庙产。

[4] 三社：三家集体性组织，相当于三个村社。

◎ 按语

这通禁约告示碑是以鄠县县令的口吻颁布刊立的，因此是一通官禁碑。目的是禁止凿齿村党豪"吞占庙地"，并严惩地方豪强与恶道的胡作非为。这条碑文说明明后期地方豪强采取各种手段兼并土地，庙产寺地常常是他们肆意盗卖盗买的对象，而这些寺庙香火地是附近村民众家捐入寺庙的，这就造成了地方豪强与普通村民及寺庙的矛盾。维护辖境的社会稳定，消弭矛盾冲突正是县级官府治理一方的首要职责。因此，在追还菩萨庙香火地，惩办黑恶势力之后，县令命人刻立告示碑，以儆效尤。

3. 清道光四年（1824）宁羌州《禁赌碑》

◎ 简介

此碑立石于清道光四年（1824）八月，碑身长方形，高 128 厘米，宽 81厘米。

◎ 录文

特授宁羌[1]正堂加三级纪录九次钱[2]，为严禁赌博以靖地方而安良善事[3]。照得士农工商，各有本业。一人赌博，则百业俱废。赌博盗贼之源，荡家之由。是以定例，轻者杖徒，重者军流。南山以内，现经府宪将军奏明，加等问罪。[4]功令森严，岂容故犯。

① 刘兆鹤、吴敏霞：《户县碑刻》，三秦出版社，2005 年，第 390-391 页。

本州[5]不□不教而诛，前已剀示，并严拿究办在案。查宁羌力耕勤织者，固不乏其人；而嗜酒赌博者，正复不少。蜀肃连界，多有外来棍徒，串通本地匪人，引诱良家弟子，嗜酒赌博，无恶不作，必至倾家荡产，流为匪类而后已。言念及此，殊堪痛恨，除严拿按例究办外，合再出示严禁，为此示仰阖州军民人等知悉。嗣后务须洗心涤虑，痛改前非，各安本分，共保家身，毋再赌酒。承受祖业者，宜思祖父艰辛；自己起家者，宜思来处不易；至肩挑背负庸工度活之辈，更当思所赚钱文，皆自淌汗滴血而来，切毋赌博。[6]自示，如有匪人引诱良家子弟，开场聚赌，许尔文据实擅究，自首免罪。倘不知悛改，复蹈前辙，自落法网，或经访拿，或被首告，定必照例治罪，并将失查之约保牌甲人等[7]，一并究办。本州冷面如铁，决不姑宽，各宜凛遵毋违。特示。

大清道光四年八月①

◎ 考释

[1] 宁羌：即宁羌州，明代成化时期置，因古代为氐、羌聚居地，取羌地永宁之意名州。沿用至清代，1913 年罢州设宁羌县，次年属汉中道。

[2] 钱：即钱鹤年。浙江乌城人，道光元年(1821)任宁羌知州，著有《汉阴厅志》十卷。

[3] 指立碑的目的是禁赌，以维护地方社会安定。

[4] 南山以内是匪患猖獗的重灾区，在这片区域聚赌会导致社会不安定危险加大，因此，惩罚时"加等问罪"。

[5] 本州：即宁羌州知州自称。

[6] 以上是对辖州内各色军民人等的训诫，出言恳切，再次申明赌博、嗜酒导致倾家荡产，危害深远，告诫切勿嗜酒赌博。

[7] 约保牌甲人等：指乡约、保长、牌长及甲长等负责乡里社会公共事务的人，查赌是其重要职责之一。对违犯禁条，聚赌窝赌者"定必照例治罪"，而且还要追究基层组织的失查之责。

◎ 按语

这也是一块官禁碑，是以宁羌州知州的名义颁发的专门用以禁赌的碑刻。值得注意的地方有两处：其一是对赌博危害乡里的种种认识可谓深刻而准确，

---

① 宋文富：《宁强县志》，陕西师范大学出版社，1995 年，第 689 页。

"一人赌博，则百业俱废。赌博盗贼之源，荡家之由"，并对承受祖业者、自己起家者、肩挑背负庸工度活之辈等三类人进行劝诫，言辞恳切，足见这位官员的一片良苦用心；其二是"约保牌甲人等"对乡村基层的聚赌有稽查之责，一旦发现违禁者，要追究这些人的责任。

4. 清道光二十年（1840）平利县《三台寺禁匪害护庙产告示碑》

◎ 简介

此碑清道光二十年（1840）立石。圆首，额饰浅浮雕"二龙戏珠"纹，高210厘米，宽73厘米。现存平利县女娲山乡七里村三台寺旧址。

◎ 录文

特授平利县正堂加五级随带军功加一级纪录十次郑，为据禀示禁[1]以垂久远事。案据生员张高蔼等禀称："女娲山，山高千仞，登探者淑慝纷来，寺号三台，瞻礼者贤否沓至。飞锡游僧望空门而托足，烧丹野道每幻术以愚人。恐匪匿藏奸，污滋宝刹，致阴谋肆毒累及山僧。又或释子也，而俗客扰之；清规也，而浊流乱之，适为厉阶，徒滋物议。他如恶佃恃横，抗庙租而不纳；强邻倚势，侵庙界以自丰。顶拨者业不僧由，葬埋者地以坟占。老桂婆娑，狂夫或恣其攀折；杂植旋绕，窃者或残以斧斤。必思患而预防，释回而增美。为此，议就条规，禀请示禁"[2]前来等情。

据此，查中皇山之三台寺为吉阳名胜之方，长利丛林之最。据禀游僧野道扰乱清规，恶佃强邻欺凌侵削，殊堪痛恨，合行出示严禁。为此示仰该处居民以及往来僧俗人等知悉，自示之后，务须遵照后开条款，共相保护，如有奸邪匪类，仍有如前滋扰，许该乡保绅士[3]等立即指名具禀，以凭拿究。所议规条开列于左：

——庙内田地原系向来香火，寺僧不得当卖。

——庙内香火田地，四至界畔，外人不得侵占，寺僧亦不得越占。

——庙内佃户坟墓，只许溜土为界，不得栽畜树木以坟占山。

——庙内佃户不得窝藏匪类，滋事生端。

——庙内不许招留不法僧道及闲杂人等，以致混迹滋事。

——庙内佃户所稞（课）之地，不得私定私拨，亦不得抗租不纳。

——庙内桂树不许往来游人攀折，及所植竹木不许外人砍伐。

以上七条各宜凛遵，毋得故违。倘有不遵，立拿重惩，决不宽贷。特示。

告 示

大清道光二十年十一月十二日 晓谕[①]

实贴三台寺[4]

◎ 考释

[1] 据禀示禁：根据禀告而颁发的示禁条规。

[2] 这是生员张高矗禀告的内容。主要有以下几条：第一，三台寺香火旺盛，前来瞻礼的人很多，担心游僧野道"匿匪藏奸""污滋宝刹""累及山僧"，扰乱清规；第二，恶佃恃横抗庙租；第三，强邻倚势侵庙界；第四，各式各样乡间盗窃、砍伐、占坟、攀折桂树等不法行为。

[3] 县令准许三台寺所在乡里的乡约、保长、士绅等人众有权对侵害三台寺的奸邪匪类指名禀告，以凭拿究。

[4] 这块告示碑刊立于三台寺。

◎ 按语

这是一通保护寺观经济利益的碑刻，是由平利县生员张高矗呈请该县郑县令颁发的通禁告示碑。所列七条禁规全是保护三台寺庙产的，包括香火地、庙田、庙界内山林土地、庙内桂树竹林等。地方官府为什么出面保护寺庙，并且刊刻告示碑，这是值得研究的问题。

5. 清道光二十一年（1841）安康县包家河《严禁匪类以靖地方碑》

◎ 简介

清道光二十一年立石。碑圭首，额题"功归淳良"四字，高 103 厘米，宽 70 厘米，下部漫漶不识。现存安康市早阳镇。

◎ 录文

出示严禁匪类以靖地方事。切（窃）我包家河后牌[1]，界连外邑，往来啯儿[2]……，蓞法之徒招留家中，假妆（装）买卖，隐藏赌博，偷窃剪绺[3]，奸盗诈伪……客练会同公议，恩禀县主赏准虎头牌张挂场前[4]，并演戏立碑……

---

① 李启良、李厚之、张会鉴、杨克：《安康碑版钩沉》，陕西人民出版社，1998 年，第 217 页。

人人遵法，切勿视为儿戏，十条开列于后。谨曰：

——议，铺店不许招留外来匪棍，窝藏赌博，查出捆绑送官。

——议，境内不许窝藏盗贼偷窃剪绺，查出捆绑送官。

——议，物各有主，地内柴草、竹木、枸叶，不准任意强取，拿获鸣众处罚。

——议，地内五谷瓜果等项，不许私行窃取，拿获逐出境外，招主、地主……

——议，游票打案起解徒犯，逞凶吓索，鸣众捆绑送官。

——议，游僧野道……倘有蛋讹，捆绑送官。

——议，乡间红白事务，觅食不许争吵，每人……遵，鸣众捆绑。

——议，假充官差，吓诈良善，查实捆绑送官。

——议，……领打斗，每人预先顶钱八千文，存于殷实之家，以兹公用。

——议，……刁棍滋事，不即投鸣乡保理论，私自竟往县……令行议罚[5]。

特调安康县正堂加二级纪录十二次陈主赏准。(以下乡保、首士名率多漫漶不识)

道光二十一年　月　日谷旦立。^①

◎ 考释

[1] 包家河是原安康县包河乡政府所在地，距离安康县城 43 公里，今属安康市汉滨区早阳镇。

[2] 啯儿是民间对啯噜会成员的蔑称，有时也叫啯匪、啯噜子。啯噜是清乾隆时期由外省移民和四川省无业游民结成的带有黑社会性质的集团组织。他们早在乾隆初期或更早即已存在。他们贩卖私盐、走私鸦片、霸占码头、抢劫勒赎。据《清高宗实录》记载，乾隆四年(1739)十月，署四川巡抚、布政使方显奏称："川省恶棍名啯噜子，结党成群，暗藏刀斧，白昼抢夺，夜间劫窃。"^②

[3] 剪绺：绺，丝线。剪绺指剪开他人的衣带以窃取钱财，即扒手。

[4] 指以下十条禁约一是经过绅粮"会同公议"的，二是经过安康县陈县令首肯批准的，以此显示其约束力是不容置疑的，必须人人遵守，不容

① 李启良、李厚之、张会鉴、杨克：《安康碑版钩沉》，陕西人民出版社，1998 年，第 217-218 页。
② 《清高宗实录》卷 103，"乾隆四年十月"条。

第一章　明清时期陕西乡规民约碑刻的文献学研究

儿戏。

[5]　十条禁约中涉及赌博、偷盗、斗殴、欺诈、会匪、讹诈、讼棍、强占等有害乡里社会安定秩序的行为。

◎ 按语

碑文后条列的十项禁约都与民间细故相关。明清时期,儒家伦理观念中的"无讼"思想被严格贯彻执行。即使出现民事纠纷,也要求不准径自向官府告状,必须要经过基层调解,以达到"息讼"的目的。明初颁布的《教民榜文》中就明确制定了老人理讼制度。在乡里社会中,由绅耆进行调解,调解后不能息讼的,再向官府起诉。不经乡里调解,直接向官府起诉者被称为"越诉",要受到惩处。清代州县推行乡里基层组织,民事纠纷要先由乡约、保正等调解,即碑文中所谓"投鸣乡保理论",否则,"私自竟往县"起诉者要被"令行议罚"。"投鸣"是清代就乡里矛盾纠纷启动调处机制的重要程序。投鸣与告状不同,告状一般要填写状纸,到县衙或县级以上衙门呈控案情。告状一旦被衙门受理立案,随即进入审理程序,最终要以具有法律效力的批语或判决来结案。投鸣则是以当事人向乡里的权威组织或人士投告,请求他们出面调处纠纷。①乡保就是乡里社会中具有一定公权力的权威组织,他们对基层社会的公共事务负有管理责任。因此,一旦出现矛盾纠纷必须先经他们调处。案情重大,他们无法处理时才会上告县衙审理。

6. 清道光二十二年(1842)紫阳县《严禁匪徒抢取客货以便商旅碑》

◎ 简介

清道光二十二年(1842)八月立石。碑方首,额题"德政流芳"四字,高135 厘米,宽 60 厘米,字中刻"紫阳□刊"印章,嵌于紫阳县汉王城泗王庙西厢房壁上。下部略有漫漶。

◎ 录文

特调紫阳县正堂加二级记录五次□□□为严禁匪徒乘机抢取客货以便商旅事[1]。照得匪徒抢……,兹据汉中府南郑县职员柳宏琏禀称,情因职

---

① 关于投鸣的研究,可参见俞江《论清代"细事"类案件的投鸣与乡里调处——以新出徽州投状文书为线索》,《法学》2013 年第 6 期,第 105-119 页。

装……等货，船行至治属铜锣湾地方，船只损坏，打湿木耳三千……徒胜金信等，承揽包晒，诟该恶借天雨为由，□将木 耳 ……向赎取，辄敢勒索钱文[2]，职即欲奔案控究，恶等自知……客头王恭义挽说，伊等情愿立碑，改过自新，以后再不……愿甘送究等情，禀请立碑示禁前来。闻之实深痛恨，本应……乡愚无知，且经挽息，从宽免究。除随时饬差捉拿外…… 为 此示仰该处客头[3]居民人等知悉，自示以后，遇有过往……真救援，任客量情取赎，毋得乘机 哄 抢，勒索钱文，所有……人点明数目，方准开放，不得私行挽 息 ，冀图窃取。倘敢……客头指名送案，即按律从严究治，该客头如有循情，亦……被客人[4]告发，定即锁拿到案，一并惩处，决不姑宽，各宜凛遵，毋违。特示。

右仰 通 知 。

道光二十二年八月吉旦立，毋损。①

◎ 考释

[1]　指立碑目的是严禁匪徒抢取客货之事。

[2]　有客载木耳行船至铜锣湾，船坏木耳失落水中，有人承揽打捞并包晒晾干，但此后勒索货主，要求赎买货物。

[3]　此处指负责货运的船主。

[4]　此指货主。

◎ 按语

此碑是紫阳县令颁布的禁约告示碑。这是一个地方官根据成案而形成的具有行政效力的则例。它以碑刻形式出现在乡民面前就已经具有地方性法规的性质，要求乡民必须遵守。从碑文内容来看，禁约不仅对不法匪徒有威慑，也对承揽货运的船主客头有约束，主要目的是保护客人的行船安全和财产安全。

7. 清道光二十六年(1846)宁陕县老县乡《永发乡约田地碑》

◎ 简介

道光二十六年(1846)立石。李顺文撰文、书丹。原存宁陕县老县乡梁家庄关帝庙。碑圆首方趺，碑身高 167 厘米，宽 94 厘米。楷体正书，有多

---

① 李启良、李厚之、张会鉴、杨克：《安康碑版钩沉》，陕西人民出版社，1998 年，第145 页；又见张沛：《安康碑石》，三秦出版社，1991 年，第 161-162 页。

处缺字。

◎ 录文

永发[1]乡约田地碑叙

夫欲立久远之程规，须建不朽之□□。□□□□□害，尝□□□之方创制□于前，继□□于后。如梁家庄乡约一保[2]，上及腰竹岭、下及半边街，地广辽阔，人□□户，公事□集，□□□□，向例无论粮之大小索之门。当之至，有垫赔受累者，有倾家荡产者，有受吏役之鞭挞挫辱者，□□未有良法以调剂人□□□，方之仰□，若有□□之难；官之耳目，畏若探汤之险[3]。始而当之维艰，继则推之更□□□□□□若初视深思熟虑□□□□于道光十七年秋，宴集同会首士余彰忠、刘盛松、夏世宗、陈永华、童景杰□□□□永发乡约会[4]。凡官宦绅士里民，均照地价，每百串捐钱三千文，共计捐钱壹佰柒拾串有奇，置卖乡约田地(空十字)其才德无□□望蠑者，公举充当。如将业卖出者，买主照价捐出，退还卖主，收回会内(空十一字)本，而各户均获肩荷[5]，以释□欣身闲之乐，所谓费而不费，损之未损。虽□□□之功，终资一方之□□□□远害于目前之可遗利于后世，继继承承，相延以续，千万斯年，斯业永固，勒石以□□□□□一契，买王文焕山地一分(份)，座落陈家沟，东至丁姓地畔，南至原岭，北下河心，价钱六十千文(空九字)一契，买王元魁田地一分(份)，坐落马河营，其地阳坡东至汪姓地畔，西至田□连山磊石直上(空八字)水沟直上，走黄草坪之大路至梨树垭小梁直上分水、抵石岩横断为界，阴坡上至水口外大石咀(空十二字)大梁分水为界，中至大河心，其田界东齐汪兆章之大河坎上岸、至三堆石嘴为界，北至(空九字)百八十千文，完麦米粮一合，银一毛[6]。

(以下捐钱名目从略)

大清道光二十六年岁次丙午仲秋月上瀚谷旦同建

菊轩李顺文撰并书丹①

◎ 考释

[1] 永发：道光年间宁陕厅下的乡名。

[2] 乡约一保：县级政府委派到乡村社会催征地丁银及各项杂税的征税

---

① 张沛：《安康碑石》，三秦出版社，1991年，第164-166页。

代办人。除乡约保正外，里长和甲正也是代办人。他们负责挨户催讨拖欠赋税的花户或征税人，或者负责对派往乡村监督的衙役实施杖责。有些拖欠是衙役们贪盗所致。征税代办人身份尴尬，总有些穷人交不起赋税，总有些强人如士绅不愿纳税，而乡保也拿他们没办法。他们要承担里内所有花户的责任，并因花户的拖欠而受杖责。而下乡催税的衙役们常常趁机向里甲、乡保索要陋规。这些规费成为乡保的沉重负担，有的甚至为此倾家荡产。为避免被杖责，有时代办人会垫付赋税。衙役和乡约、保正、里正等征税人为规避责罚，往往想尽一切办法，向乡中士绅和粮户催要赋税，基层绅民对此苦不堪言。另外，正因为州县的任务繁重，再加上县政府不会提供乡约和保正的工食薪资，所以，乡村社会无人愿意充任乡约和保正。但又必须得有人充当。

[3] 面对乡约、保正的上门催要薪资或赋税，绅民们往往"有垫赔受累者，有倾家荡产者，有受吏役之鞭挞挫辱者"等诸多情形。

[4] 为共同应对地方政府委派下乡的完税任务，筹集乡约、保正的工食钱，永发乡公议创设乡约会。规定士绅里民按照地价摊钱买地收租，以田租收入完纳乡约、保正薪资，并要求乡保不得再挨户索讨。这种为专门筹措乡保薪资共同出资购买的土地叫作乡约田，它属于乡约会的公产。

[5] 永发乡所有绅粮都必须共同负担，户户都要捐钱用以购置乡约田。

[6] 以上是乡约田的数量、位置和四至。

◎ 按语

乡约会是民间为共同应对某地区内乡约、保正工作薪资而成立的基层社会组织。像其他地缘性社会组织一样，乡约会通常也有首事或经理，他们负责会中事务，一定地域范围（保甲或乡里）内的绅户和粮户都要按照约定的数额捐钱立会。用所捐款项购置乡约田，再将乡约田租佃，以田租收入完纳乡保的费用。乡约会的成立使得众粮户再无差遣之迫，乡约、保正等基层非正式公务人员的薪资得到保障，某种程度上缓解了作为地方政府的乡村代表的乡保与基层绅民的紧张关系。这种"完费共同体"也反映出乡里负担之重以及催征之苦的事实。明清时期的其他地方也发现有类似的乡约会，如明代山西长治的《乡约会更正祀典记》[①]、民国二年云南通海县

① 贾圪堆：《三晋石刻大全·长治市长治县卷》，三晋出版社，2012 年，第 335 页。

《甸心村乡约会碑记》①、清代镇坪县《下茅坝公议乡约辛赀碑》②。

关于乡约会的组织结构，可参见咸丰十一年(1861)宁陕县《续捐公永发乡约会款叙碑》：

"窃惟本保公捐乡约、保正费之举，曩昔恩进士王振纲、乡约童景杰倡率，诸君虽捐成数，然未收归实在，终属画饼。继则耆宾刘盛松、陈水华、王元魁等，协力催收，始获齐全，甫立章程，相沿于兹。上既有益于公，下亦无损于人，不累不扰，举重若轻，俾众粮户无差遣之迫，有枕席之安。无不悦兹良法，称尽善焉。然前之捐项规款，已经勒石，无庸复赘。第内有收回□捐之说，似非□情。试思本户所捐，支过本户之差，岂后卖户□有□□□□。至于新户买业之捐，亦应支伊新户主差，乃协平允。向后买卖地□□□之捐项尽归于公，卖主不得收回。方今公费颇繁，俟汇成总数，添设义学，准以公事办齐为止。但冀后之君子，亦当体此，相沿绵绵不绝，永远弗坠斯善耳。昔买马河营之田地，相隔窎远，因以变易契买梁家庄街基坡地一分(份)，以作乡约工资；又头王姓地一分(份)，以帮总约之费；又买石巴掌汪姓山地一分(份)；又丁志超捐地一分(份)，以备保正之费。"③

这件续修永发乡约会碑记说明，即使经过公议捐款，但能否"收归实处"仍然要经过一番周折。在永发乡约会的创设过程中，进士、乡约和耆宾发挥了巨大作用。他们作为地方精英，在基层社会的公共事务中具有较多的发言权和决策权，代表着非正式的地方权威，实际控制着乡村社会。诸如创立公会、添设义学之类的公事无不要有他们倡率、捐资才能实现。永发乡约会购置三份地，分别用于乡约、总约和保正的费用。

8. 清道光二十七年(1847)南郑县《严禁不法行为碑》

◎ 简介

清道光二十七年(1847)三月立于关帝庙，兴隆乡发现。碑高90厘米，宽60厘米，厚6厘米。文字为仿宋体阴刻。内容为南郑县令严禁砍伐、偷盗、讹诈、滋事、捏讼、聚赌等不法行为。

---

① 杨应昌：《甸心行政村志》，云南民族出版社，2006年，第586页。
② 张沛：《安康碑石》，三秦出版社，1991年，第261-262页。
③ 张沛：《安康碑石》，三秦出版社，1991年，第166页。

◎ 录文

特调南郑县正堂加一级又记叙加四级纪录三十四次朱，为出示严禁以靖地方而安闾阎事[1]：照得本县访闻关爷庙一带有等无赖之徒，敢将卖出房产、田地复行侵占，或借有古塚任意讹诈，以及强霸水分，稍不遂意，即捏情滋讼[2]。并闻有无业之徒，盗砍竹木，穿墙越壁，肆行偷窃[3]，并游食僧道、乞丐，三五成群，遇孤村独户，强取恶讨[4]。此等为害地方，已属不法，兼有渔利之辈或在坟院修房，或在市场聚赌，以致外来匪类，引诱良家子弟，或遇鼠牙雀角，不投约理处，辄行捏情妄控[5]。种种为害闾阎，合行出示严禁。为此仰乡地牌保人等知悉，务须随时严查。如有前项之徒，许即密禀，以凭立拿，照例究办[6]，毋贻后悔，凛遵特示。①

◎ 考释

[1] 告示碑的目的是整肃地方社会治安与稳定。

[2] 无赖之徒的三种不法行为。

[3] 无业之徒的两种不法行为。

[4] 僧道乞丐的一种不法行为。

[5] 渔利之辈的两种不法行为。

[6] 告诫地方乡约保正等随时严查，准许密告，以凭立拿。

◎ 按语

这是南郑县朱县令为靖固地方，以安乡里而颁发的告示碑。告示中特别强调关爷庙一带无赖之徒、无业之徒、僧道乞丐、渔利之辈等四类人群带有黑社会性质的行为是违法的，比如无赖之徒的强买强卖，故意讹诈，"强霸水分""捏情滋讼"；无业之徒的偷窃盗砍；野道乞丐的"强取恶讨"；渔利之辈的招场聚赌，"捏情妄控"等。这些行为被知县特意列为不法行为，以告示碑的形式让"乡地牌保人等知悉"，并授权乡约地保负责究查、拿办，这是一种晚清地方官的治理方式。它明确标示出当地百姓的违法行为边界，实际上也就成为一种地方政府与民众达成的公共契约，凡不遵守契约，越过界线者，必然会受到相应惩治。

---

① 贾连友：《历代名人笔下的南郑》，西安出版社，2014年，第244页。

9. 清道光二十七年(1847)石泉县《严禁差役索诈告示碑》

◎ 简介

清道光二十七年(1847)立石。碑身长方形,长 135 厘米,宽 71 厘米。原立于石泉县政府西北侧石泉剧团院内。

◎ 录文

赏戴花翎五品衔知石泉县事加三级随带加四级记录舒钧[1]为严禁索诈事。

照得:县设衙役以供差遣。壮班任操练,快班事辑捕,皂班司刑杖[2]。其一切词讼事件,则壮、快两班承办,此其例也。石邑向规,两班轮流当月,某班值月则诸事悉差某班。下班者遂至闲散,无从约束,殊非事体。尔等上班之人,固须谨慎从事;下班者尚有承辑案件,词讼未结事件,亦须勤谨趋公,不得辄以身非当月推诿。本县莅任年余,查尔等头役尚属奉法,间有不法之徒,随时究惩,从无宽贷,此人人所共见者。惟尔等承票积习至今未改,一票到手,拖延多日,希图坐食两造口岸。其实钱被饭店赚去,酿出事端,尔等受罪,亦何利而为之?至承票辑贼,往往捉影捕风,到处吓诈,甚则正贼不辑,将曾经犯窃,旋即改悔之人,捉得一二人羁押饭店,教令证扳;某人接买赃物,某人知情同伙,遂至一案辗转波连十数人,层层剥削,实堪悯恻[3]。本县在甘肃也是百姓,设身处地,何能堪比。今躬膺民社,官称父母,若明知其弊,而不为痛革,是本县纵蠹殃民,亦即民之贼也。除逐案严惩外,合行列款出示严禁。为此,示仰两班人役知悉:尔等各宜痛改前非,并责成该班总管随时稽查。如有在外滋事,不守班规者,立即禀究。倘敢徇隐,事发之日,一体责惩,各宜凛遵毋违。特示。

计开:

——差役到乡,将被证传齐,不得羁押中途饭店,多食口岸。传至城中,不得私刑管押。三日内即行送审,如违重究。

——捕役到乡,不得妄拿无辜,亦不得私刑起赃,如违重究。

——捕役及一切差役,到乡承票唤人。所唤之人,虽系票内有名,但姓名之旁,并未朱批"锁"字,而该差竟敢私行锁押,所得财物,始行开放者,被害之人到案供出,除重惩外,定追赃给领。[4]

以上三条,本县为吾民革除蠹害,亦为尔等保全身家。盖尔等得受草鞋、饭钱,原不能一概禁止。若遇事磕索,酿出事端,计赃论罪,法所不容。况被上宪差提，即以尔等虐乡民之法施于尔等，亦得不偿失。[5]本县前在平利、眉县、临潼皆如此约束，故能平安无事。当时或以为过严，及本县去后，该役等因事到省，有感激流涕者。一片苦心，愿尔等共遵之。

右仰告示，两班差役共刊石。

道光二十七年八月上浣吉日实刊班房之所，勿损。①

◎ 考释

[1] 舒钧，甘肃成纪（今秦安县）人。道光二十八年（1848），以举人补授石泉知县，咸丰元年（1851）五月卸事。在石泉任知县两年有余，治理地方卓有成效，此碑即是其治理县署衙役的告示碑。编有《石泉县志》四卷。

[2] 壮班、快班、皂班总称为三班，是县署官吏下的衙役，各班数从几人到十几人不等。三班六房是明清时期府、州、县衙门中役吏的总称。壮班掌供差遣、捕盗。站堂、呵道、门卫、传案、催科等分属于壮班、皂班。快班又分为步快、马快，原为传递公文而设，后来主掌侦缉。皂班掌守牢狱。有些地方县署还设有捕班。六房属于文书吏类，分为吏房、户房、礼房、兵房、刑房、工房。

[3] 以上陈述衙役在刑事和民事诉讼时传唤、拘押、承票等过程中的种种不法行为，比如承票拖延、坐实两造、承票吓诈、教令诬扳、层层盘剥等。

[4] 三条禁令均明确针对的是衙役办案过程中不得违反的行为，并申明违禁惩罚措施。

[5] 强调法治。

◎ 按语

这是石泉县知县对其县署衙役积弊进行整治的告示碑。县令治理的对象不仅是辖县的普通民众，还有衙门里的三班差役。

10. 清道光三十年（1850）岚皋县《双丰桥禁赌制则条规碑》

◎ 简介

此碑原位于今岚皋县跃进乡双河口村双丰桥头，刊立于清道光三十年（1850），由宋德隆作序，萧斋、萧斑珍书丹。刻制石碑6通，其中横式4通，

① 李启良、李厚之、张会鉴、杨克：《安康碑版钩沉》，陕西人民出版社，1998年，第94-95页。

每通高 82 厘米，宽 165 厘米；竖式 2 通，每通高 18 厘米，宽 65 厘米。此组石碑均阴文楷书，计 3200 多字，是以禁赌为主要内容的公议制则条规。被今人视为乡规民约加以保护。碑石完好，现存岚皋县孟石岭镇双桥村的四郎庙内。

◎ 录文

宋德隆

夫尝观天下之丧德危身者，莫甚於赌博；天下之倾家败产者，尤莫速于赌博。一入其中，如沉迷海，将不知所向矣！[1] 夫诗书之士，负笈[2]依仁，横经志道；田野之夫，一蓑风雨，半笠烟云；而工商则片长作计，薄艺谋生，亿中生财，以义为利，此皆守分安常，固成家之正路。[3]即或清淡薄饮，犹寄兴之生涯。尔乃狎此淫朋，缠绵永夜，猜红揣黑，倾囊於险巇[4]之巅。呵顺呼围（违），倒篋于淫昏之骨。钱弹一对，势若圆珠走马，压骱压通；手握多张，形如团扇磨砖，叫糊叫结。左觑人而右顾己，望穿鬼子之睛；阳示弱而阴用强，费尽狐儿之巧。门前宾客待，犹恋恋於场头；舍上烟火生，尚眈眈於盆内。忘食废寝，则久入成迷。舌敝唇焦，则相看似鬼。迨夫全军尽丧，热眼空窥。视局中则叫号浓焉，技痒英雄之臆；顾囊底而贯索空矣，灰寒壮士之心，引颈徘徊，竟白手无济；垂头萧索，始元夜以方归。幸交谪之人眠，恐惊犬吠，苦久虚之腹饿，敢怨羹残。既而鬻子质田，冀还珠於合浦；不料火灼毛尽，终捞月於沧江。先则放稍抽头，狐群取乐；后则奸妻占媳，狗党争风。及遭败后，我方思已作下流之物。试问赌中谁最善？群推无裤之公，甚而搔头莫度，仰给於香奁，枵腹难堪，栖身於暴客。一朝发觉，辱及先人，轻则杖枷于衙署，重则徒流於异乡。[5]呜呼！丧德危身，倾家败产，孰非博之一途致之哉！我士农工商，可不慎之戒之。

建桥刊碑禁赌条规开列于后：

一议，赌博乃朝廷首禁。如斗鸡坑、蟋蟀盆、鹌鹑圈、盒子宝、弹钱宝、纸牌、骨牌、掷骰、摇摊，此皆赌具。[6]我境四民，能守分安常即为良民；若犯赌博，国法难容。轻则杖枷，重则徒流，况南山一带，罪加一等，可不慎之戒之。[7]

一议，绅士、粮当、花户、铺户，昔日家藏赌具者，从今父戒其子，兄戒其弟，皆要弃毁。如隐匿不毁，一经发觉，上户罚钱百廿串，中户罚钱八十串，下户罚钱四十串，以作本境桥梁、道路之费。不遵处罚者，公同送官。[8]

一议，为父兄者，欲禁子弟之赌博，必先正己，痛改前非。自议之后，如父兄犯赌，照子弟犯赌更加一等，凭公处罚。不遵者，亦公同送官。[9]

一议，士农工商、庵观寺院、饭铺宿店，各有本业，不许游手好闲，招留外来匪棍，引诱良家子弟赌博，其种种情弊，难以屈指。如不安分守己，招留外来者，一经查获，匪徒、招主一并扭拿送官，请法惩治，以警将来，决不徇隐。[10]

一议，境内无论冠婚丧祭、汤饼寿旦、新年旧节，以及因故守夜者，俱不许抹牌压宝，或瞒人偷赌，或恃势纵赌，均属不法。有人拿得赌具经公者，赏钱四串。知明乡保首士，即刻指名禀官。挟隙无赌具者不理。[11]

一议，绅士、粮户、佃户有等，不仗大义，引诱主东之子孙抹牌压宝，阳以为戏，阴则当真。及遭输后，即变脸要钱。年幼无知，或偷钱谷赔偿，或立借据负欠，此等佃户，较窝赌匪徒尤为可憾。稽查明有据，公同送官，决不姑容。[12]

一议，凡我同盟之人，乡间冠婚丧祭、汤饼寿旦，不能亲身贺吊，必着子孙代往，总有一二户老在场。无论谁家子孙，遇有抹牌压宝者，即直言斥责。如不受教，依然同赌不散，即将某子孙及同赌之人，一并送公处治。[13]

一议，子弟犯赌，无论开宝、压宝、抹牌、掷骰及输钱多寡，俱要送至公所，同众公议，理宜送官即送官惩治；如理不宜送官，即仰伊父兄同众面杖。所杖之数，亦准罪之轻重。杖后书立"永不敢赌"字样。[14]

一议，向来差役承票来境，见词讼内弄钱不多，遂倚官势，勉托相好，放稍抽头，以图肥己，致滥地方。嗣后有差役承票来境，不准赌博，如倚官硬赌，不遵乡议者，即将差役、窝家以及同赌之人，一并送案惩治。[15]

一议，境内之人有等，痛惜银钱，溺爱子孙者，纵然犯赌，糊涂了事。故子孙胆大而赌风日炽。自此捐资立会，无论谁家子孙赌博，查有实据，即公同送官。所用之费，亦出公项，不得专靠犯赌之家。[16]

以上赌博规条，我等合乡人等，务须照议遵行，毋得故犯。若能痛绝，岂不习成上古醇(淳)厚雅化之风，老安少怀之仁境矣。并思除赌博外，尚有种种不法等情，亦公同详议条规列后：

一议，境内粮当花户、庵观寺厂、铺户宿店等处，窝留外来匪类，希图利己，扰害地方，一经发觉，坐落招主，赌赃受罚出解费，将匪徒公同送官究惩。如牌甲邻右徇情，不经公者，与招主同罪。[17]

一议，劫掠大盗、红黑二签、游僧、野道、乞丐、么儿，强讨恶化等辈，每逢单村独户，抢害滥扰，为患地方不少。如若有此，当鸣锣叫喊，邻右牌甲，协助捆绑，公同送案究办。倘因循不互相救应者，与贼同罪。[18]

一议，淫乱为众恶之首罪，尤为朝廷之大禁。凡我境男女人等，不许游手好闲，朝暮淫乱为事。与其有夫有子，当为夫子顾其脸面；无夫无子，亦宜为己身存其名节。奈有等无耻之男女，暗藏奸心，或图夫於毙命，或拐恋於他乡，是乃伤俗莫甚於淫乱。人命实出乎奸情。种种情弊，擢发难数。自今议后，境内男女，各怀廉耻，悉遵公议。如有不遵，以致故犯，公同送案，照律究惩。[19]

一议，阖境各地，所葬坟冢，不许本乡及外来习滑之辈，或冒认己冢，或假亲戚同姓，倚坟占山，藉冢滋事，希图讹索。如有此情，公同禀惩。[20]

一议，境内烟户有负债者，倘有夫妇、姑媳，自相口角，气忿系项，不得藉图骗於放债之家。如有此情，罪归反坐。若不遵者，公同禀究。[21]

一议，阖境无论粮当花户，不振纲常，一遇事件，纵容妻女，出首理质兴讼。倘及如斯，坐落夫主、家族，认处认罚。如不遵者，公同禀惩。[22]

一议，阖境无论口角、钱债，大小事件，知情莫过于乡里，必须先经投乡保、绅粮理质；不服者，方许控告。如不遵者，以□□后，公同处罚禀惩。[23]

一议，当该乡保，必须刚方正直，协力办公。合乡无论大小事件，有人经投，稽查的确，邀众理质，是非剖明，忠心解释，不能受贿。凡公偏禀，如有此情，公同禀革究惩。凡乡约一役，旧业新置，照议。每届三年，各粮户输流充当，如推委者，公同禀验。[24]

一议，窃案缉差，倘倚官势，下乡四处讹索，嘱及盗诬攀良善等情，公同禀案究治。[25]

一议，每岁常有湖广灾民，或数百数十男妇，蜂涌来境，口称要吃大户。我等合乡，分文口粮不给。强估即逐离出境，毋任羁延，致乱地方。如不遵者，公同送官处治。[26]

一议，每岁秋收，五谷瓜菜成熟之际，有无耻之辈偷窃。被获者，拟其轻重，置酒、罚戏、赔赃、出境。如不遵者，公同送官。捉贼之人，赏钱四百文。若知情徇隐者，与贼同罪。[27]

一议，柴山、竹木，寸草寸物，各有其主。如私砍盗卖及放火焚毁，一经查获，公同处罚，置酒赔山。倘有不遵者，亦公同禀究。[28]

一议，官塘大路，宽以五尺为准；乡间小径，宽以三尺为度。主戒其客，各管各地，无论春耕夏耘，不许上壅下挖。如不遵者，公同罚钱，以作修路之资。[29]

道光三十年九月吉日立①

◎ 考释

[1]　此三句开宗明义，强调了赌博的危害：丧德危身、倾家败产、难以自拔。

[2]　笈指书箱，负笈是指背着书箱，意为游学外地。《晋书·王衷传》："负笈游学。"白居易《短歌行二》："负笈尘中游，抱书雪前宿。"

[3]　此三句指士农工商四类人群的正路和本分。

[4]　险巇：险峻不平的高山。

[5]　碑文对赌徒聚赌时的场面、赌徒的心理、看客的表情、输赢后的种种表现、聚赌组织者的种种胡作非为都有淋漓尽致的刻画和描写。

[6]　明确何谓赌具。

[7]　强调南山一带赌博罪加一等。

[8]　此条是对私藏赌具的经济惩罚。

[9]　此条规定对父兄赌博的惩罚比子弟更重，因为没做好榜样。

[10]　此条规定是对招留匪徒、引诱良家子弟赌博者给予的惩治办法。

[11]　此条规定不许在各类红白喜事中赌博，违者必究。

[12]　此条是对奴仆、佃户等引诱东家子弟赌博的惩罚规定。

[13]　此条规定乡间各种红白喜事中子弟赌博时，不听人劝要受到惩罚。

[14]　此条规定子弟犯赌重则送官，轻则杖打，并立据"永不敢赌"。

[15]　此条是对差役倚官硬赌，不遵乡议的惩罚和约束。

[16]　此条是指捐资立禁赌会的目的。

[17]　此条是针对窝赌和牌甲邻右知情者的规定。

[18]　此条是针对游僧、野道、乞丐强讨恶化，抢劫独户的规定。

[19]　此条是针对淫乱的规定。

① 张沛：《安康碑石》，三秦出版社，1991年，第177-186页。

[20] 此条是对倚坟占山的规定。

[21] 此条是对烟户负债者的规定。

[22] 此条是针对粮户、当户、花户等妻女兴讼的规定。

[23] 此条要求乡里告状必须首先经过乡保的调解。

[24] 此条规定了乡保的品行、职责和产生办法。

[25] 此条是针对缉差到乡办案的规定。

[26] 此条是针对湖广灾民强估的规定。

[27] 此条是针对秋收时偷盗他人五谷蔬菜的规定。

[28] 此条是针对私砍、盗卖及放火焚毁他人柴山、竹木的规定。

[29] 此条是针对上壅下挖官道和小路的规定。

◎ 按语

这组禁赌碑是清代典型的乡规民约碑刻。它是由乡里捐资成立的禁赌会刻立的，碑文是由当时在外经商多年，因奔母丧返回岚皋的儒商宋德隆撰写的。主要内容可以分成三部分：首先是重申赌博的严重危害，并对聚赌时各色人等的种种不良表现进行了深刻描绘，旨在警示切勿效法；其次，公议 10 条禁赌规定，主要是针对赌具、赌徒、赌场等几个因素开列的禁条；最后，公议除赌博外乡里常见的 13 种有害安定秩序的不法和不良行为，要求"合乡人等"必须遵守。今天看来，这些规定和禁条无疑是保障当地"习成上古醇厚雅化之风，老安少怀之仁境"的制度安排，充分体现了当地民众对乡情的深刻认识，也反映了清代岚皋民间社会对赌博的禁伐之声，更是见证了乡村精英与民众自我寓教、正面引导、共同治理乡里模式的实践和智慧。

11. 清咸丰元年（1851）《洋县正堂禁赌碑》

◎ 简介

咸丰元年（1851）立石，原立于佛坪县栗子坝乡女儿坝村小学院内。碑长方形，青白石质地，细腻光滑。碑身高 52 厘米，宽 77 厘米，厚 10 厘米，保存完好，字迹清晰。碑文楷书 17 行，共 186 字。碑尾钤有篆文"洋县之印"一枚。详见图 1-3。

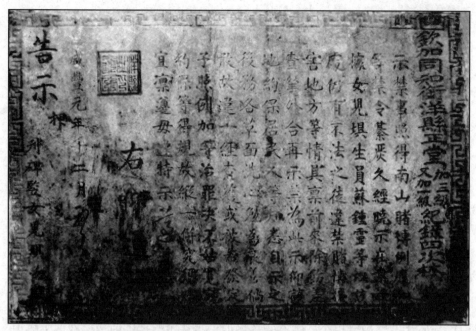

图 1-3　清《洋县正堂禁赌碑》（来自 http://www.sohu.com/a/156055808_205409）

◎ 录文

　　钦加同知衔洋县正堂加三级又加一级纪录四次林(绶昌)为示禁事。[1]照得南山赌博，例应加等[2]，禁令綦严，久经晓示在案。兹据女儿坝[3]生员苏钟灵等，以该处仍有不法之徒，违禁赌博，扰害地方等情[4]，具禀前来，除饬差查拿外，合再示禁。为此，示仰该地约保、居民人等知悉[5]，自示之后，务各革面洗心，勉为良善，倘敢姑违，一经查获，或被告发，定予照例加等治罪，决不姑宽。该约保等，得规故纵，一并究惩。各宜凛遵，毋违。特示遵

　　　　　[钤印]

　　　　　　　　　　右仰通知

咸丰元年十二月初一日

　　告示　押　刊碑竖女儿坝　勿损①

◎ 考释

　　[1]　洋县县令林绶昌颁布的示禁碑。林绶昌，江苏吴县(今苏州市)人，咸丰七年(1857)六月调任蒲城县知县。

　　[2]　南山赌博，恐窝藏招留附近匪徒，严重威胁当地社会治安秩序，因

_____

① 陈显远：《汉中碑石》，三秦出版社，1996 年，第 68 页。

此规定凡在南山一带聚众赌博者，一旦拿获，罪加一等。

[3] 女儿坝村在陕西省汉中市佛坪县岳坝镇。

[4] 生员苏钟灵向县里告发，女儿坝村有人赌博，扰害地方。这才有县令重申禁赌告示碑的刊刻。

[5] 禁赌之事要仰仗该地约保、乡民等力量来预防、查办。

◎ 按语

这通禁赌碑是由地方士绅首告，县令重申示禁刊立的。县一级地方官府人力有限，而且知县又有任期，在既无人力保障，又无资金投入，而且地方官府治理无持续性的前提下，诸如乡里禁赌之事，知县只能颁发告示，刊刻立碑，依靠乡约、保正等"半官方"的基层力量，发动群众来治理扰害地方的不法之人。

清乾嘉年间，白莲教起义军活跃于川、陕、楚毗邻地区，曾深入佛坪境内，嘉庆年间岐山等地木厂工人起义反清，也在秦岭地区活动。为便于统治管理，加强军事防务镇压农民起义，清廷遂于道光五年（1825）设立佛坪厅。据碑中"洋县正堂""洋县之印"可知，道光五年设佛坪厅后，位于龙草坪以南、如今隶属佛坪的女儿坝当时分属洋县管理。

明清时期赌博盛行，该碑说明当时偏僻闭塞的女儿坝也受到了赌博风气的影响，洋县知县林授昌据禀再次重申禁赌条例，试图广教化而厚风俗。在清代，实施教化的乡约、维护社会治安的保甲与负责征税、禁盗贼、禁犯上、守国法等的族正互相结合，组成清代皇权统治下乡村社会基层管理组织。

12. 清咸丰四年（1854）澄城县冯原镇韦家社村《乡约公直同议碑》

◎ 简介

此碑现存澄城县冯原镇韦家社村村委会，刻立于清咸丰四年（1854）九月。碑为长方形，宽 26.5 厘米，高 35 厘米。刻字 13 行，满行 20 字。楷书大字，字迹基本清晰。

◎ 录文

乡约公直同议[1]，因为人心不古，风俗偷薄[2]，今阖村人等演名戏一台，以正风俗[3]，所罚条规，开列于后：

一、禁遇神赛有人昧粮，不论升合，犯者罚钱一千文；

二、会长写戏不同乡约、公直知者，罚油六斤；

三、有人将地中水往窖内灌者，罚钱三千文；

四、闲人不许写戏，犯者罚油六斤；

五、村中有窖收水不过六月初一日，罚钱一千文；

六、遇赛管饭有人少叫人数者，罚钱一千文；

七、闲人打戏不与会长说者，罚钱一百文；

八、遇赛当日送戏钱不到者，罚油一斤；

九、有人阻挡新旧乡约，公直同众报官呈禀，所费口食，照粮均摊。[4]

咸丰四年九月吉日立①

◎ 考释

[1] 乡约公直同议，表明该村所列的 9 项条规是全村人等与乡约、公直等乡村"半官方"组织共同商议决定的，具有不容置疑的权威。

[2] 偷薄：意指不敦厚。

[3] 此句表明全村人共同商议，演戏立碑的目的很明确，是为了正风俗，使之敦厚醇善。

[4] 以上为 9 条村规内容。

◎ 按语

这是一件关中地区存留的反映乡规民约的碑刻。立碑目的是为敦厚乡村风俗。从碑文内容来看，9 条村规主要涉及乡村生活的 3 项事由：首先是与写戏相关的，不许闲人写戏，写戏要让乡约、公直、会长知晓；其次是与神赛相关的，遇神赛时，不许有人昧粮、叫人不到、不送戏钱；最后是与窖水相关的，不许污染窖水，不许少收窖水。凡违反以上诸条者，罚钱不等。碑文中还特别强调乡约、公直的权威，必须服从。

晚清时期，关中地区的村规民约中为什么规定闲人不许写戏？

明清两代，演剧活动在我国乡村地区十分频繁。无论四时佳节，或喜庆活动，或许愿酬神，或祭祖祀神，乡民多聚集一起，用演剧来集体表达他们对喜事的欢庆，对神灵的敬畏，对祖先的追思。但从清嘉庆、道光至清末民初，戏价不断上扬，筹办戏资成为难题。除大户所办的堂会外，乡村演戏一般都对所有乡民开放，即具有公共的性质，因此"乡村戏资取诸公"。这源

---

① 张进忠：《澄城碑石》，三秦出版社，2000 年，第 187 页。

于中国古代乡村历来便有的"需财之事则醵资于众"的传统。因此，碑文称"阖村人等演名戏一台"，是临时众筹戏资而办的。

民间的迎神赛会原本是民间大型风俗活动，演戏酬神本无可厚非，但活动经常会引发纠纷和冲突，有时甚至会导致财产损失和人身伤亡的悲剧结局，清朝官方对此类聚会常持否定态度，有时甚至会加以限制或禁止。例如曾于康熙末年任福建省同安知县的朱奇政，即曾一再下令禁止夜间演戏：

"为再行饬禁夜戏事。照得同邑恶俗，溺好梨园，荒时废事，耗神糜财。而貪夜串演，其弊尤甚：守望以懈，失门户之防；男女相窥，荡帷幕之捡；闯盗乘之而发，讼狱因之以繁。本县下车之始，痛恨已极，业经示禁在案。乃日久法弛，视为泛常，合再禁止……除白日登场，本县不得已，姑不究外；自定更之后，务宜恪守夜禁，闭户自安，不许擅行串演，惊众聚奸，如敢抗违，立拿保长，甲邻一并重责枷示……"①

雍正元年九月，直隶、山东、河南等省也曾奉有禁止神会演戏等事之旨。但是，雍正皇帝又指出："盖州县村堡之间，借演戏为名，招呼匪类，开设赌场，男女混淆，斗殴生事，种种不法，扰害乡愚。此则地方有司所当严禁者。至于有力之家，祀神酬愿，欢庆之会，歌咏太平，在民间有必不容己之情，在国法无一概禁止之理。"②

既然国法不能一概禁止民间演戏，事实上各地方民间演戏活动也从来不可能真正禁止。

此外，民间好事者借迎神赛会，故意编写淫戏虚文，扰乱民心，不利于社会安定团结，因此，神赛会所演之戏必须为名戏，而且神赛会会长所写之戏也必须由乡约、公直审阅，而一般闲人则禁止写戏。故此可知，乡约、公直对民间风俗教化、舆论导向也负有监督之职。

13. 清咸丰四年（1854）宁陕县《禁止淘金而靖地方碑》

◎ 简介

碑圆首，额题"永远遵行"四字。高 89 厘米，宽 68 厘米。清咸丰四年（1854）立石。现存宁陕县筒车湾镇文王坪。

---

① (清)朱奇政：《同安纪略·告示·禁夜戏示》，杨一凡、王旭编：《古代榜文告示汇存》第 6 册，社会科学出版社，2006 年，第 319—320 页。

② 《清世宗实录》卷六七，中华书局，1985 年影印本，第 1026 页。

◎ 录文

代办汉中镇属宁陕营参府高[1]，为禁止淘金而静(靖)地方事[2]。昨据文王坪乡约、客民等禀称：该处开挖金厂，恐累后患，缘有李光发开挖淘金，难保地方无害等情[3]。本府阅悉，殊深骇异。当(尝)经差查属实，痛害已极，合行出示严禁。为此，示仰淘金人等遵照，毋得开挖滋事，致使河空，营地有碍，大干未便[4]，倘敢不遵，许尔乡约、街邻、佃客人等，立即拿送来营，以凭移交有司究办[5]。各宜凛遵，毋违。特示。

乡约陈宗琦、聚泰祥。

客民朱泰来、顺星恒、同茂昌、魁顺福、复成永、裕兴永、义泰祥、庄头冯维学。

咸丰四年七月十四日出。告示押。①

◎ 考释

这是汉中镇属宁陕营高参将颁布的一则禁止在文王坪挖山淘金的告示。

[1] 代办汉中镇属宁陕营参府高：汉中镇属宁陕营是清嘉庆时期在宁陕设立的军事机构。清嘉庆六年(1801)，始设宁陕镇总兵署，下辖参将署、都司署、火药局、守备署、千总署、把总署。宁陕兵变后的嘉庆十三年(1808)，将宁陕镇总兵署移置汉中，改宁陕镇为宁陕营，隶属汉中镇，营下设参将、守备、千总、把总。"宁陕营参府"应是宁陕营参将府的省称。《清一统志·西安府三》记载：宁陕营"在宁陕厅南十五里老关口，嘉庆十九年建城，设参将驻守"。高某在咸丰四年时暂代理宁陕营参将，故称"代办"。

[2] 此句是告示的事由。

[3] 此句指告示与此地有人淘金有关。因李光发开挖淘金，长久以后，难免造成山体滑坡、河水污染，对当地百姓日常生活造成负面影响。所以，当地乡约和客民禀告宁陕营处理。

[4] 此句指对百姓首告处理结果。高参将调查后发现，挖山淘金致使河干，有碍营地驻守，因此严禁淘金。

[5] 此句要求相关人等知悉官府对淘金的禁止态度，并授权"乡约、街邻、佃客人等"对胆敢不遵禁令者，拿送来营，按照相关法令移送有司究办。

---

① 李启良、李厚之、张会鉴、杨克：《安康碑版钩沉》，陕西人民出版社，1998年，第148-149页。

◎ 按语

乡规民约由谁制定？乡里社会秩序的管理者、维护者和治理者。他们可以是官，亦可以是民。地方官为维护乡里社会的安定，保持乡里秩序的健康有序，以示禁碑方式颁布告示，目的是让辖境全体民众严格遵守行为规范，是自上而下进行治理的表现。而全村百姓共同商议制定的乡规民约则是自我治理的另一种方式。

普通百姓日常遵守的规约有两个重要来源：一个是来自地方官方的法令法规，它属于国法在地方上的变通形式，比如管理地方民政、军政等不同行政机构颁布的告示，尤其是勒石刊碑的告示，是具有普遍约束力的，意味着长期有效的规矩；另一个是民间组织或民间群体自发制定的乡规民约。这两套社会控制的体系在基层社会中同时发挥作用。

14. 清同治元年(1862)安康县《景家公议十条规款碑》

◎ 简介

碑圭首，额题楷体双勾"公议十条"四字，文字磨损，差可辨识。高90厘米，宽55厘米。清同治元年(1862)立石，现存安康市汉滨区茨沟镇。

◎ 录文

公议十条规款：

——境内有忤逆不孝，悖伦犯上者，即行合力捆缚，送官究办。

——境内有嗜酒撒风，打街骂巷者，轻则罚以荆条，重则捆绑送案。

——境内店户，毋许窝藏盗贼、聚赌匪、招游民以害地方。违者，指名报案。

——无耻之徒在境藉端讹索，无故滋扰良民者，经公捆绑送官。

——境内倘有被盗之家，邻右同出壮丁搜寻捕捉。查明，连窝主一并送官。

——赌博乃朝廷首禁，若不戒除，良民难以资生。嗣后倘有犯赌者，立拿送案。

——境中百谷菜果，黎民藉以为天。倘有偷窃践害者，小则罚还，大则禀案。

——境中竹木柴草构皮等项，物各有主。倘有逞习妄取者，凭公处罚，大则送案。

——境中有事，不鸣乡保传场质理，私告野状者，原告自了衙门，被告无涉。

——有游僧野道，流棍恶丐，在境强化估讨，及红黑签匪，日抢夜窃者，立捕送案。

外有各号买卖，务宜公平交易，不可添钱夺买，欺弱坑骗等弊。违者重罚。

大清同治元年十月吉日公立。[①]

◎ 按语

景家的这十条规款，显然是由乡民自发、公议制定的乡规民约，是处理该处乡里生活中面临的治安、礼俗、教育、纠纷、恶习等问题时必须遵守的共同规则。

15. 清同治四年(1865)岚皋县《义田条规碑》

◎ 简介

同治四年(1865)三月二十三日立石，由总理首士段光前等人公立，原刊于岚皋县花里墟义仓。碑长方形，宽 128 厘米，高 63 厘米，四周边栏饰浅浮雕卷草花卉纹。现存岚皋县南宫山镇。共两块，前后碑文相属。

◎ 录文

义田条规

一、捐置义田，原为五事而设[1]。凡各捐户子孙须当永遵，公择正直首士经营，自家不得任意擅理。并宜常以增广义田为心，虽极贫，亦不得希图变卖义田求息。倘有子孙于极贫时强将义田卖、当者，首士执文契、条规禀公，严为究治。

一、义田租收存公所义仓，捐户子孙不得私为己有。倘有存私，首士公议处罚。[2]

一、义谷当丰年时，有求借者，公议出放，每石加三行息，秋收必晒至极干，送仓交数。一出一入，首士不得徇私。倘若徇私，至年终同公算明帐项，或有差失，首士赔还。[3]

---

① 李启良、李厚之、张会鉴、杨克：《安康碑版钩沉》，陕西人民出版社，1998 年，第 223 页。

一、义谷不准捐户子孙强借，强借之门一开，不但不能还者谓是自己之物，不想还，即能还者，亦谓是自己之物，亦不想还。如此，则义谷尚不足供其子孙之用，何能济人？岂不大失公置义田之意？如有强行估借，凭众公处。[4]

一、至大荒散谷时，尤必细查。果属极贫之家，始可量其人口多少散给。不然，恐贪人借此以营利也。

一、散义谷贵合乎时。歉收之年，粮户尚有存积，穷人有处挪借，若此时即将义谷散空，倘若再遇大荒之时，粮户并无积储，穷人无处借买，又将何如以处之？此不以时散给者，名虽救人，而终无救人之实。故必大荒时始可散给。

一、每散义谷时，须请合会首士及本地公正绅者、乡保到场，同为妥议分发，以防狡猾之徒纠众估取，致起争端。且极贫之家，非众人亦不能清察虚实。[5]

一、余积义谷，数既不多，只能应给邻近。至于远方，则心有余而力不足，且俟远方好善君子。如有远方人持强估索者，禀公究治。

一、每年宣讲，或请人，或自讲，或收字纸，或刻善书，或放生命，及荒年让租、发赈之数，务必详细登簿，方有定数。以后领手经理者，亦易于交结，有条不紊，亦免各相猜疑。如有丝毫侵蚀者，查出同公处罚。[6]

一、义田所有丁粮、盐课、禄米，务必如期完纳，毋得迟延。[7]

一、义谷出入，必须掌管者亲自经理，若委旁人，必多欺心舞弊，不可稍忽。[8]

一、义田相传既久，积谷渐广，捐户子孙又多性情不一，总宜共择贤而能者掌管，方不致偾事。每换人掌管时，须凭众首士公议，举其贤能者任之，但所举之人亦不得推诿。[9]

一、每年收租时，必同众首士开仓验看，然后收纳，若首士一人私开义仓者，即凭众处罚。至封仓时，亦必与众首士同封。

一、经理首士有才短者，有性拗者，以及年老力衰者，皆不能料理公事，俱当另行酌议妥人。若有首士不遵条规，或不耐久经理，或因家计小故以致失误公事者，皆从重处罚，亦必另换。[10]

总理首士段光前、熊承高、王士英

经理首士崔启肇、朱华明、段明健、杨德浩、张月朗。[11]

同治四年三月二十三日公立^①

◎ 考释

[1]　所谓五事，是指赈济贫困、资助求学、赡养老人、资助丧葬、防灾备荒等五项民间救助事务。

[2]　公所义仓收纳义田租，规定捐户子孙不得私自占有。

[3]　规定丰年义谷借贷标准。

[4]　规定不得强行估借义谷。

[5]　规定散义谷的时机，以及详细审核极贫之家。

[6]　每年的常规出入账目必须详细登记在册。

[7]　义田所有丁粮、盐课、禄米应及时完纳。

[8]　掌管经理必须亲自负责义谷的出入，不得玩忽职守。

[9]　义谷的掌管经理必须由首士公议，选举贤能者充任。

[10]　首士每年收租时必须开仓查验。列举六类人不能担任首士。

[11]　首士共 8 人，其中总理首士 3 人，经理首士 5 人。

◎ 按语

以上 14 条义田条规属于岚皋县花里墟社区义仓的条规。它与家族义田及义仓有很大的不同，是由地缘关系结成的互助型民间救助组织公议制定的条规。义田的捐户来自不同家庭。丰年积谷，放贷生息，荒年开仓散谷，赈济贫寒。规条主要是针对义谷的出入、散谷的标准、首士的选任和职责等给出详细规定。

16. 清同治五年（1866）《洋县正堂为民除弊碑》

◎ 简介

碑高 173 厘米，宽 80 厘米，厚 11.5 厘米，正文 23 行。现存佛坪县大河坝镇古墓岭庙院内。

◎ 录文

署洋县正堂加五级纪录五次范（荣光）^[1]准定 出 示 立法□□□□□当□□ 为 民 除弊。

---

① 张沛：《安康碑石》，三秦出版社，1991 年，第 225-227 页。

洋邑自逆匪扰乱之后，旧章俱废，诸事纷更，百姓无所遵循。绅士爱诣范明府父台，备陈上下情形，除 差 务 马 ，已照规办理，所有公事并在官人役，一切积弊均行裁去，重新酌定章程勒石，俾公私悉协，无贻病民，用昭从欲以治之休，永垂不朽云。[2]

一、凡差务均由驿站。查洋县不通驿路，向无马匹差事。惟兵差过境，旧由各地摊派四十八地方，一地派钱四十串，概交绅局买马牧养，临差支应钱，日行马差，概不得向民间科派。所有绅庶家养骡马，与官马不同，俱不准擅拉支差。[3]

一、词讼凡属婚姻、田土、帐债，俱为民间正案，只准其取保听审，无须管押，并无费钱之例。陋规有书役官号一项，已系额外索求。查乱后凡遇词讼，原差传唤，动辄六人，甚至九人十二人，与乡约串通舞弊，往往草鞋钱数串，口案钱数十串，官号钱多者甚至八九十串，少者亦不下三四十串，此等恶习，殊堪痛恨。嗣后仍照旧，每案照八股派钱，赤贫之家，不得拘定数目，即殷实者，一案至多不过三串二百文，送案到单钱在外。原差一班只准一名，五十里路者，每名给口食钱一百文，百里外者，按路远近照算，发给口食，不得复索草鞋、口案等钱。如多取者，以诈赃告究办。[4]

一、例有名(明)条，生员不得干预事，旁人亦不得诬牵生员作证。生员如有要事，许遣家人代告。大乱之后，恶差不知法纪，竟有殴打生员，实属玷辱斯文，大干刑律。以后差役，如有不安本分，与生员殴打情事，即照例禀官，从重惩办。[5]

一、名分自有定制。凡在官人役，不准服上色绸缎；非有要紧公案，不准乘骡骑马在街市往来，以昭名分而办等例。[6]

一、词讼不论理之有无，往往欲占原告，先图免费，嗣后官号到单，原被二家均摊，庶无挟嫌捏告等弊。[7]

一、凡居乡在山乡约，遇差役持票叫人，必协同传唤，一经传到，先说草鞋钱，次讲饭馆酒肉，动称口案钱若干，以少报多，乡约均行分肥。是以一案每迟至一月十数日不到者，弊即在此。嗣后差役下乡入山，按路远近，限以时日到县。如案内人或有事故不在家，则责成该管乡约，禀明因何故出外，先使差役回衙，限几日乡约将人送案，庶免窜通磕诈之弊。[8]

一、革退差役，名虽除而暗内用事，每藉口有未了公案，内革而外不革，迟沿日久，更名复充。嗣后凡革退差役，即随时除卯，非经本官当堂开充，如有私更名字当差者，则以招摇撞骗，禀官惩办。[9]

一、山林耳木土产，不过种竹树木，等于禾稼，统归钱粮，完纳地税，令其支差，已属额外。近来差役舞弊，讨弄小票，假公事为名，下乡要竹要板，而必折料价钱若干，折脚价钱若干，百姓受害无穷。以后如有要板要竹，只准饬差一人，将票传到，该花户自行送县署内，发给脚价。差役不得索取分文，违者许种之家告官，以诈赃究办。[10]

一、乡约统管一乡，乡约公正，则此乡可以少讼；乡约不肖，则拨是弄非，遇有民间小事，伊从中索谢，稍不如意，便唆人兴讼，大为地方之害。嗣后乡约，每遇年终，各花户在公所大家议举，一人进城具禀，方准充膺。如有本地绅士不知，伊私捏名字具禀充膺者，一经告发，定从究办。再有大地方乡约，只准二名，如有过多者，许该绅士禀裁。[11]

一、刑罚操自官长，非小民所能自专，近来年岁饥馑，田间小窃，不肯经官，乡约私自惩罚，原不欲坏其名节，冀其人自改也。乃近来乡约视为利薮，遇有形迹可疑之事，使人具售状，伊藉庙会、船会为名，动辄罚钱数串或数十串文，无钱者折给地亩，乡约自行收租。此等恶习，更堪痛恨。嗣后乡约每(等)人只准说事，不得动接售状。窃案大者，随时禀官，小者乡间议罚，只准四五百钱文，如有过一串者，告发后以诈赃究办。[12]

宪主批示：成仪各条，悉准勒石永行

局绅：周百龄、姚文藻、李应贞、杨震西

首士：程建恒、王齐元、张廷禄、吴天顺。乡约：吴天中、黄文才

大清同治五年花月日十亩地案板沟众粮富花户等敬立①

◎ 考释

[1] 范荣光，河南修武人，拔贡，清同治三年(1864)任洋县知县。

[2] 刊碑目的是"重新酌定章程"，革除一切公事及在官衙役的积弊。

[3] 驿站要为以下人员提供马匹和食宿服务：朝廷使臣、朝觐者、赴任或进京的高官以及传送公文和奏章的信差。管理驿站是州县官的行政职责之一。每个驿站都要备有一定数量的马匹。州县官有义务确保驿站的马匹饲养

① 陈显远：《汉中碑石》，三秦出版社，1996年，第301-303页。

得法，照料得当，使用合理。①洋县不通驿路，无马匹差遣。只有军马的征派任务，按旧例摊派各方，每地派钱四十串，交由官办"绅局"负责买马牧养。禁止向民间科派，也不得征用绅民的驴马应差。

[4] 司法是县官的重要行政职能之一。婚姻、田土、账债属于民事案件，这是县官审办的大宗。衙门内有许多陋规，书吏、衙役、乡约在民事诉讼过程中利用职务之便，收取各种各样的规费，包括草鞋钱、口案钱、官号钱等。知县常常默许衙门职员收取这些规费。范知县订立新规，取消草鞋钱和口案钱，差役下乡传唤只准一人，口食钱一百文。送案到单钱三串二百文。

[5] 重申生员不得干预政事，不得作证，衙役不得殴打生员。

[6] 在官人役平常不得穿绸缎，不得乘骡骑马过市。

[7] 原告和被告两家均摊诉讼费。

[8] 衙役下乡传唤当事人到堂审案，乡约必须协办，规定按路远近在期内到县。

[9] 革退差役不得更名继续当差，招摇撞骗。

[10] 差役下乡，不得以公事为名向花户索要折料价钱和折脚价钱。

[11] 此条对乡约的选任办法和人数有明确规定。在山乡约对乡村秩序的维护非常重要，规定在花户中公议选举乡约，绅士必须知情，然后禀报县衙批准。大地方可以选两名乡约。

[12] 规定乡约不得私接售状，惩处当事人。不得借庙会、船会之名，罚钱或占田收租。

◎ 按语

地方政府依靠各种陋规获取财政岁入，衙门职员也利用陋规取得薪水。书吏和衙役的薪水，朝廷是有财政预算的，但只是象征性的，衙役每年六七两银子，书吏每年十几两银子，这根本不足以维持其生活，于是他们借助陋规获取灰色收入。在诉讼过程中，衙役可以向当事人索要"草鞋钱""口食钱""车船钱""解锁钱""带堂钱"等，书吏向当事人索要"纸笔费""挂号费""传呈费""到案费""踏勘费""结案费""和息费"等，知县往往也对此陋规采取默许态度，以致书吏、衙役与乡约相互串通，压榨诉讼当

---

① 瞿同祖：《清代地方政府》，范忠信、何鹏、晏锋译，法律出版社，2011 年，第258–260 页。

事人。洋县县令范荣光为革除这些陋规，重新制定章程，对衙役、书吏的种种恶习进行整顿。同时，对乡约借机与衙役分肥，鱼肉乡里的种种不法情弊予以革除。这些新规程以县令的名义颁布，并刻石立碑，晓谕县乡，即成为书吏、衙役和乡约必须遵循的地方性成文法规，对他们的行为具有制度上的约束力，至于这些章程规定能否在实践中真正发挥效力，那就另当别论了。但是，这通"为民除弊碑"的刻立至少反映出洋县正堂革除积弊的某种姿态，这也是地方社会治理中惯常使用的一种手段。

17. 清同治七年（1868）《洵阳县风俗碑》

◎ 简介

同治七年（1868）立石。碑高 175 厘米，宽 83 厘米。碑圆首，额题"敦尚礼教"四字，两侧饰浅浮雕"耕读"图案纹。邑令孙滩（字少兰）撰文，教谕张采篆额书丹，碑文楷书，字迹清楚。现存旬阳县构元镇新天铺。

◎ 录文

古者造士之法，文武合为一途。故家有塾，党有庠，州有序，国有学。其教人也，以道德仁义礼乐射御书数，而且学干戈于春秋，学羽籥于秋冬。维时成德之士，入则说礼敦诗，出则折冲御侮。故先王之世，人材常多，足以济天下，国家之变而不穷于用。旬邑古周南地，被王化最先，降及汉、唐、宋、明，英奇代出。近二百余年，沐浴圣朝之教泽远胜曩时，康乾而后当事者复多方培植，修学官，置学田，设义塾，建试院，所以教民者甚详。邑人士亦皆释菜鼓箧，争自濯磨，涵濡于诗书之化而兴起其忠孝之心。必有硕儒名臣应运而出者，非仅乡里之荣也。孔子之训曰："君子学道则爱人，小人学道则易使。"管子之言曰："礼义廉耻国之四维。"良以学校兴而后人心正，人心正而后风俗纯。故邑近百年来，士多敦本惜名，耻事干谒，务帖括，习经史，留心经世之学；农多勤苦，少盖藏微，值歉荒即虞冻馁，早望高山之收，潦资低山之熟，冬夏开垦壁崖，微土不遗。四民既皆训良[1]，但习尚之宜禁戒者约有六条，附志于后：

——婚姻宜正也。

妇女不观灯，不踏青，不入寺烧香，自是闺范。然或礼教不明，婚姻道乖，如招赘、转茶[2]等事。士大夫家所无，乡民所有，其中奸猾潜伏，或酿成狱讼。长吏悬为厉禁，时申谵诫。迩来犬吠鲜惊，鼠牙罕讼，是在操风化者，默杜其源耳。[3]

——匪类宜除也。

县境楚蜀接壤，旬汉合流，舟辑往来，山薮藏疾，间有鼠窃狗盗，红黑签匪来自异域，煽惑愚氓，往往藉赌为渊薮，以饮博为生涯。惟重惩樗蒲之戏，实行保甲之法，为弭盗良策。长吏缉匪甚严，常密访其党羽，探其巢穴，改装易服，携健仆二三人疾驰百里，获匪党以归。或责枷，或递解回籍。惩戒窝家，兼责邻右。自此匪党互相惊疑，鹤唳风声，不知官之何时至也，相率远飏，盖内匪不生则外匪无托足，庶几闾阎乐业，奸民绝迹矣。[4]

——重息宜戒也。

县境山多土薄，贫民偶有缓急，必仰贷于人。客户列市而居，收贱卖贵，善为盘剥，私押重息。如立银一百两之券，必以半货配之。高其价值，至期无偿，又加息改据，由此操纵在手，虽罄田宅难厌也。噫！天道恶盈，悖入悖出。冯欢焚券以市义，陈氏家量以惠民，为善获报福莫大焉。[5]

——淫祀宜戒也。

邑界楚蜀，尚巫鬼，重淫祀。其风由来旧矣。更有值亲生日，延巫祝祷，名曰"接星"。祷疾，名曰"观灯"。丧葬延浮屠作佛事，且属纩时，必扶于椅上，曰"上马位"。含殓时，必用术家指弄，曰"开咽喉"。又或祀古树、怪石、枯木、古墓，以为神降。事属无稽，徒尽人意。惟长吏严禁于上，读书明理之士启牖于下，庶风俗正，礼教兴，淫祀自熄矣。[6]

——讼蠹宜惩也。

乡约保正即古三老，道人遗意。若得公正朴实之人，自可辑睦乡里。乃此辈生事者多，奉法者少，每与胥役狼狈相倚，遇民间户婚钱债等事，未得钱则不肯排解，既得钱则又相袒护，主唆偏禀，弊端百生。长吏讯其原委，参以佐证，虚心平气，务得其情。有主唆左袒者，立予责惩。事权不属而乡约不来矣，乡民不来而讼者益寡，亦省事息民之一道也。[7]

——淫戏宜禁也。

春祈秋报，戏会梨园，亦观蜡之遗意。至多方装演，各诸媟亵，妇女杂观，名曰"花鼓"。村民牧竖曼声长歌，游手博徒托身涠迹。暗伤风化，莫此为甚。长吏严申禁约，有犯必惩，使其销声匿迹，亦维持风教事也。[8]

以上六条，切望士民自今而兹，革薄从忠，黜华崇朴，敦尚礼教，纯正风俗，庶几不负司牧者之婆心矣。余亦有厚望焉。

邑令山阴县潍少兰撰文，教谕朝邑举人张采书丹。

大清同治七年岁次戊辰蒲月吉旦。[1]

◎ 考释

[1]　洵阳县县令引经据典论述教化对邑中士民的作用和意义。士习经史，民务耕作，社会风气良好。但尚有六条禁戒需要重申。

[2]　"转茶"，明清时期的民间婚俗，指兄终弟与嫂结婚，或弟终兄与弟媳结婚。转茶习俗为封建礼俗所不容，认为有悖伦理。

[3]　招赘、转茶被认为不是婚姻正道，有碍风化，容易酿成狱讼，应该从源头杜绝，因此申令"宜正婚姻"戒条。

[4]　红黑签匪、赌棍是引发乡里社会秩序紊乱的根源，县官对他们的打击从来都是经常性的。

[5]　县内禁止高利贷盘剥。

[6]　县界与楚蜀相接，旧有民风"尚巫鬼，重淫祀"。近来"接星""观灯""上马位""开咽喉"等陋习渐浓，更有"祀古树、怪石、枯木、古墓"等祈祷活动。这些都被认为是"淫祀"，徒蛊人意，应该禁断。通过正风俗、兴礼教以灭淫祀。

[7]　乡约与胥役相互串通，借排解民间户婚钱债纠纷之机，索要钱财，祖护行贿者，致使牙雀小事，兴讼不断。这些有意省事的乡约和胥役被称为"讼蠹"，为省事息民，必须严惩讼蠹。

[8]　春祈秋报时，民间常演戏酬神。唱花鼓戏时，"妇女杂观"，而游手好闲赌博之徒混迹其中，有伤风化，宜加禁止。

◎ 按语

这是洵阳县县令亲自撰文用以正人心、纯风俗的禁令告示碑，内容涉及正婚姻、除匪类、戒重息、戒淫祀、惩讼蠹、禁淫戏等六个方面。刊刻告示碑可以被视为地方官在治理乡村社会时进行移风易俗的举措之一。但从六条禁令或戒条的具体内容来看，这种移风易俗规定只是原则性的，带有官方倡导，司牧规劝的性质，仍然属于制度规定。它对县内士民是否具有普遍的实

① 李启良、李厚之、张会鉴、杨克：《安康碑版钩沉》，陕西人民出版社，1998 年，第258 页。

际约束效力，还需从乡村生活的实践中得到验证。乡村社会对县令六条禁戒的态度和应对才是实现这些美好愿望的关键。

18. 清同治八年（1869）南郑县《严禁积弊碑》

◎ 简介

碑高 128 厘米，宽 79 厘米，厚 10 厘米。现存汉中市南郑区黎坪镇政府院内。

◎ 录文

加道衔调署汉中府事西安府正堂加五级纪录十次龚，为通谕严禁积弊，以苏民困事[1]；照得宁邑，土瘠民贫，多以山艺为生。自遭兵燹，小民涂炭，惨不堪言，亟宜培养元气，以复苍生，岂可再任剥削。兹据绅粮公恳，以近来州署幕友家丁，往往借以查禁烧熬为名，带差下乡，任意搜求勒派，倚势肆虐，害民无底[2]，且有营汛佐杂，擅受民词，实属大干[3]。

本府莅任斯土，靓此孑遗，欲求抚字之宜，当除旧之积弊，况耳扒烧熬，应禁应查，先有旧章[4]。幕友追以办公，非所借以差遣，奚与丁役横行，一至如此。并访问该处，无知愚民口角微嫌，辄行就近呈控营汛，希图拖累泄忿，殊堪痛恨，若不严加示禁，闾阎何以安生？合行一体通谕。为此，示仰阖牌军民知悉。自示以后，如遇钱债细故，务须邀同乡保查理处息。若案情较重，即赴该州呈控，该营员佐贰均不违例擅受，致干参处[5]。凡耳扒烧熬，除民间养老娱宾家酿不禁外，余照旧理。官亲幕友不准下乡借事苛索，私损民财[6]。如有上项情弊，许被害之家指名重究，从严惩办。各宜凛遵，毋违特示。

上南路西流河牌[7]士民等为遵。

主陈示谕西流河牌应给每年酒税钱十二千文，秋季十月完纳，批准存案，永为定例。

右仰通知

同治八年八月吉日

阖牌绅粮士庶等公恳议立①

◎ 考释

[1] 龚某为西安府知府，同治八年代理汉中府事。上任伊始，为严禁积

---

① 贾连友：《历代名人笔下的南郑》，西安出版社，2014 年，第 243 页。

弊，通谕治下军民，恢复民间社会经济，特意刊刻告示碑。

[2] 据绅粮禀告，近来州署幕友家丁以查禁私造烧酒为名，带差役下乡，任意勒索科派，乡民不胜其苦。

[3] 营汛：营指绿营，清代国家常备军，驻扎各地，也常指常备军的组织单位。营下分设汛，分防某营之内要地的绿营兵组织。佐杂：清代州县官署内助理官吏佐贰、首领、杂职三者的统称。营汛佐杂无权受理民间诉讼的状纸。

[4] 清代实行酒禁，即严禁民间大规模私酿烧酒。康雍时期，朝廷下令禁酒禁曲。此后又征收酒税。

[5] 营汛兵与地方乡民之间常为口角、钱债等事发生矛盾纠纷。碑文规定，此后这类纠纷先要经过乡保调解处理，案情较重者可呈控县衙。戒令营汛佐杂不得违例干预。

[6] 朝廷严禁大规模私酿烧酒，售酒谋利，但对"民间养老娱宾家酿"应区别对待，酌情弛禁。幕友下乡查禁烧造时，不得借事苛索。

[7] 西流河牌是宁羌州南路七牌之一，在今水田坪乡一带。

◎ 按语

这是一通代理汉中府事的西安府知府龚某刊布的告示碑。刊碑的内容是应绅粮之请，新任地方官严禁幕友借查禁烧酒名义勒索乡民，以及革除营汛佐杂违例干预诉讼等积弊。

幕友又称师爷，是地方官雇佣的行政管理专家。不是官僚体制中的常设人员，也不由政府支付薪俸。其薪资和食宿完全由地方官个人承担。他们以特有的行政管理知识与技能辅助地方官进行日常管理，在基层社会治理中扮演重要的角色，很多重要决策是由幕友做出的。钱谷和刑名是幕友职能的两个重要方面[1]，这也为他们勒索提供了契机。

19. 清同治十一年(1872)石泉县《公选约保禁娼禁赌碑》

◎ 简介

同治十一年(1872)立石，碑方首，高140厘米，宽82厘米。现存石泉县熨斗镇麦坪村二郎庙。

---

① 瞿同祖：《清代地方政府》，范忠信、何鹏、晏锋译，法律出版社，2011年，第153-191页。

◎ 录文

盖闻朝廷有官长，而乡里亦有约保，以杜患害，肃静地方。麦子坪自昔至今山高地狭，人烟稀少，事务甚多，不惟误上之差谕，而且生下之谤拟[1]。自嘉庆年间，阖地绅粮公同商议，积公办公，各出己囊，集腋成裘[2]。以及道光、咸丰未能告成[3]。至同治初年，贼匪扰害，费用钱百余千文，而约保费用并未奉行。于十年众等复议，所捐新入粮户钱文凑针合斧，置买本地公地，土名上营，去价钱二百一十六千文正，迨后约保凭众公选公举，不得轮流充当。庶乎上不误差谕，下可杜患害[4]。勒石刊碑，所议各规列后，永垂不朽云。

——计开

——议：境内约保必须公选公举，不得以情钻充，每年给身工钱廿四千文整，冬季交清。[5]

——议：遇文武大人春秋二祭等事，将息钱支用，不足不得再派。当佃户照旧所派。[6]

——议：绅粮、当佃人等，无论鼠牙雀角之争，须投鸣约保理论，不得私讼。倘不守规，众等呈禀。[7]

——议：境内不得招娼窝赌，窝留红黑签匪。倘有窝留，查出禀官究治。[8]

——议：境内各色竹木，各有其主，不得越界砍伐。倘不守规，重罚不恕。[9]

——议：年荒岁欠，无论大小差事，当佃户不派，后入新粮户，不入捐，照旧规派。[10]

（以下列绅粮人名90余人略）

大清同治十一年岁次壬申六月下浣吉日绅粮同立。①

◎ 考释

[1] 在山高地狭、人烟稀少、事多任重的麦子坪，因约保无人可充致使上误差谕、下生谤拟的事多有发生。

[2] 嘉庆时，经绅粮共同商议，摊派办公费用以用于公事公务。

[3] 公摊办公费用的公议决定在道光、咸丰时期未能实现。

[4] 同治初年，因贼匪费钱百余千文，但约保费用却没有着落。同治十

---

① 李启良、李厚之、张会鉴、杨克：《安康碑版钩沉》，陕西人民出版社，1998年，第229页。

年，再次集结绅粮共同商议约保的选任和费用问题。公同捐款置买公地，以租佃收入支付约保办公费用，此后约保不得轮流充当，必须凭众公选公举。

[5]　规定约保必须公选公举，又规定约保工食钱定额和交付时间。

[6]　规定两次祭祀费用从公费中出，不足不得再次摊派。

[7]　重申民间纠纷先要经过"投鸣"程序，由约保调解处理，不得私自诉讼。

[8]　规定境内不得窝赌、招匪。

[9]　规定境内不得乱砍滥伐他人林木，违者重罚。

[10]　规定年荒岁欠时差和捐的派征方法。

◎ 按语

乡约长、保正等非正式公务人员有"杜患害，靖地方"的功用，他们对上承接各种州县"差谕"，对下可以消弭民间细小纠纷、矛盾。石泉县麦子坪因地广人稀，差多役重，人人不愿充任约保，于是花户轮流充当。此外，约保的工食薪资地方官府不负责发给，因此，约保的选任与收入成为基层治理的棘手难题。石泉县此碑再次表明，清中后期，地方州县的正派无度，普通民户已经无力单独承担，必须结合成一个地域利益共同体才能应付，而约保在处理基层公共事务中的重要性是显而易见的。虽然能够有资格参与公议的人大多是士绅和粮户中的富户，普通民户的意见不可能得以反映，但民间在处理乡里公共事务时已经形成一种良好的公议传统，明显带有某种民间自治的意味。

20. 清同治十一年(1872)紫阳县《禁航运流弊以安行商碑》

◎ 简介

同治十一年(1872)立石，碑圆首，额题"永垂不朽"四字，高153厘米，宽87厘米。现存紫阳县城关镇新桃村。

◎ 录文

赏戴蓝翎特用府用即补直隶州紫阳县正堂加二级随带加二级又军功加一级纪录十次马。

为出示严禁以安行商事。照得商贾所以便民，贼窝尤宜严禁。兹据客民程长发等会同各行呈称[1]：向来各铺采买山货，由任河下至老河口出卖，雇船装载花包等货，上游历有年矣。不意近来有等奸险代工，领货后私搭外货渔利，不顾载重及至失事，每乘机窃卖，转向客铺讹索。更有沿河一带匪徒偷窃棉花，窝藏分赃。兼之河狭水险，地阔人稀，舡到涉处，添夫搬运，脚户藉此刁难，倍索工资，酿生他故。种种不法，实难枚举[2]。是以公同议规，禀恳示禁刊碑，俾有遵守，以垂久远等情。据此，查客舡往来任河贸易，既有种种弊端，自应议立规条以安商贾，除饬差严拿窃贼究办外，合行出示。为此，示仰任河一带保约、客头、牌甲及船户、脚夫人等知悉[3]，自示之后，如有匪徒窃货，立即查拿送案究治。至船户、脚夫等务各遵照条议，不得逞刁抗违，自取咎戾。该客商等亦不得恃规刁克，有干未便。各宜凛遵，毋违。特示。[4]

公议各条开列于后：

——议，船户领装客货，以圆载为度，不得多加，贪图渔利。其代工水手，无论上下水，有偷窃客货，甚至故意将舡磕损，掩饰盗情者，轻则处罚，重则禀官究治。[5]

——议，代工水手有驾舡误伤手足者，酌量付给药资。如自失足殒命，酌给钱四串，以助捞埋之费。已获尸身者，给钱四串文，外加给白布一匹，烧纸一块，在于值年会首处领取，均不得藉死蛋讹。如违，禀官究治。[6]

——议，代工不照料客货，致浸湿客货，及滥用水手，不能约束，黑夜赌博，行舡误事者，查出禀究。[7]

——议，货舡于大小河，遭风走浅失事，不急雇水手捞货，故意勒索重资，乘机偷窃。或水手赌博无聊，黑夜放水私逃，因而失事，代工不急捕寻者，除照数议赔外，送官究治。[8]

——议，上下货舡行至木兰洞滩口，定要将货搬空，其脚夫力钱照向规付给。如遇河水涨发，舡只随到随搬，不得勒索延挨，力钱照规加倍，以免坏事。倘有故意勒索重资，迟误失事，并在滩脑搭盖窝棚，窝赌容赃，从中分肥，及搬滩乘间偷窃货物者，将该脚头、脚夫送官究治。[9]

——议，货舡或在大小河涨水，滩口失事，货物漂流，准其归赎。各花色重件向给赎钱一串六百；轻件给钱一串，小河每花色重件给钱一串，轻件八百文。倘有额外勒索及隐瞒偷窃客户者，禀官究治。[10]

——议，船户水手代工盗卖客货，查处无论多少，除照数追赔外，仍禀官究治。有人查处鸣公报信者，酬钱四串，务要贼赃两获。其有犯条规知而送信者，公中给酒资一串。如挟嫌妄报及知情隐瞒者，酌量议罚。[11]

——议，沿途盗窃客货并附近图利窝贼窝赃，及分赃、卖赃吞肥者，查出一并禀究，追赃还主。如有买赃及知觉送信者，照前规酬谢。[12]

以上各规，有不遵议应送官，概由值年会首同众公禀，其一切费用，无论多少，均在公项开销。值年会首认真办理，不得徇情舞弊推诿，倘有不遵，查出议罚。[13]

同治十一年十一月二十一日，告示押。

实贴石梁子。①

◎ 考释

[1] 客民行商为紫阳县境内种种不法行为呈禀知县究治。

[2] 不法行为有奸险代工私搭外货渔利；载货船只超重失事，讹索客商；沿河匪徒偷盗棉花，窝藏分赃；船户、脚户不遵契约，倍索工资。

[3] 碑文要求任河一带的保约、客头、牌甲及船户、脚夫对示禁碑的规定高度重视。

[4] 违禁必受惩处的套语。

[5] 规定船户、水手领货后不得偷盗客商货物。

[6] 规定代工水手伤亡时客商的责任。

[7] 规定代工船户不严格管理水手导致行船误事的责任。

[8] 规定货船失事，货物的损失由船户负责。

[9] 规定货船转货时脚夫的工钱。

[10] 规定货船在涨水时和在滩口处失事时船户的赔偿责任。

[11] 规定对船户水手代工盗卖客货的惩处办法。

[12] 规定对沿河盗匪及窝赃分利者的惩罚办法。

[13] 规定值年会首负责对违规者公禀，并由公项中开支费用。另外对值年会首营私舞弊也有谨戒要求。

◎ 按语

这是紫阳县县令据客民行商请求肃清种种扰乱河运贸易行为的示禁碑。碑文中对奸险代工、不法船户、不良脚夫以及沿河盗匪等几类人有明确的要

——————
① 李启良、李厚之、张会鉴、杨克：《安康碑版钩沉》，陕西人民出版社，1998 年，第151-152 页。

求，打击他们趁货船在任河航行时借机图利，偷盗货物，超载翻船，勒索工钱等不法行为。从"会首、值年"来看，运河贸易应该有承担货运的船会组织，他们对会众负有管理职责。船会组织在地方官府和客商之间扮演协调者的角色，一旦出现纠纷、矛盾、摩擦，他们负责按照会规、行业习惯法以及地方法令来处理。

21. 清同治十二年（1873）西乡县《金洋堰禁止砍树捕鱼碑》

◎ 简介

同治十二年（1873）立石于西乡县金洋堰水利管理站。碑身长方形，高50厘米，宽32厘米，厚13厘米。碑文楷书14行，满行22字。保存完好，字迹清楚。

◎ 录文

金洋堰[1]旧系累木为堰，严禁刊（砍）伐堰中树木，自古为例。及易为石堰，将堰中树木禁蓄以备补修堰庙之用。其山木葱茏与午峰[2]并秀，乃有不法之徒，入山窃伐，以致山木光洁，将何以备补修堰庙之林。兹集绅粮[3]公议，拿获窃伐之人，凭众处理。念古例不可废坠，仍照旧章，禁止刊（砍）伐堰中树木。自堰潭西，上齐查姓地，下齐堰坎，东齐李姓连界，西齐南山背后黄龙庵，俱系堰中坡地[4]。倘有窃伐树木，一经拿获，先行理处。如强悍抗违，该禀官究治，决不容情，特勒石以严禁云。处批本年五月内拿获堰中捕鱼禀案，蒙梁县主[5]堂讯，重责捕鱼之人，示立章程：嗣后富者捕鱼，罚钱拾串文；贫者捕鱼，送案究治[6]。均勒石以垂不朽云。

堰长[7]许殿贤、李应春、杨春荣等立。

同治十二年六月初六日。①

◎ 考释

[1] 据清道光《西乡县志·水利志》记载："金洋堰在县东南二十里。有峡口在巴山麓，洋河出焉。峡口两岸对峙如门，川原平夷可田。前人因障水为陂，名曰金洋堰，溉田数千亩。作堰之始无考，前明正统知县邱俊复修。成化年间，值田圮堤，知县李春加培，详见何悌碑记。金洋堰灌田四千六百

---

① 陈显远：《汉中碑石》，三秦出版社，1996年，第78页。

亩，有大渠一支，分小渠二十五道，上中下三坝。国朝康熙二十二年，知县史左重修；五十三年，知县王穆重筑。"①

[2] 午峰：即午子山。

[3] 绅粮：是与黎庶相对的概念，属于士绅与地主阶层，在地方上有权势有地位。

[4] 自堰潭西，上齐查姓地，下齐堰坎，东齐李姓连界，西齐南山背后黄龙庵：堰中坡地的四至范围。

[5] 梁县主：据陕西人民出版社1991年版《西乡县志·政权志·汉至清代县官更迭表》，同治三年（1864）及五年（1866），西乡县知事为梁际殷。堰中捕鱼案是经西乡县梁县令审讯的，此碑也是以审判该案为由头而刊刻的。

[6] 嗣后富者捕鱼，罚钱拾串文；贫者捕鱼，送案究治：对违犯堰中捕鱼禁令者按贫富区别对待，富者以经济惩罚为主，贫者按照情节轻重追究处置。

[7] 堰长：也称堰头，负责堤堰管理和维护事宜。

◎ 按语

这通石碑也是官禁碑。细究碑文，有三处值得注意，其一，"严禁砍伐堰中树木，自古为例"，表明这是长久以来的惯例，显然是金洋堰尽人皆知的乡规。但仍然有不法之徒，明知故犯，入山窃伐，公然挑衅民间规约，而且日益猖獗，致使"山木光洁"；其二，禁条是在绅粮公议下达成的共识，是借堰中捕鱼案重申"旧章"，绅粮阶层在处理民间公共事务中的决定作用不容忽视，从某种意义上说，他们是民间意愿的代表，掌握着乡里社会治乱的命运；其三，碑文提起知县梁县令是有意用官府力量来造势，为禁条的严格执行提供不容挑衅的权威支撑。

22. 清光绪元年（1875）紫阳县《禁埠役诈索客货船只碑》

◎ 简介

光绪元年（1875）立石，年款后阴刻篆文"陕安镇印"一方。碑方首，高

---

① 舒钧纂修：《西乡县志》卷五五，《中国方志丛书·华北地方第316号》，成文出版社有限公司，1970年，第55-56页。

138 厘米，宽 69 厘米。原存紫阳县泗王庙，后泗王庙移建高阜，碑亦迁走，现存紫阳县文管会。

◎ 录文

钦加布政使衔署理陕西分巡陕安兵备道兼管驿站水利事务[1]加五级纪录十次三。

为出示晓谕事，照得汉江水面向有定章，兵燹以后，奸役滋弊，若非从严查禁，不惟行旅阻滞，于国课厘税均大有关碍[2]。兹据船户周文礼等以埠役肆毒，河规破坏等情，公恳出示定章前来。本道核阅，沿江埠役诈索客货船只钱文，大为商贩所害。除檄饬兴安府严提著名蠹役，认真究办，概予斥革，出示谕禁，并移陕安镇确查营员有无私设埠役，克诈情事[3]。一体认真禁止外，合行出示晓谕，为此示仰沿江厅县、码头、行商、船户人等知悉，自示之后，务须遵守旧章办理。如再有埠役、差船行人等，格外诈索客货船只钱文，扰害行旅情弊，准该船户人等指名禀官[4]。一经上控，定行按名提讯，从重惩办。船户人等亦不得藉端滋事，并干查究[5]。各宜泐石，永远遵行。特示。

右仰通知。

光绪元年黄钟月朔日泐石永垂，告示押。①

◎ 考释

[1] 此告示是以"钦加布政使衔署理陕西分巡陕安兵备道兼管驿站水利事务"的名义颁发的。因其兼任兵备道道员，又兼管驿站水利事务，所以确保汉江水运秩序是其职责所在。明代布政、按察二司因辖区广大，由布政司的佐官左右参政、参议分理各道钱谷，称为分守道；按察司的佐官副使、金事分理各道刑名，称为分巡道。清乾隆时专设分巡道，多兼兵备衔，辖府、州，成为地方省和府州之间的高级行政长官，属正四品官。

[2] 颁发告示的目的是严查汉江水面上滋扰行旅、商贩的埠头奸恶役夫，因为他们诈索来往船只，对国课、厘税的运输造成严重威胁。

[3] 民有所请，官有所为。船户周文礼恳请重申汉江河规，整治沿江埠

---

① 李启良、李厚之、张会鉴、杨克：《安康碑版钩沉》，陕西人民出版社，1998 年，第 143-144 页。

役流弊。兵备道核查后，出台两项措施：一是要求兴安府严查"著名蠹役"，一律拔除；二是移文陕安镇，清查绿旗兵武官中有没有私设埠役、勒索船只的现象。

[4] 告示要求沿江厅县、码头、行商和船户等各类人群全体知晓兵备道整治埠役的规定。

[5] 对告示下达后违犯禁令者，严惩不贷。同时也提醒船户不得无端滋事。

◎ 按语

这通告示碑是兵备道官员为治理汉江沿江埠头奸恶役夫诈索来往客货船只而刻立的。从碑文内容来看，"埠役"危害商贩、行旅已有很长时间。地方对此束手无策，恐怕与陕安镇的绿旗兵私设码头，安插埠役，勒索船只钱文有很大关系。若非上级主管的官吏下力气整治，汉江客货运输秩序无法得到根本改善。但光绪时，国力衰微，朝廷对地方的控制也大为削弱，地方官府治理能力太低，仅仅颁刻告示碑，只能对"埠役肆毒"起到某种程度的威慑，从实际效果来看，收效甚微。

23. 清光绪元年(1875)岚皋县《岚皋明珠坝禁令碑》

◎ 简介

光绪元年(1875)立石。碑圆首，额题"永垂不朽"四字，高151厘米，宽73厘米。现存岚皋县明珠坝中学院内。

◎ 录文

□廪生员陈彦玉、廪生李四俊、耆宾王玉松、职员陈彦朝、职员邱兆周、监生胡道才、监生胡永全、乡约杨廷桂、保正蓝宗文，为公恳章程以安良善以彰德化事[1]。此批粘单附：

署砖坪抚民分府兼管水利捕盗事务加五级纪录十次尤(葆琼)，为出示晓谕、严拿匪类以靖地方而安良善事。[2]照得所属南连川楚，东达襄江，地尽四面崇山，民皆五方杂处，以致良莠不齐，匪类混迹。近闻西路大道河一带，有等不法奸民，勾引外来匪类，涸迹乡村，希图渔利。或引诱良家子弟酗酒赌博；或诈向乡村愚夫强借估讹；甚至昼伏夜出，拦路谋财，结党成群，任情强抢，种种不法，大为居民之害。正拟选差查拿问，旋据明珠坝绅耆、乡保陈彦玉等以除匪安良等情，联名禀恳赏示前来。[3]除禀批示外，合行出示晓谕。为此示仰该地绅耆、乡保、居民人等一体知悉。自示之后，盖绅耆、保约等，务须严密稽查。如有前项不法各匪逗留境内，及本地痞棍故意散放猪牛牲畜，践踏民间禾苗，或藉采草为由□□□瓜果并贪利之家窝留外来红黑签匪，扰害乡民，滋事生端，许该绅耆乡保等随时驱逐查明究处。倘敢有胆玩之徒恃习逞□□□盗，禀案以凭差拿来案尽法惩治。该绅耆乡保等毋稍徇情隐匿，致干未便，[4]各宜凛遵毋违。特示。

粘单条款：

——凶□□□□□□往来孤村估宿强住，借名索债，造往突来。嗣后有此不法，准乡保带领本地壮丁擒拿送案，无任逃脱。

——南山禁赌，向来极严，近有不法之徒勾骗良家子弟以赌为戏，至局终输，逼书借券，将其父兄留为讹索根本，此等恶习，诚堪痛恨。嗣后有□□□□绅粮乡保凭公追还借券，重罚以戒将来。如有不服，准乡保送案究治。[5]

——乡间口角细故，动辄告状，不鸣乡保，拖累无辜。除□□□任。饬本地乡保理处下场。如有主使阻挠，准乡保一并指明禀究。[6]

——乡间地少岩多，衣食工资全凭出产，寸草寸木，物各有主。□□不法愚民敢将牛马羊混行放散，伤害禾稼，践踏树苗，乘间抵隙，偷柴盗树，瓜李忘嫌。嗣后如蹈前辙，准其凭公处罚，赔偿□□□□鸣□，如敢不服，送案究治。[7]

——烧山毒鱼，故祸生意外，酿出官非。嗣后如蹈前辙，准乡保查明送案究治。[8]

——红黑签匪，集□□□□害不小。嗣后申明保甲，严查窝家饭店，拿获一并送案究治。

——游僧野道，逃水患，避兵灾，一切大搬家，唱猴戏，玩龙船□□□□往来讹索偷窃。嗣后如敢恃习，准乡保送案究治。[9]

——差役下乡唤案，务须协同乡约，着地方代唤。如有混行需索妄为事端，准乡保查明禀究。[10]

——四乡免出猪酒税项，清正会每年帮酒水钱四串文。不足者，街坊长煮酒者照派。四乡入场卖猪肉者，仍照例帮税，二毋异言。[11]

粘单批:

查各所州县设立乡保,原以地方辽阔,官之耳目难周,责令该乡保稽查一切,法至善也。如有恃凶恃众强索以及术诱赌博,教唆词讼等类,许该乡保随时查拿,小则驱逐出境,大则送官究办。其余游僧野道,杂戏龙船,一经公撵,自然不敢逗留。至于本县奸民纵放牲畜,不顾他人禾稼偷窃瓜菜,惟图自己赚钱,则在该乡约秉公查理,再无不化之民。推之鼠牙雀角,排难解纷,则又该乡保之责无旁贷也。所有差人承票传案,其票内向故注明协同乡保传唤,如有讹索,该乡保亦不得辞其责也。该乡保果能居心公正,并无偏私贪婪,则小民之从善如水之就下,激之亦未能在山也。事在该乡保妥为善办,无滋扰累,仰各知照,毋违。[12]

大清光绪元年岁次己亥仲夏月吉日,众绅耆乡保同立。①

◎ 考释

[1] 士绅和乡保公请兴安府砖坪厅刊立章程以安良善。

[2] 兼管水利和捕盗事务的砖坪厅长官尤某出示禁碑,严拿盗匪。

[3] 所应严加治理的对象有不法奸民、外来匪类,以及拦路抢劫、酗酒赌博、强借讹诈等不法行为。

[4] 稽查牲畜践踏庄稼、偷柴砍树、窝留红黑签匪等事和人。

[5] 南山严禁赌博。

[6] 乡间口角纠纷,投鸣乡保处理。

[7] 不准抢占、偷窃他人财物,不准践踏他人庄稼和林木。

[8] 严禁烧山毒鱼。

[9] 严禁流民假借游僧野道混迹乡间。

[10] 严禁差役借公事为名,需索乡里。

[11] 四乡免出猪酒税。

[12] 明确规定乡约的职责和职权范围,同时授权乡约对民间细小纠纷进行处理。厅长官颁示的禁令传抄到乡保,要求相关乡保知悉并严格执行。

◎ 按语

禁赌博、偷盗、抢劫、贼匪,维护社会治安,是清王朝和地方政府一直

---

① 李启良、李厚之、张会鉴、杨克:《安康碑版钩沉》,陕西人民出版社,1998 年,第 246-247 页;又见张沛:《安康碑石》,三秦出版社,1991 年,第 251-254 页。

努力治理的主要社会问题。包括岚皋在内的陕南"秦巴老林"里,接连不断有川陕楚白莲教、川滇农民军、太平军、陕南教案以及哥老会、大刀会等活动。因此,这里盗窃、赌博猖獗,贼匪、恶丐、游僧、野道活动频繁,再加上地方差役与乡约相互勾结,假公济私,趁机盘剥,维持社会治安和乡村生活稳定是地方官进行治理的头等大事。此碑是当地乡绅和乡约公议恳请知县同意和授权刊立的,是具有较强约束力的乡规民约告示禁令碑。

24. 光绪元年(1875)洵阳县《庙子垭铺公议乡规碑》

◎ 简介

光绪元年(1875)立石,辑五氏撰文。碑圭首,两面刻字,文字贯通。阳面额题"永垂不朽"四字,阴面额题"公议乡规"四字。高135厘米,宽74厘米。现存旬阳县博物馆。

◎ 录文

光绪元年夏,有武生陈凤君等,合庙子垭绅耆、里民、乡保同立公议以靖地方[1]。议成,嘱予作文以记之。予尝观往古之盛衰,察今世之好恶,而知济世经邦之略,可一言而□也。一言者何?曰"恕"也。凡人情有不平则鸣,本恕以解之,而不平者平矣。人心有不服则争,持恕以调之,而不服者服矣。噫嘻!恕道之不明,此宇宙之所以不能无事也。倘能推恕以与世,故周施天下后世咸享乐利。区区一乡,又复何虑?我圣朝以恕治天下,由来久矣。而民犹有负圣朝者,则何以故?盖无人持恕之一言为茧茧条分缕陈耳。第不在其位不谋其政,乡邻有斗者,被发缨冠而往救之则惑也。然普天下之,莫非王土;率土之滨,莫非王臣。即谓王臣,奚必拘拘于职分哉。必谓籍其手而始吐其经纶,譬如昔之救涸鲋者,待决西江之水,水未至而鲋已枯矣。今见乡里人情汹涌,似有不遂其欲。迫于不忍,以立斯议,非矜水也,聊即恕以为和睦乡里之本云尔。是为序。义门辑五氏题撰[2]。

——议,人生孝弟为重,倘为子不孝,为弟不恭者,送官定罪。

(转碑阴)

——议,忠信为处世之本,不忠不信非人也,我乡当同凛之。

——议,劝我乡子弟,务宜耕读之本,勿令闲游,恐入下流。

——议,礼义廉耻,国之四维。尊宜敬,长宜逊,灾宜恤,难宜救。非分勿贪，毋自贻羞。

——议，窝藏贼盗赌匪者送官。知之而不报者亦送官。强贼不走者同执送官。

——议，庙子垭铺前立十六牌头，有事先和，不能和即送乡保，皆不得假公济私。

——议，铺内立二老户，凡乡约所支差费，牌头宜公派，归于老户、乡约领取。

——议，捐麦一石，愿开店者，具保领取。只许公人给用，原、被不在内，酒、饭照时价。

——议，传人之夫，以里数、人数，现给公费。

——议，换仓粮之事，宜传到一处，上中下公派，不得上门私派。

——议，无耻之徒，倘诱良民子弟赌钱者，牌头查明以报乡保。

——议，外来无耻之徒，查实姓名，家家不得久留，恐生事端。如生事端，于主家是问。

——议，店内不得招赌抽头。

——议，山原各样之贵物，牌头务宜查明盗贼，倘被贼所窃，于牌头是问[3]。

大清光绪元年仲夏月绅耆、里民、乡保同立。①

◎ 考释

[1] 绅耆、里民、乡保三个阶层的代表组成议事会，共同商议后，议定该乡公约规制。这次公议是由武生陈凤君倡议组织的。

[2] 辑五氏撰写乡规碑序文，序文中主要阐发"恕"道在和睦乡里中的重要作用。

[3] 以上条列 14 条乡规民约，主要涉及三个方面，一是乡铺倡导的孝悌忠信和礼义廉耻；二是乡铺禁断的危害日常生活秩序的偷盗、赌博等不良行为；三是庙子垭铺应对乡约差费、换仓粮等公派差费支出的办法。

◎ 按语

这通公议乡规碑是民间自我管理的典型案例。庙子垭铺下设十六牌，每牌各有一位牌头，负责处理牌内百姓日常不平之事以及管内缉盗。牌头无法

① 张沛：《安康碑石》，三秦出版社，1991 年，第 255-256 页；又见李启良、李厚之、张会鉴、杨克：《安康碑版钩沉》，陕西人民出版社，1998 年，第 230-231 页。

处理之事交给乡保处理。铺内拣选两户老户，凡乡约所支差费都由牌头收集齐本牌内公派份额交给老户收取，乡约按约定来老户领取。由此可见，乡约、保长等基层管理者的公费开支摊派问题是困扰铺牌百姓的一件棘手之事。由二老户收领乡约差费体现出该地灵活的应对办法。由绅耆、里民和乡保的代表组成的议事会实际是庙子垭铺各项重要事项的决策组织，它似乎代表着当地绝大多数人的共同利益，以公共权力的名义议定乡规民约，实施着对当地民俗、教化、经济、公益、治安等各项事务的实际控制。

25. 清光绪二年（1876）镇坪县《下茅坝公议乡约辛（薪）赀碑》

◎ 简介

光绪二年（1876）立石。长方形，高 85 厘米，宽 47 厘米。碑文楷体，正文 10 行，满行 36 字，保存完好。无撰文、书丹者。现存安康市镇坪县文化馆。

◎ 录文

盖闻五族为党，五党为乡，其中□民著作，难免鼠牙雀角。苟无乡束之规，必有欲速之讼。故朝廷设以官长，官长设以地方，是一乡之有约者由来久矣[1]。且我下茅坝[2]境内，虽属遐荒，而民中岂无秀顽。其有力者，或无才以任公；而有才者，又无力以办事。及至屡年议举，人皆诿谢。若是者，则一乡之事，又推谁任也。因兹阖乡绅粮，会同集议，爰举有才无力以代无才有力，特捐有力无才以供无力有才，岂不两全其美，共乐均平之治也哉。于咸丰十年始创此举，老粮已捐，积金六十千，无论充请何人，每年将余剩以为辛（薪）赀。[3]昔举固美，今何从新。因近来乡事甚繁，任非一人能当，兼添新粮捐项，除点卯用费、兵借外，余全五十千，合新捐旧捐共积全一百一十千，其余利可足二人辛（薪）赀[4]。今故举二人协充。其本仍归首人执放，将子利每年供给承充之人身俸。若后有继续新户，不论价值多少，须帮金八千，以作后日换戳之用。如捐赀之人恐将业售完，已捐之金不能索回分文，余照前制。特将捐户名目列刊。

（以下捐户四十余人姓名及捐钱数略，"换戳""修路""点卯"及"帮华姓命案"用钱数亦略。其数目均用肉码[5]）

光绪二年四月二十八日承办首人李永昌重立①

◎ 考释

[1] 乡约是官长设于地方的代表，它的创设与宋代《吕氏乡约》有很深的渊源关系。

[2] 下茅坝：据民国《镇坪县志》记载，晚清民初时，划平利县东南 21 保设置镇坪抚民分县，上 8 保中有三茅坝，即上茅坝、中茅坝、下茅坝。

[3] 乡事必须有人承办，此处区分出有才无力和无才有力两类人，发挥这两类人的特点，共同应对乡约薪资的问题，即咸丰十年公议捐款设本金，放贷生息，以利息补偿乡约薪资。

[4] 光绪初年，地方摊派日多，交由乡约承办的乡事繁重，雇请一人充任乡约已经无法满足需要，必须再雇请一人协办乡约，而新增薪资又成问题，因此又规定新入乡约会的人必须"帮金八千"。

[5] 捐金只是本金，按照公议日后是要偿还本主的。但有了公款之后，各项费用均由此出，利息恐怕无法全部负担。肉码字是一种流行在陕南、郧西等地的特殊计数方式。

◎ 按语

"苟无乡束之规，必有欲速之讼。"出于息讼目的，乡间需要对乡人束之以规。而乡约的设立即是将乡村社会"鼠牙雀角"的邻里纠纷和矛盾在乡里范围内得以化解，达到和乡党、息争讼的目的。

乡约的薪赀通常是由管内百姓摊派，逐户催交。清代晚期，社会积弊日深，民风日偷，地方政府摊派明目增多，且并无定额，搭车催收，任意摊派，强行勒索现象日益严重。为应对这种积弊，民间基层社会常常结成共同体，寻找因应的有效途径。下茅坝自清咸丰十年就开始按地捐款，放债生利，以余利付给乡约薪资。这种办法得到 40 余户公议认可。光绪初，"乡事甚繁，任非一人能当"，需要增设乡约协办一人。另外，"换戳""修路""点卯"及"帮华姓命案"等事都由公款中支出，为应付新增加的薪资负担，又规定新户必须"帮金八千"。可见，清代晚期，乡约在基层社会治理过程中的任务日益繁重，原本由粮户轮充的应对方式，已经无法适应社会需求，也不是哪户能够单独应付的，因此转变成由当地民户组成类似乡约会的组织，共同

---

① 张沛：《安康碑石》，三秦出版社，1991 年，第 261-262 页。

捐设本金，放贷生息以雇人承役。乡约、保正等地方政府的委托代理人的役重任多，民间不得不谋求变通之道。

26. 光绪二年(1876)白河县歌风乡《禁差索重刊裁免牛税碑》

◎ 简介

光绪二年(1876)立石，碑圆首，长135厘米，宽80厘米。现存白河县歌风乡新定村。

◎ 录文

□□□□□□以除积弊而保良善事。缘该处土瘠民贫，宴然无事，尚难聊生，何堪意外滋扰。稍有假中之假，以生即遭冤外之冤，更甚者因各处被逐之。谢世昌忽于捕厅诬控良善，捕役王奎、严发等持票唤案，拘锁勒索。[1]我等见伊鱼肉乡愚，不忍袖手，赴辕公禀。正堂萧公[2]碍难律究，吹嘘两班差头等邀集五乡绅者，力为挽和，立有和息字据：嗣后捕厅永不得接受该乡民词。愿给钱四串整，以作泐石存据之资。我等归乡公议，该乡绅民亦不能赴厅具控，拖累地方。[3]如有无赖，仍蹈前辙，许该乡绅保从实公禀清浊贤愚，今公镌厥石以垂久远。庶间闾无意外之虞，蔀屋有安堵之庆。境内人等共引领以游熙皞之天，何幸如之。

敬刊。同治十一年八月二十九日前宪王公革除牛税谕：叙闻之召棠远荫思德化者积久不衰，郇黍扬芳仰思膏者更时如一。观善政于关南，每来贤守；考休风于白邑，迭遇循良。前宪王公廷康[4]夫子，江浙儒宗，槐廷硕彦，以利济之鸿才，作此邦之父母，仅念生民，关心保赤，敦本重农，有加无已。明伦讲学，日盛月新。奈甫经一载，即卸篆荣迁。然而农服先畴，当勿忘饱暖之所自；士食旧德，宜永念衣冠之由来。故兴利除害，可举一以概其余，斯遗泽流风得贞珉而垂不朽。是为序。

钦加蓝翎五品衔补用直隶州署白河县正堂加二级记大功一次纪录十次王，为裁革牛税以恤农民事。照得，定例民间买卖骡马，自应纳税缴县，为报解部款。向章十月间，本县出给印票差催，应照向章办理。兹本县访闻地方喂养耕牛之家，于催收骡马畜税时，其差保牌甲，有向种田人家，见有耕牛者，每头或收税钱四百文，或收一二百文不等，亦间有不收牛税之处。[5]本县闻之，大为诧异。因思牛为耕地代人之劳，为民食所重，厥功甚伟，非骡马可以营运获利者可比。且农民喂养一牛,甚不容易,何得按年收税?几成积弊。乃饬房捡卷,查历前任旧卷,只有收纳骡马税,并无按年收取牛税一卷,必是差保牌甲欺我农民,藉端舞弊。此种积弊既为本县查出,亟应革除。合行晓谕,为此示仰合邑农民人等知悉,尔等须知耕牛定例无税,从今以后,尔等养牛之家,不必出给牛税。永远恪遵。并许立石泐碑,以为证据。[6]如差保人等催收骡马税时,再有向尔等诈索牛税者,立即禀送赴案,严行究惩。尔等勿误受其愚弄可也。切切。特示。

(五乡挽和绅耆12人名略)

光绪二年冬月上浣黑龙观合保地方绅耆里民。①

◎ 考释

[1] 清代陕南地区,民间若有矛盾纠纷,必须先由乡保调解,调解不成,方可告官究办。谢世昌直接上捕厅诬告,致使捕役"持票唤案,拘锁勒索",错上加错。为除此积弊,绅耆向县令禀告原委,令民间和解。

[2] 萧公,名大勋,四川锦州人,清同治十三年三月署白河县令。

[3] 规定"捕厅永不得接受该乡民词",县衙中的捕头差役没有受理审判民事纠纷案件的权力,县令重申此令,并命人将之刻石立碑,广而告之。

[4] 王公,名廷康,字兰耡,浙江绍兴府山阴县人。同治十年十二月署白河县令。

[5] "定例民间买卖骡马,自应纳税缴县,为报解部款。"这是朝廷法律,但在地方执行时,往往搭车收费,白河县趁机收取牛税,每头一二百到三四百不等。

[6] 知县下令县衙差役、保正、牌头、甲长等人员下乡催收骡马买卖税时,不得收取牛税,并勒石为据。

◎ 按语

晚清时期,民间各种苛捐杂税多如牛毛,民不聊生,困苦异常。在民事矛盾纠纷中,诬告勒索之事时有发生。县级地方政府人力有限,无力管理。因此,乡村社会中的绅耆、保正、牌头、甲长、乡约就成为实际管理和控制百姓的主体力量。他们中常有不良之人,常常以公权力代表者的身份与普通

---

① 李启良、李厚之、张会鉴、杨克:《安康碑版钩沉》,陕西人民出版社,1998年,第133-134页。

民众打交道，愚弄乡民，趁机勒索，造成乡间诸多积弊。遇到萧大勋、王廷康等较为勤政的官员，这些积弊才有望得以缓解。

27. 清光绪七年（1881）安康东镇乡《严禁赌博碑》

◎ 简介

光绪七年（1881）立石，碑方首，额题"严禁赌博"四字，高 45 厘米，宽 29 厘米。现存安康市东镇乡狮子坪村。

◎ 录文

奉谕为禁止抹牌赌博以靖地方事：本甲居民向属良善，奈今人心不古，匪风渐炽，乃人命之根，败家之由，莫不慎此之为[1]。公同大议：嗣后无论新春会期，红白酒事，不准牌赌。倘有违纪，罚戏一台，酒三席[2]。罪重者再罚钱充公。内中诱赌□家，窝主加倍处罚。如有刁顽不遵者，捆绑送案。凡有知赌不报，见赌不拿者，与匪同罪。凡外来不务正业，无拘无束之徒，非奸即盗，不准存留。一旦查实，窝主坐罪[3]。各速禁戒子弟、佃仆毋违，免教父兄东主受累[4]。自禁之后，惟愿各安生理，毋作非为。乡邦肃静，境土和平，安乐无忧，人人爽吉有庆，岂不美哉。

乡正王尚才、邹守正；团总王善芳；禁长罗祥学、陈锦坤[5]。

光绪七年二月十八日公立。①

◎ 考释

[1] 声明禁赌是奉谕行事，并重申赌博的巨大危害。

[2] 倘有违犯赌博禁令者，罚戏罚酒。

[3] 对违纪者，视情节不同，有不同的处罚措施。罪重者、诱赌者、窝主加重处罚力度。知赌不报、见赌不拿者，与匪同罪。同时不准容留外来无业者。

[4] 以官府口吻告诫该乡百姓尽快禁戒子弟和佃仆不要违犯禁赌令。

[5] 乡正、团总和禁长署名，足见地方对治理禁赌足够重视。此处禁长应是专门设立的查处、缉拿赌博的负责人。

---

① 李启良、李厚之、张会鉴、杨克：《安康碑版钩沉》，陕西人民出版社，1998 年，第 231 页。

◎ 按语

此碑是专为禁赌而刊刻立石的专禁碑，是乡正、团总等代表基层政权组织的人物以上谕的名义对危害乡村社会治安的赌博问题进行治理的具体举措之一。碑文中对参与赌博者的惩处力度比较大，"罚戏一台，酒三席"是最基本的处罚，但又根据情节不同而采取轻重不同的处罚措施，由此来看，光绪初年，安康东镇乡的赌博问题是十分严重的。又从两位"禁长"的设立可以看到，为查处赌博，东镇乡采取了一些针对性的措施，专门设立禁赌负责人使责任落实到人，某种程度上体现出禁赌问题上乡村自治的地方化特点。

28. 清光绪八年（1882）洵阳县《禁尸家讹索船户碑》

◎ 简介

光绪八年（1882）立石，碑圆首，额题"永垂不朽"四字。高 120 厘米，宽 50 厘米。现存旬阳县蜀河镇泗王庙。

◎ 录文

特用同知直隶州洵阳县加五级纪录十次王，为公恳立案已蒙赏准，以免讹索而杜讼累事。缘船户[1]一业，以水为田，凡雇驾船伙计，必须平日交厚无隙之人，方能两愿受雇，合伙求财。但人生寿数有定，或因走风滑水，或失足落河，并有岩碥拌跌以及病故，而船户无不尽心观顾，以望其生。近有尸家人等，不思寿数有定，顿起讹心，辄行入船混闹，拦阻客货，不准运行，只图藉口讹索，如不遂心，又复加捏讼害，诬控船主，受累益深。是以汉中至襄、樊一带，船帮[2]均皆议定章程，每溺毙水手一名，船主给斋醮钱数串，火纸一两块，白布一两匹，现已立案泐石，由是索讹讼累之风已息久矣。[3]惟洵近失此举，以船伙家往往滋讹，今尔等亦欲效各处所议成规，禀请立案，令其周知。故于本月初六日值逢泗王胜（盛）会[4]，邀请在城乡保、巡役集场共议。现议：大小两河来往船只若遇此者，船户一面赶紧捞救之日，一面与尸主送信。若不见尸，给斋醮钱拾贰串，火纸二块；若捞出尸者，外帮白布贰匹。倘尸漂流，船主务寻之日为限，如过三日之外，则尸主自寻，不得拦阻客船，亦不得节外生枝。然予等不敢擅立私议，同为禀呈立案，已蒙本县大老爷批令垂石，永远为志[5]。

光绪八年本月吉日公议船行[6]王宗贵、王德义、张金库；值年首人向应科、朱贵、李洪财、李武□、刘□荣、郑一科、张有万、□□友同立。①

◎ 考释

[1] 船户，是指旧时在江河上依靠行船进行水上运输的人家，既载客，又运货。所谓"以水为田"，即指这种水上运输营生。船户有船，通常会雇佣水手撑船走水，"合伙求财"。至迟到宋代，我国已有船户出现。《宋史·李迨传》："般运事稍缓则船户独受其弊，急则税户皆被其害。"《元史·食货志五》："岁漕东南粟，由海道以给京师……脚价不以时给，收支不得其平，船户贫乏，耗损益甚。"相关研究可参见吴智和《明代江河船户》②、杨泉《明代的船户——以户役制度为背景的考察》③。

[2] 船帮，也称船行，是指船户们为使行船安全结成的同业行会组织，主要是为了确保船户的经营利益而成立的。船帮与秘密会社性质的帮会不同，它没有政治目的。这通禁碑即是在船帮出面的情况下对溺亡水手的处理章程，显然是站在船户的立场上，为确保船户的利益，以所谓"公议"的条规提请县政府批示刊刻的。

[3] 汉中至襄、樊一带汉江航运的船帮早已有对水手溺亡的处理成规，但近来洵阳县水手死亡之后，家属滋事，讹索船户，因此有重立章程之事。

[4] 陕南地区居民深受荆楚民俗影响，崇拜吴楚水神杨泗将军。相传六月初六是杨泗将军诞辰，许多地方在此日迎神赛会。据民国《续修陕西省通志稿》卷一九八《赛会》载：安康"六月六日天贶节，有东、西泗王会"，平利也在"六月初六日，西乡有泗王庙会"。

[5] 议定后的成规有三点：第一，水手溺亡时，船主的职责是捞救水手，并给尸家报信；第二，规定船主捞出和捞不出尸首时赔钱和物的数额；第三，尸首漂流，限期船主三日搜寻，三日后不再负责，尸家不得阻拦客船，节外生枝。

[6] 此规章是船行"公议"而成的，对相关船户、水手具有约束力。

① 李启良、李厚之、张会鉴、杨克：《安康碑版钩沉》，陕西人民出版社，1998 年，第 291-292 页。

② 明史研究小组：《明史研究专刊》第 1 期，台北大立出版社，1987 年，第 31-68 页。

③ 杨泉：《明代的船户——以户役制度为背景的考察》，东北师范大学硕士学位论文，2018 年。

◎ 按语

这是一件船帮为确保船户利益，议定对溺亡水手如何进行处置的章程，并禀请县政府批令刊刻的禁约碑，主要禁止的是溺亡水手家属借机"拦阻客货""藉口讹索""诬控船主"。在泗王庙会时，邀请在城"乡保、巡役集场共议"严禁尸家讹索船户的章程。显然是船帮组织试图利用所谓公共权力制定行业规章，之所以"不敢擅立私议"，还要"同为禀呈立案"，并指明议定规章"已蒙本县大老爷批令垂石"，是因为毕竟人命关天。由这些公权力的代表出面立石为证，完全是为确保规章的合法性和权威性。立碑人中未见水手代表，即使这些条款忽视了他们的切身利益，他们也不得不遵守这种公议规则。可见，在船户、船帮及县政府面前，水手们生活在水深火热之中。

29. 清光绪九年(1883)宁陕厅《严禁烧山毒河告示碑》

◎ 简介

光绪九年(1883)立石，碑方首，额题"永远遵行"四字，残高132厘米，宽67厘米。文字有磨损。现存宁陕县柴家关村。

◎ 录文

钦赐花翎升用府堂署宁陕抚民分府[1]加五级记录十次□，为出示晓谕事。照得烧山毒河[2]，大干例禁，虽经前任出告示严禁，乃无知辈藐视如故，实堪痛恨。兹据职员郑涛恩等禀恳示禁前来，合再出示严禁。为此，示仰关属军民人等知悉，嗣后毋得再行放火烧山、毒河捕鱼，以免致鸟□□□此地饮水□□□□□毒河，则饮水之人先中此毒。自示之后，倘□饮□□□，一经发觉，定即从重究办，决不宽恕，各宜凛遵毋违。特示。右仰通知。

光绪九年五月旦谷　　众绅粮同立于关帝庙庑下，告示押。

实贴柴家关，勿损。①

◎ 考释

[1]　宁陕抚民分府：应是"宁陕厅抚民通判"的别称。宁陕厅是嘉庆五年(1800)由五郎厅改名而来的。五郎厅是乾隆四十八年(1783)划长安、鄠屋、

---

① 李启良、李厚之、张会鉴、杨克：《安康碑版钩沉》，陕西人民出版社，1998年，第101页；又见《宁陕抚民分府严禁烧山毒河告示碑》，张沛：《安康碑石》，三秦出版社，1991年，第274-275页。

洋县、石泉、镇安 5 县边境而成，直隶于陕西省。宁陕厅先隶省，再属汉中府，后属兴安府。清朝的"分府"也称"通判"，管辖地为厅，此官职配置于地方建制的府或州，功能为辅助知府政务，分掌粮、盐、都捕等，品等为正六品。通判多半设立在边陲，以弥补知府管辖不足之处。清沿明制，某些直隶厅或散厅有以通判为长官者，其中某些厅同知及通判则加抚民同知或抚民通判衔，掌管所在直隶厅或厅之行政事权。

[2] 烧山毒河：秦巴山区的居民耕种方式原始，刀耕火种，烧山驱兽。又以生黄姜和麻柳树叶炮制有毒植物，放在河中毒鱼，致使河水污染，鸟兽人畜遭受其害。

◎ 按语

这通告示碑是以宁陕厅抚民通判的名义刊立的。立碑目的是保护辖境内的山水环境。严禁放火烧山导致森林大火，破坏鸟兽、人畜的山林资源。同时严禁河中毒鱼污染河水，危害人畜饮水安全。它应是陕南地区明确为保护环境，由官方刊立的告示碑，对研究当前生态文明建设有积极意义。

利用碑刻资料研究陕南环境保护的成果也不少，其中两篇有代表性：梁中效、陈小赤《碑石所记明清时期汉中安康的环境问题》（《汉中师范学院学报》1999 年第 2 期）；张建民《碑石所见清代后期陕南地区的水利问题与自然灾害》（《清史研究》2001 年第 2 期）。

30. 清光绪二十二年(1896)平利县《牛王沟公议禁盗碑》

◎ 简介

碑圭首，高 140 厘米，宽 70 厘米。光绪二十二年(1896)立石。保存完好，字迹清楚。现存平利县文化馆。

◎ 录文

盖闻物非己有而窃取者，谓之盗。盗也者，不必穿窬之谓也。凡稻、梁、黍、稷、漆、桐、耳、枸、竹、木、蔬菜，俱不可以任意侵掠也。我境土瘠民繁，五谷为养命之原，货财亦糊口之助。[1]竟有狗盗狼窃之徒，白昼强取，黑夜窃盗，竟使业不由己，民不聊生。今合境绅耆共商，立一禁碑，使界别畛域，物分尔我。遵连乡同防之典，循守望相助之经。同心共济，各正性命，岂不寿域同登，仁里共处也哉。[2]所议禁规列左：

——禁，五谷、瓜果、蔬菜乃养命之原（源），不得强掠窃取。一经查获，轻则听罚，重则送官。

——禁，漆子、漆根不得强行私挖，故违者，一经查获，轻则听罚，重则送官。

——禁，所栽、所下漆秧，倘有盗窃，一经拿获，即以盗贼论，送官重惩。

——禁，明捡枯薪，暗伐漆树、耳树，一经拿获，鸣公听罚。

——禁，枸树、枸叶，亦农家出产，不得强采。故违者，查获听罚。

——禁，桐子倘有一家将捡，九家未打，不得混杂入扒，故违者，查获听罚。

——禁，竹笋、花木、草石，不得暗窃明夺，故违者，鸣公听罚。

——禁，敞放猪羊牛马，肆行糟害，故违者，鸣公看验，加倍赔偿；受害者不得打杀牲畜。

——议，无论谁人拿获盗贼，白昼赏钱八百，黑夜赏钱一串。

——议，拿贼之人不得栽赃贿利，挟隙报仇，如有等弊，以反坐论罪。[3]

团总曹东周，保长刘光璋，保正潘正兴，团长吴立远，乡约杨贵林。

绅粮□德瑞、罗开杰、杨□□、邓胜儒。

禁首邱吉孝、周立纪、周祖武、张河举。[4]

石工杨光富。

光绪二十二年六月吉日立。①

◎ 考释

[1] 陈述平利县境内"土瘠民繁"，山中土生土长的一些粮食作物、林木、果蔬为当地百姓养命和糊口的仅有资源，对他们非常重要。

[2] 记述立碑的缘由、禁规的形成过程和规约约束的对象。

[3] 禁规中有 8 项禁止性规定和 2 项告知性通告，即拿获贼盗的赏钱数额，以及捉贼者必须遵守的义务。

[4] 具名者分为团总、保长、保正、团长、乡约、绅粮、禁首等几类人，所谓"合境绅耆共商"，主要是指这些人共同商议。

---

① 李启良、李厚之、张会鉴、杨克：《安康碑版钩沉》，陕西人民出版社，1998 年，第 232-233 页；又见张沛《安康碑石》，三秦出版社，1991 年，第 312-315 页。两书对此碑的刻立年代记载不同，《安康碑石》有碑石拓片，今从之。

◎ 按语

这是一通平利县牛王沟"合境绅耆"公议禁盗的告示碑。从碑后具名者的身份判断，维持和控制基层社会正常运转的乡村精英代表都参与了禁盗条规的商议。因此，商议后刊立的十条禁规具有不容挑战的权威性，这十条禁约对盗窃行为有非常明确的禁止性规定，在乡居民必须共同遵守。值得注意的是，对违犯禁条的惩处，禁条规定：盗窃"一经查获，轻则听罚，重则送官"。说明乡村社会中的百姓有权捉贼拿盗，也可以在公众监督下对偷盗者进行惩罚，即所谓"鸣公听罚"，但对偷盗情节严重者并没有执法权，还必须送至官府，让官府依律问罪。这种规定背后牵涉以乡规民约为代表的乡村习惯法与地方政府依据国家成文律法进行执法之间的微妙关系，值得深入研究。

31. 清光绪二十四年(1898)安康县《流水铺后牌公议禁令告示碑》

◎ 简介

碑圆首，额题"永垂禁令"四字。高 230 厘米，宽 100 厘米。光绪二十四年(1898)立石，保存基本完整，个别字迹模糊，钤"安康县正堂印"。现存岚皋县大道河镇月池乡。

◎ 录文

赏戴花翎五品衔特授安康县正堂加三级随带加一级纪录五次马(积馨)，为出示晓谕严禁，永远遵行，以靖地方而安乡间事。照得案据流水铺后牌[1]乡正杨立仁等，以恳示立碑等情公恳前来，禀称："乡正等所居流水铺后牌，界连砖(坪)、紫(阳)，通于汉江，兼属山沟小岔，最易藏奸。又有无赖之辈，不农不商，招匪渔利，乡间受害，胡 行 难以枚举。故此邀集绅粮商议，拟就各条，公恳作主出示立碑，以垂久远而安良善。如蒙赏准，则地方永无匪害之累，乡 间 □□□靖之福。[2]为此公同恳乞案下赏准出示立碑施行"等情到县。据此，除禀批示外，合行出示晓谕。为此示仰流水铺 居 民 人 等 一体知悉。嗣后尔等查照后开各条，务各安分守己，勉为良善，倘若故违，许该正、约等随时禀案，以凭究办，各宜 凛 遵 毋 违 。特 示。[3]谨将规条开列于后：

——该铺如有不法之徒，招留外来红黑咽噜、会匪及面生歹人在境，昼则三五成群，搜诈乡间，夜则诱良家子弟，开场 赌 博 玩 牌 ，男女混杂，奸盗邪淫，寡廉鲜耻，种种非为，殊堪痛恨，其害不浅。饬正、约协同绅粮，无论粮户、佃户，齐团驱逐，如抗禀 究 。[4]

——该铺如有土棍不法之徒，闲中教唆，无而生有，任意罗织枉控，希图渔利，并牵累以报夙怨者，饬正协同绅耆、乡约 逐 查 明 确，据实禀究，以杜土棍教唆之害。[5]

——该铺凡有是非，许先投鸣正、约理质，如果事难处息者再控，不得以先发制人，抢诬施害无辜。若有忘诬牵累良善者，饬正协同绅耆、乡约逐查明确，据实禀究。[6]

——该铺如有外来匪徒，拐来别处妇女，隐匿真名，冒充假姓，来境嫁卖，致害无知。乡民听其煽 骗，辄行婚娶，匪类得财即 走， 追 妇女非族戚即属本夫来境生事最惨。娶亲人不准人财两空，而且讼累不已。如有外来嫁卖妇女不知来历者，不准 在 铺 内贩卖，亦不准铺内婚娶。如有容留违示者禀究。[7]

——该铺差役唤案，官号草鞋钱，照童尊府大人旧章，每案给钱三串贰百文，差役不得额外勒索。若违示者禀究。[8]

——该铺习狡饭店，每遇公差来境唤案，其公差所食口岸，不得高抬多算，与差通同作弊，私造□账，以少报多，瓜分肥己，凡 所 食口岸，凭公查算，如查出裁账肥己者，准正、约、绅粮公同禀究。[9]

——该铺近来栽种桑树喂蚕，诚为民间自然之利。每有横暴之徒，自无桑树，竟多喂蚕，俟蚕放□之时，呼朋引类，三五成群，□偷窃抢砍，互相行凶，胆将守桑叶之人凶捆，匪等抢桑叶各去，反致有叶之家无叶喂蚕，甚至酿成祸端，以关性命，其害□□殊堪痛恨。饬牌甲查明，惟无叶之家不准喂蚕，抢害乡间，违者准饬正、约查实，公同禀究。[10]

右仰通知。蒙马公批云："查该乡正等公议各条，切中时弊，原为除暴安良起见，准 如所禀，出示勒碑，永垂禁令，以靖乡间。"[11]

生员侯柱臣书，杨远明 □凤山同刊

光绪二十四年岁次戊戌小阳月谷旦 众绅粮公议 同立。①

◎ 考释

[1] 流水铺地处汉江中游，即今流水镇，以"流水店"而得名，位于安康市西南，距离城区 25 公里。康熙二十二年(1683)，设流水铺。牌甲为清代乡村基层建制。清初在里甲制基础上推行牌甲制，目的是加强地方治安管理。

---

① 李启良、李厚之、张会鉴、杨克：《安康碑版钩沉》，陕西人民出版社，1998 年，第237-238 页；又见张沛：《安康碑石》，三秦出版社，1991 年，第 317-320 页。

按户口编制牌甲，凡州、县城乡，乡十户立一牌长，十牌立一甲长，十甲立一保长。户给印牌，书其姓名、丁口。出则注所往，入则稽所来。遇可疑之人，不许容留。牌甲之内，无事递相稽查，有事互相帮助。

[2]　立碑目的是"靖地方""安乡闾"，使地方永无匪害之累。

[3]　安康知县批示，并晓谕流水铺后牌居民人等一体遵守公议禁条。

[4]　此条是针对该铺不法之徒的规定。

[5]　此条是针对该铺土棍的规定。

[6]　此条是关于矛盾、纠纷的处理原则。先要投鸣乡约、保正等基层社会秩序维持者，就矛盾纠纷的是非曲直进行理论和调解，若调解无效，方可据实向县衙禀告究办。

[7]　此条是禁止外来匪徒拐卖妇女及铺内嫁卖妇女的种种不法行为。

[8]　此条明确规定差役承票传唤到乡的辛苦钱，只有"草鞋钱"一项，三串二百文。

[9]　此条严禁饭店与差役串通，以少报多，骗取口岸钱。

[10]　此条禁止抢夺种桑人家的桑叶喂养桑蚕。

[11]　此条表明这种公议禁碑必须经由本县知县批示方能生效。说明县级政府在治理地方时让渡部分权力，交由绅粮、乡保等乡村精英对牌甲内进行自治。

◎ 按语

此碑是乡正为杜绝匪害，邀集绅粮商议，拟就乡规数条，并提请安康知县出示刊刻的禁令告示碑。碑文主要内容是就牌甲内危害乡村社会正常秩序的种种不法行为制定了明确的规矩，主要针对人群包括外来匪徒、本地土棍、刁横差役、不良店主、人贩、赌徒、游手好闲之徒等。这些禁规是经乡村社会公议而成的，立碑公示又是经知县批准的，因此，它无疑是研究晚清时期安康县乡村自治的重要资料，对于探究乡规民约与县级政府之间的关系也有重要的史料价值。

32. 清光绪二十七年(1901)洵阳县张坪乡《重刊府县禁令碑》

◎ 简介

光绪二十七年(1901)立石。碑方首，高13厘米，宽70厘米。现存旬阳县白柳镇峰溪村。

◎ 录文

钦加盐运使衔候补道陕西兴安府正堂加五级记录十次童，为出示严禁事。照得郡属民情风俗，本府前任数载，略能谙悉。兹经重莅此邦，除一切事宜随时另行晓示外，所有先应严禁各条合行汇列示谕。为此，示仰绅商士庶人等一体遵照。毋违。[1]

列示：

——严禁赌博。赌博之害坏人心术，破人生产，有赌博之处匪人必多，犯者加等治罪。

——严禁夜戏。演戏赛会原所不禁，惟夜戏为害最甚，且亦为聚赌招匪之所，违者严惩不贷。

——严禁奸拐兜抢贩卖妇女，犯者严拿治罪。

——严禁讼棍。民间好讼，多由讼棍叨唆，犯者严刑究办。

——严禁差役诈赃。传唤人证，每案草鞋、口岸钱不得过三串，如违，严究。吊拷勒索者，审实立毙杖下。乡保串通得赃者，一体治罪。

——严禁私钱。都城市镇一律用官板制钱，其薄小私钱概不准用。旧有者准其就近输缴于城隍庙铸磬，不得藏匿以致于搜查。

——严禁轻生。凡死由自尽者，所装衣被止准用布不准用绸绫，或单或夹或棉共不得过七层，棉布棉衣均为三层□□等，棺材不得用松柏。尸亲借此诈讹者，禀官严究。

——严禁嫁娶违律。男子背其本性，与人上门顶立香火；妇女招夫养夫，招夫养子，指女抱儿，种种恶俗，均属□□之行。以及兄亡收嫂，弟亡收弟妇，尤为灭伦。犯者按律严治。[2]

右仰通知。

以上示禁数条，系光绪十五年童府惠爱斯民。适邑侯田公将府宪禁条示饬各处刊碑同示久远，俯协民情。又经现邑侯刘公复申诰诚，饬各处刊碑，恪守，是爱是护，以为甘棠之树云。[3]

钦加同知衔署洵阳县事补用正堂加五级纪录十次赵，为出示晓谕事。照得春秋祭祀，各坛庙应用牛羊猪只，向系出票饬各铺保采买致祭，以凭发价。兹据西路武生赵治平禀称，各坛庙应用牛羊猪只等项，概系各铺支应发价。果系实情，殊属骚扰地方，合行出示晓谕。为此示仰合邑军民人等一体知悉，嗣后凡遇祭祀应用牛羊猪只, 本县发价卖买, 毋庸各铺供支, 免致小民受累。其各遵照, 毋违。特示。[4]

皇清光绪二十七年仲春月吉日, 草坪、大岭铺绅粮约保公议。①

◎ 考释

[1] 此禁令碑是以陕西兴安府知府童某的名义颁行各县的。童某钦加盐运使官衔, 又是道员, 等候实缺, 因此称候补道。清代道员是正四品官。清代在产盐各省设立都转盐运使司, 其长官称为盐运使。童某为整治辖境内民风特意颁发禁令。

[2] 严禁条规有八条, 包括禁赌、禁夜戏、禁拐卖妇女、禁讼棍、禁差役诈赃、禁私钱、禁轻生、禁嫁娶违律等。

[3] 八条禁规是光绪十五年(1889)童知府饬令各处刊碑同示的, 此碑是重新刊刻的。

[4] 洵阳县补用知县赵某又增加一条告示, 即"春秋祭祀, 各坛庙应用牛羊猪只", 由县里发价卖买, 不得再骚扰地方, 令各铺摊派。

◎ 按语

此碑是地方知府颁行各县的禁令碑。所示禁令都是针对地方治理的棘手问题, 目的是敦化民情风俗, 要求绅商士庶普遍遵行。不仅饬令各处刊碑同示久远, 而且"复申诰诫"。由此看来, 它是地方政府意志的一种强力体现。一经刊立, 自然成为当地四民必须遵守的地方性法规。虽然这种规约的出台是自上而下由地方政府发出的, 但仍然属于普通百姓要遵守的规约。

33. 清光绪二十九年(1903)洵阳县《赔碑罚酒以端习行碑》

◎ 简介

光绪二十九年(1903)立石。碑圭首, 额题"永垂不朽"四字, 高116厘米, 宽55厘米。现存旬阳县小河镇石岭子。

◎ 录文

为公立禁碑以彰承先启后事[1]。照得, 物本乎天, 人本乎祖, 天子庶人,

---

① 李启良、李厚之、张会鉴、杨克:《安康碑版钩沉》, 陕西人民出版社, 1998年, 第260-261页。

坟茔皆有，碑牌树木，培植非偶，张坟李冢，一毫莫辱。本境晏某坟碑，明晓"裕后光前"，关系非小。里仁不美，去冬冒毁，晏姓闻知，好不伤悲。情出无奈，投鸣乡绅，决要送案，照律究惩[2]。众等哀求，劝进私休，赔碑罚酒，刻石存留[3]。碑牌既立，各端行习，父戒其子，兄勉其弟，倘敢故违，仍蹈前辙，再被查觉，欲宽不得。禀官定罪，其刑必墨。[4]谨此告白，永垂碑碣，各宜凛遵，毋违。切切[5]。

光绪二十九年季春月吉日本铺绅粮乡保同立。①

◎ 考释

[1] 刊碑事由：公立禁碑以彰承先启后。

[2] 具体矛盾纠纷：晏某坟碑被人冒毁，晏某先投鸣乡绅理论，议定送案究办。

[3] 和解结果：赔碑罚酒，并公立禁碑以示永不再犯。

[4] 劝诫父子兄弟勿要毁坏他人坟地的警示语。

[5] 示禁碑的结束套语。

◎ 按语

古人有浓厚的祖先崇拜观念，祖坟、墓地和墓碑对他们而言有着特殊的情感寄托。中国古代的成文法和习惯法都对墓地有着明确的保护制度。明清时期将盗耕墓田罪合并于盗墓罪，《大清律例》规定："平治他人坟墓为田园者，（虽未见棺椁）杖一百（仍令改正）。"清代法律规定："若卑幼发（五服以内）尊长坟冢者，同凡人论；开棺椁见尸者，斩（监侯）。若弃尸卖坟地者，罪亦如之。买地人、牙保知情者，各杖八十，追价入官，地归同宗亲属；不知者，不坐。若尊长发（五服以内）卑幼坟冢，开棺椁见尸者，缌麻，杖一百，徒三年；小功以上，各递减一等；（祖父母、父母）发子孙坟冢，开棺椁见尸者，杖八十。其有故而依礼迁葬者，（尊长卑幼）俱不坐。"为了强化相关规定，清代嘉庆二十二年的条例中又做了补充："子孙平治祖坟，并奴仆雇工平治家长一冢者，杖一百徒三年；每一冢加一等，仍照加不至死之例，加至实发云贵两广极边烟瘴充军为止。得财者，均按律计赃准窃盗论，加一等。

---

① 李启良、李厚之、张会鉴、杨克：《安康碑版钩沉》，陕西人民出版社，1998年，第253页。

知情某买者，悉与凡人同罪。……其子孙因贫卖地，留坟祭扫，并未平治，又非盗卖者，不在此例。"在该条例中，明确指出，子孙如果由于贫困出卖土地，但是遵照"卖地留坟"之规定，则不在处罚之列。由此可见，民间非常重视保护自家的祖坟。此碑中，晏某的家族坟碑被人毁坏，经乡绅调解无效，原本打算告官，最终经"众等哀求"，达成私下和解，毁碑者赔碑并罚酒，再公立禁碑，以示惩戒。此案中，绅粮、乡保等基层精英对平息苦主、化解纠纷起到了积极作用。

34. 清光绪三十年(1904)安康县《公议除害安良碑》

◎ 简介

碑方首，额题"大团公议"四字，高 100 厘米，宽 62 厘米，清光绪三十年(1904)立石。现存安康市东镇乡黑油沟口。

◎ 录文

上松树铺来远里黑油沟[1]，为除害安良以正风化事。缘我境地属高山，贫苦已极。所有出产，唯有五谷山货等物，概可营生。无奈世风不古，民习日偷，邈(藐)视王章，罔知责耻，常窝藏匪类，以赌博为生。甚至狗党胡行，为盗为贼[2]。呜呼！世道流污何至如是耶？如不实力整顿，则偷风日炽，为害无底。所以众等公议：一草一木，各有所主，不准越畔相侵。故严立数禁，刊刻于后，倘有无耻之徒故犯此禁，若被拿获，无论皇亲国戚，送公重惩，决不容情。自禁之后，伏愿四乡人等，一体凛遵，庶可隆圣王之教化，挽目下之颓风[3]。是为序。

　　——禁，红黑签匪，人得而诛，我境商议，不准屯留。

　　——禁，野凹孤山，人户不繁，盗贼逞志，拿获送官。

　　——禁，山货等物，五谷竹木，各有所主，不能乱拿。

　　——禁，赌博之人，拿获重惩，窝赌之家，房屋由公。

　　——禁，拿获盗贼，受贿不禀，若被查明，与贼无别。

　　——禁，本境远乡，赌盗众匪，知禁犯禁，公议不容。[4]

以上六条，白日查获，赏钱四百，黑夜拿获，赏钱八百。送信者赏钱四百，决不食言。[5]

大清光绪三十年七月上浣 公议同立。[①]

◎ 考释

[1] 禁条颁发及实际作用的范围是"上松树铺来远里黑油沟",清代在山中人口密集并且距离很近的村落设铺,属于县乡之下的行政单位。虽然不是城居,但在编造户籍、征收赋役时,仍以里为单位来进行管理,黑油沟应是其中一个村子。

[2] 黑油沟近来有诸多为害乡民的不法行为,如偷盗五谷山货,窝藏匪类,聚众赌博,狗党朋聚,为盗为贼等。

[3] 经公议,议定六条禁规,以整顿民风。

[4] 明确六条禁规包括红黑签匪、贼盗、赌博、偷盗等几个方面。碑文声明对违犯者严惩不贷。六条公议乡规用韵文写成,立在黑油沟,目的是让当地人人知悉,并且熟读成诵,便于警示。

[5] 明确规定奖励举措,对白天拿获违禁者、夜里拿获违禁者以及送信告发者给予四百文至八百文的经济奖赏。

◎ 按语

这件禁规碑是民间公议后刊立的,显然具有鲜明的乡规民约性质。它公议公立之后,是用公权力对四乡人等的日常行为进行普遍的约束。虽然这种约束力并不是以地方政府的强力来作保障的,但它对本地定居人口的约束应该具有一定程度的效力。反过来看,清末安康地区山居村落的社会治安乱象非常严重,各种盗匪藏迹山林,胡作非为,为害正常的社会秩序。面对这种现实,黑油沟试图采取积极的应对举措,刊立禁碑即是这种应对的直接体现。碑文规定对拿获或告发者给予经济奖赏,但并未说明钱从何处支出,因此,这种自我管理的效果应该是有限的。

35. 清光绪三十四年(1908)安康县《禁差役讹诈告示碑》

◎ 简介

清光绪三十四年(1908)年立石。碑呈长方形,长 170 厘米,宽 83 厘米。

---

① 李启良、李厚之、张会鉴、杨克:《安康碑版钩沉》,陕西人民出版社,1998 年,第 235-236 页;又见张沛:《安康碑石》,三秦出版社,1991 年,第 347-348 页,名为《黑油沟公议禁碑》。

中央部分漫漶特甚。现存安康市铁星乡龙王庙。

◎ 录文

钦加四品衔，赏戴花翎在任候补直隶州，调咸宁县、安康县正堂加五级，覃恩加二级记录十次，记大功十一次王为晓谕事：[1]

照得，差役持票讹诈，最病生民。而差役亦有被人告发，则受责革追缴之苦，实为两害之道。现已前后拟定整顿差传章程一十六条，禀蒙府宪批准在案，合行一并出示通知，俾人民、差役各得遵守。[2]至下乡相验夫马及厂费一切，本县向系由署发钱差办将往，如有差役以夫马、厂费等名目向人民勒索钱物者，许受害之家赴该处乡正人等禀县请究。[3]仰即一体遵照无违，切切特示。

计开章程一十六条[4]：

——每票一张，原告给票钱三百文，□□□□给票钱一串六百文。

——每票一张派差一名，共……而定，距城在一百里外者，由被告一名给……百文，三十里以内者共给钱一串二百文。

——差役持票……取钱物及索百姓酒食烟茶者，一经告发……当追还出钱、出酒食烟茶……

——差役……如果不识字，须听其请识字者……计，以凌辱官差禀提究。

——□上若传之……与案情有关涉与否，均不得□传兼远……

——所传之人……恳祈该役留候者，应许该役留候，但……该役□名，每名□食钱一百文……

——凭票将填……一并计算，□□填写明白，又□□之明日……该役尤未回县……

（以下数条漫漶特甚，故不抄）

右仰通知。

请示乡粮一十四人同泐石。告示押[5]。

光绪三十四年十月初一日实刊越梅东铺北[6]，勿损。①

◎ 考释

[1] 覃恩：广施恩泽。此条表明这通告示碑是以安康知县王某的名义刊

———————

① 李启良、李厚之、张会鉴、杨克：《安康碑版钩沉》，陕西人民出版社，1998年，第95-96页。

发的。

[2]　王知县刊发告示是为了专门整顿县衙治下的差役"持票讹诈"当地百姓。

[3]　具体禁止"差役以夫马、厂费等名目向人民勒索钱物"，若有再犯，允许受害民户告发。

[4]　开列十六条差役下乡的章程。

[5]　"告示押"表明此告示代表的官方性质和权威性。

[6]　"越梅东铺北"是指告示碑的立碑位置。越梅铺又称梅子铺，分东西二铺。

◎　按语

这块碑是安康知县王某为整顿差役而刻立的官禁碑，主要是针对差役"持票讹诈"、鱼肉百姓的种种弊端。碑文中所列十六条差役下乡的章程规定十分详细和清晰，重申了差役下乡办案经费是由县衙支出，严禁差役借机向百姓勒索钱物。清末差役等办事人员的吏役化色彩明显，差役正常的收入是否能得到保障可想而知。

36. 清光绪三十四年(1908)紫阳县高桥乡《严禁奸商漆油掺假碑》

◎　简介

光绪三十四年(1908)立石。碑圆首，额题"万古不朽"四字。顶部有满汉文"紫阳县印"。高 135 厘米，宽 68 厘米。现存紫阳县高桥镇。

◎　录文

钦加同知衔，赏戴花翎，特授紫阳县正堂加五级纪录十次张，为出示严禁奸商假混，以维商务而广销路事[1]。照得天生万物以利民用，商贾懋(贸)迁以通有无。现值商务竞争之时，更宜认真讲求。无如人心奸狡，暗挽假货，害人利己，故良商裹足，职此之由。兹据贡生吴作霖等公议，禀请刊立条规，并公恳出示严禁前来[2]，词称："窃自中外通商以来，历年久矣。各外国商务皆有起色，而我中国不见开通者，缘外国不失信于人，大小各埠皆有定规，虽使五尺之童适市，莫之或欺。而我紫瓦镇为任、渚两河之通衢，商贾云集之要处，各色山货靡不历其境。除茶、麻两大宗各争制为美品，不敢以伪杂真者，因有成规，均依公秤。惟漆油一项，所出不少，而美品全无。及运至各大镇，一经熔化，有一九搭潮者，有二八搭潮者，甚至三七、四六搭潮者。剔刷之下，或充公，或减半受罚，累不堪言。溯厥由来，皆因奸商涉利之徒，每于打油时搀和潮水、粉石、只徒(图)己之多重筋(斤)两，不顾人之受害百般，不几以天然物品反成败劣乎？生等目击心伤，爰集合镇绅商，齐赴太山庙公所商议，自后买卖漆油，仿照毛坝关、高滩两处办法，出入均以公议一百零五斤秤过，以昭公允。漆油不得任意搀假和潮，如有□不经公议秤过，漆油有潮者，每百斤罚钱二串，作泗王庙香火之资。据此维持商务，不惟可去商贾之患害，而且可保本地之畅旺。议定后，人人悦服，并无阻滞，但兴□之始，风气未开，非公议条规难期划一，公恳示禁立规" 等情[3]。据此，除批示外，合行晓谕。为此示仰高桥商贾人等一体知悉；自示之后，各商贩民等，无论出、入货物，均照所议条规办理。如有不遵，仍以假货搀合欺人，准买货之人查出知会各行店，凭□□□□□有实系搀和假货，即指名公禀请究，立予拿案惩治，决不宽贷。各宜凛遵，毋违。特示。

计开公议条规：

——议，制造广五斤秤二根，出入均以此秤，秉公无欺。

——议，漆油搀水作假，查出每百斤罚钱二串，违则禀官究治。

——议，油坊打油，及打客榨和水作假，油坊知情不禁，查出轻则酌罚，重则禀官惩治。

——议，漆油有假，查出归值年首士在公所熬化。

——议，生漆用油和水及药功做假，查出禀官惩治。

——议，生漆照古秤每斤加四两为定，如有做假者，查出每百斤罚钱八串，违则禀究。

——议，丝麻照古秤每斤加二两定规。

——议，茶叶不拘粗细，每斤加价四两八钱定规。

——议，油费及罚项各钱，存值年首人铺内，当泗王庙会期办会，同众算账。

——议，买卖商贾平白被人欺凌，屈无力伸，商务会众应公同保护。[4]

经理首人长丰厚、唐复胜、王丰厚、吴万和、兴瑞麟、牟海兴、任发永、王永发各捐钱二串文，吴顺兴、大有亨、任福兴各捐钱一串文。右仰通知。

光绪三十四年十一月初九日同众公立。①

---

① 李启良、李厚之、张会鉴、杨克：《安康碑版钩沉》，陕西人民出版社，1998 年，第 154-155 页。

◎ 考释

[1]　此处指为打击奸商造假，维护正常商贸秩序，拓展紫阳当地商品的销路，紫阳县张县令特意刊刻告示碑，晓谕地方。

[2]　此处指该碑的刊刻是应贡生吴作霖等公议所请，碑中的严禁内容以及十项条规都是该贡生等公议后的结果。

[3]　此处是吴作霖等上呈张县令的禀词内容。主要是关于漆油买卖的办法以及漆油掺假应予以惩罚。禀词中特意强调漆油买卖条规以及官府出面刊立示禁条规碑刻的重要性。

[4]　条列十条规定。

◎ 按语

这是一方以县令名义刊立的，为严禁奸商漆油掺假，维护买卖秩序的示禁碑。当地贡生吴作霖等公议十条保证买卖公平的条规，提请县令批示。显然，这是自下而上对社会经济秩序治理的典型案例。在此过程中，全镇绅商公议后拿出治理掺假的有效办法，并提请官府知晓，而地方官府是以批示商民的禀请，并以刻石示禁的方式介入到基层社会治理之中的。也正是因为有县令的批示及示禁碑的刻立，十条规定才能从民规上升为地方性法规，从而具有一定的约束力。

37. 清宣统元年（1909）岚皋县《洋溪护漆戒碑》

◎ 简介

宣统元年（1909）立石。碑方首，高80厘米，宽48厘米。额题"永以为例"。现存岚皋县农林局。

◎ 录文

为刊碑戒后，不准烧山、砍伐漆树事由。

今春，姚光华烧地，烧死漆树无数，地主投鸣乡保，经公处断：令姚刊碑示众。[1]嗣后如有放火烧山，一被拿获或被查出，拿者赏工钱八百文。[2]所烧漆树，凭人点数，大树一株赔钱八百文，小者赔钱四百文，罚戏一本，公所示众。[3]如赔不起者，跪台一日，离庄出境，决不徇情。[4]自禁以后，凡开地边、烧火灰、挂清明，各宜小心，切勿大意。一则存好生之德，二则免后累之忧，利物、利人、利己均得之矣，岂不善乎？[5]

凭绅粮、乡保、牌甲公议。[6]

宣统元年仲春月立于洋溪河水围城，勿损。①

◎ 考释

[1] 此处指明刊碑缘由：姚光华烧地，引发大火，烧死无数漆树。经漆树地主向乡里的权威人士乡约和保正投告，请求他们出面调处纠纷。乡保公断姚氏刊碑示众。

[2] 此句是针对放火烧山的经济惩罚。

[3] 此句是针对造成漆树烧毁的惩罚，罚钱外还要罚戏。

[4] 此句针对无法承担经济惩罚者，逐出本村本地。

[5] 此句重申禁止烧山，于人于己都有好处。

[6] 此句表明以上示禁内容的合法性和权威性。因为是经过绅粮、乡保、牌甲公议而成的，因此具有普遍的约束力，人人必须遵守。

◎ 按语

这是一方禁止烧山及毁坏漆树的示禁碑。碑文内容是经过当地权威组织和人士共同认可后刻石示众的。漆树是陕南秦巴山区普遍种植的经济林木，漆油是山民的经济来源之一，因此，当地对漆树的保护非常重视。树立这块示禁碑就是因为烧山引发漆树被毁，造成大量经济损失。为惩戒烧山者并劝告当地乡民，将示禁内容刻在石碑上，成为当地成文的地方规矩，以示永久遵行。

第二节　"乡规民约"碑刻的类型与内涵

一、示禁碑

古代社会，官府或乡民将法规、乡规镌刻成碑，立于村头、庙前，公告于众，以警戒众人要凛遵规定，勿违犯禁令。这些碑刻我们统称为示禁碑。勒石示禁是官民治理基层社会时惯用的宣传警示方式，但凡对乡村社会的治

---

① 张沛：《安康碑石》，三秦出版社，1991年，第356-357页。

安、风俗、私产、教化、环境保护、公共事务不利的言行都在禁止之列。以禁断事项而言，明清时期的示禁碑大致可分为通禁碑和专禁碑两大类。[①]通禁碑是指为禁止一切违犯乡规民约和封建国法的行为所刻立的告示碑。如明天启二年(1622)鄠县《道安里凿齿村禁约告示碑》，又如清道光二十七年(1847)南郑县《严禁不法行为碑》，碑文中明确禁止窝赌、窝盗、偷窃、强占、强霸、讹诈等为非作歹行为。专禁碑则是专门为禁止某种行为而设立的告示碑。比如清道光三十年(1850)岚皋县《双丰桥禁赌制则条规碑》是专为禁赌而立的，又如清咸丰四年(1854)宁陕县《禁止淘金而靖地方碑》是为禁止挖山淘金而立的。

示禁碑虽然禁断事项有多有少，有通有专，行文有差别，但整体结构大致相同。

示禁碑中的禁条包含着许多习俗惯例，在基层社会治理过程中发挥着习惯法的作用。但这种作用必定有限，若要增强这种习惯法的效力，有时要报请当地官府认可，甚至以地方官府的名义刊刻。如道光五年(1825)石泉县《中池河靖地方告示碑》、咸丰元年(1851)《洋县正堂禁赌碑》等。

1. 通禁碑

通禁碑是指为禁止一切违犯乡规民约和封建国法的行为所刻立的告示碑。按照立碑主体的不同又有敕禁碑、官禁碑和民禁碑三个类别。将圣旨、敕谕中包含的禁止性规定刊刻成碑石，以晓谕天下的碑刻被称为敕禁碑。

在陕西地区，明清两代现存有针对生员和教员的敕禁碑。比如，鄠县文庙洪武十五年(1382)所立《敕旨榜文卧碑》就是奉敕对全国诸府州县生员颁发的学规"卧碑"。碑文首行言"礼部钦依出榜，晓示郡邑学校生员为建言事"。碑文内容多是对生员言行的警示告诫，但也存在禁止性规定，如"民间凡有冤抑干于自己，及官吏卖富差贫，重科厚敛，巧取民财等事，许受害之人，将实情自下而上陈告，毋得越诉""各处断发充军及安置人数，不许建言。其所管卫所官员，毋得容许"等。礼部奉旨颁行，显然带有封建国法的意义，因此，强调"如有不遵，并以违制论"[②]。再如，汉中万历六年(1578)

---

① 按照颁刻禁碑的主体标准进行分类，李雪梅将明清禁碑分为皇禁碑、官禁碑、民禁碑三种。参见李雪梅《明清禁碑体系及其特征》，《南京大学法律评论》2012 年秋季卷，第 61-80 页。

② 刘兆鹤、吴敏霞：《户县碑刻》，三秦出版社，2005 年，第 345-348 页。

的《敕谕儒学碑》也是礼部奉旨颁布的。该碑重申洪武卧碑相关规定后，强调"不许别创书院，串聚徒党，及号招地方游食无行之徒，空谈废业，因而启奔竞之门，开请托之路。违者，提学官听巡按御史劾奏游士人等，拏问解发""提学官巡历所属，凡有贪污官吏、军民不法重情及教官干犯行非者，原系宪刑，理当拏问。但不许接受民词，侵官滋事。其生员犯罪，或事须对理者，听该管衙门提问，不许护短曲庇，致令有所倚恃，抗拒公法。"①

清代敕谕学规以顺治九年（1652）御制卧碑影响最大，其形式和内容多仿照明代卧碑，也是礼部奉旨要求全国各府州县官学颁刻，对生员明确提出不许"武断乡曲""凡有司官衙门，不可轻入"等要求，带有明确禁止事项的是最后两条："军民一切利病，不许生员上书陈言，如有一言建白，以违制论，黜革治罪；生员不许纠党多人，立盟结社，把持官府，武断乡曲；所作文字，不许妄行刊刻，违者听提调官治罪。"

由以上三例可见，明清陕西敕禁碑主要是由礼部奉旨颁刻，用以指导全国府州县官学的生员和学官的言行规范，从内容来看，训诫部分远远大于禁止部分，这表明国家对生员群体在地方乡里社会中的示范作用非常看重，对他们的道德自省和自我约束寄予厚望，因此借助圣旨敕谕，以勒石告示的方式进行告诫。对违犯规范者，视情节轻重"以违制论"，这是皇权为特殊群体给出的最高行为标准，要求"镌勒于石，永为遵守"，凸显了圣旨敕谕的权威性和永久性，具有鲜明的昭告天下特征，但其实效性应大打折扣。

官禁碑指地方各级官员颁布的带有禁令内容及罚则的碑刻。相比敕禁碑而言，官禁碑的内容更加广泛，但凡府州县等地方官职权范围内的事都可刻石示禁，在形式上也多以告示为主。以颁发告示的官府级别而言，有布政使、按察使等联合发布的，如《会办全陕厘税总局严禁白河等处厘卡故意勒掯商贩人等告示碑》；有兵备道道员发布的，如《禁埠役诈索客货船只碑》；有知县发布的，如《中池河靖地方告示碑》；有分县县丞发布的，如镇坪抚民分县《严禁牲匪赌窃告示碑》；有厅通判发布的，如《岚皋明珠坝禁令碑》；还有军营主官发布的，如《禁止淘金而靖地方碑》；等等。

明代陕西地区的官禁碑并不多见。比如，鄠县天启二年（1622）《道安里凿齿村禁约告示碑》具有代表性。碑文首行称"鄠县为禁约事"，表明该碑

① 陈显远：《汉中碑石》，三秦出版社，1996年，第167-170页。

是鄠县知县颁行的。所禁之事涉及地方豪强侵吞凿齿村菩萨庙香火田，最后以县衙的口吻强调："自示以后，如再将土地肆意盗卖盗买者，许社众禀县，定行重□，责治不恕。"①

清代陕西的官禁碑数量众多，内容庞杂，有禁赌、禁匪、禁淘金、禁挖山河、禁吞庙产、禁奸商掺假、禁差役诈索等。大多都与社会治安问题相关，禁赌和禁盗尤为突出。

比如，宁羌州乾隆五十八年（1793）《宪示碑》。碑额题"宪示"二字。碑文首行"汉中府宁羌州②为饬发事"，表明该碑是宁羌州衙奉谕刊布的。碑文："摊征盐课，永远不准加耗。如有书役、家人指称火耗、添平、解费名色，勒索农民，额外加耗，定即立毙杖下，并将该管官严参治罪，断不姑贷。"③ 主要内容是严禁地方官府借盐课加耗勒索农民，勒石刻碑四块，"竖立四门"，以告示当地军民。因此，此碑是比较典型的州衙发布的，具有告示性质的官禁碑。

又如，道光九年（1829）安康县《严禁匪类告示碑》，碑首题"遵谕严禁"四字，表明禁止事项的官方性质。碑文内容中对"不肖之徒勾结外来匪棍，招场窝赌，酗酒打架，唆人成讼。更有恶丐，凡遇民间冠婚丧祭，三五成群，踞□□□酒席钱米，稍不遂意，混打混闹"等情况命令示禁。最后警告道："自示之后，如有前项不法之徒在铺滋扰，即着捆绑送案，以凭尽法究治，决不姑宽。各宜凛遵，谨刊以示永禁。"④

再如，道光二十七年（1847）南郑县《严禁不法行为碑》首行言"特调南郑县正堂加一级又记叙加四级纪录三十四次朱，为出示严禁以靖地方而安闾阎事"，点明该碑是以南郑县朱知县的名义刊刻的，也是官员颁布的禁令。碑文对不法行为进行了详细界定，罗列了侵产、盗砍、霸水、偷盗、恶讨、讹诈、滋事、捏讼、聚赌、毁坟等"为害闾阎"的情形，文末强调罚则："为此仰乡地牌保人等知悉，务须随时严查。如有前项之徒，许即密禀，以凭立

① 刘兆鹤、吴敏霞：《户县碑刻》，三秦出版社，2005年，第390-391页。
② 宁羌州由明宁羌卫改置，治今陕西宁强县，辖陕西宁强、略阳两县，属汉中府。民国初降为县，后改名宁强。
③ 宋文富：《宁强县志》，陕西师范大学出版社，1995年，第688页。
④ 李启良、李厚之、张会鉴、杨克：《安康碑版钩沉》，陕西人民出版社，1998年，第216页。

拿，照例究办，毋贻后悔，凛遵特示。"①

从以上四例来看，官禁碑通常立在衙署门前，是以府州县官员的名义或口吻训诫辖境内的一切军民。示禁内容主要是关乎地方秩序的种种不法行为，明显带有封建国法地方化的特点，也具有权威性和强制性。据笔者粗略统计，从时段来看，陕西明清时期的官禁碑，清代远多于明代，而且尤其以嘉道时期为多。究其原因有两层，一是"勒石永禁"成为清代官府下达国家法令的惯例，立碑示禁成为各级官员履职的方式之一。二是清代中期以后国内矛盾激增，吏治废弛，清王朝走向衰败，地方治理难题增多，治理难度加大，为重申国法，谨固地方，维护稳定，地方官采取简单易行的立碑方式应付了事，但收效甚微。

民禁碑又可称为乡约禁碑，是指用于公示乡里社会中的民间群体共同商议确定的族规、乡约和行规等禁止性规定的民间碑刻。

比如，咸丰四年(1854)澄城县冯原镇韦家社村《乡约公直同议碑》是晚清民禁碑的典型例子。兹再录全文如下：

> 乡约公直同议，因为人心不古，风俗偷薄，今阖村人等演名戏一台，以正风俗，所罚条规，开列于后：
> 一、禁遇神赛有人昧粮，不论升合，犯者罚钱一千文；
> 二、会长写戏不同乡约、公直知者，罚油六斤；
> 三、有人将地中水往窖内灌者，罚钱三千文；
> 四、闲人不许写戏，犯者罚油六斤；
> 五、村中有窖收水不过六月初一日，罚钱一千文；
> 六、遇赛管饭有人少叫人数者，罚钱一千文；
> 七、闲人打戏不与会长说者，罚钱一百文；
> 八、遇赛当日送戏钱不到者，罚油一斤；
> 九、有人阻挡新旧乡约，公直同众报官呈禀，所费口食，照粮均摊。
> 咸丰四年九月吉日立②

细审碑文内容，"以正风俗"是立碑的缘由，所列九条罚则涵盖神赛、写戏、窖水等公益事项，都是全村人与乡约公直共同议定的，一旦刻石颁布，便具有民间习惯法的性质，也只有通过共同议定，才能对全村人有约束力。

---

① 贾连友：《历代名人笔下的南郑》，西安出版社，2014年，第244页。
② 张进忠：《澄城碑石》，三秦出版社，2000年，第187页。

有意思的是，对违反者按约定处以钱数不等的经济惩罚。另外，为达到广而告之的效果，全村特意请人"演名戏一台"，这是一种仪式性立碑方式，成为清晚期民间乡约禁碑刊立的惯常方式[1]。

其他民禁碑的例子还很多，比如道光十六年(1836)澄城县《合村乡约公直同议禁条碑》、同治元年(1862)安康县《景家公议十条规款碑》、光绪元年(1875)洵阳县《庙子垭铺公议乡规碑》、清同治十三年(1874)安康白河县《东坝黄氏祠堂禁碑》等。

2. 专禁碑

所谓专禁碑是指专门为禁止某项行为而设立的碑石。颁布专项禁止内容的主体可以是皇帝、官府，也可以是民间村社。特意禁止的行为包括盗砍、烧山、聚赌、宰杀耕牛、挖山、毒河等不法行为。如前引陕西汉中万历六年(1578)的《敕谕儒学碑》即是皇帝为训诫全国广大生员而刊刻的专禁碑。嘉庆二十四年(1819)咸阳县《禁杀耕牛碑》首行有"特调咸阳县正堂加六级纪录十六次周，为严禁宰杀耕牛事"，可知此碑是咸阳县周知县特意为严禁宰杀耕牛下令刊刻的专禁碑，碑文中有："为此示仰该处乡地居民人等知悉，自示以后，该屠户等倘敢宰杀耕牛，或戕及牛犊，仍煎汤卖，许尔乡地居民指名密禀，以凭严拿治罪。该乡地等倘敢徇情容隐，一经差役拿获，或被告发，并将该乡地一并究治，决不姑宽。"[2]从内容来看，刻碑目的只有禁杀耕牛一事，毫无疑问是县级官府颁布的专禁碑。民间也有特为一事公议的专禁碑。如道光三十年(1850)平利县迎太乡《铁厂沟禁山碑》则是陕西平利民间为禁止盗砍和烧山而公立的专禁碑。碑文曰："此地不许砍伐盗窃、放火烧山。倘不遵依，故违犯者，罚戏一台、酒三席，其树木柴草，依然赔价。特此刊石勒碑告白。道光三十年仲秋月。吴氏公立。"[3]

从现有资料来看，无论是通禁碑还是专禁碑，在地方社会治理实践中所发挥的作用都是极其有限的。以禁赌而言，各地不同时期都在不断刻碑立石严禁聚赌，但赌博流毒依然猖獗。

---

① 关于演戏立碑，可参见拙作《禁赌碑与乡规民约——以清代陕西安康地区为中心》，《安康学院学报》2017年第6期，第15-19页。
② 李慧、曹发展：《咸阳碑刻》，三秦出版社，2003年，图第261页，文第654-655页。
③ 张沛：《安康碑石》，三秦出版社，1991年，第176-177页。

二、环保碑

如果说示禁碑是以碑刻的方式对不利于乡村社会的治安、风俗、私产、教化、公共事务等所做的禁止性规定的话，那么，环保碑就是针对山川、河流、森林、农田等生存环境进行保护的碑刻。

据现有资料来看，在明清陕西地区，涉及环境保护的碑刻主要分布在陕南，内容也多以护山、护林、护堰为主。据研究，明清时期汉中地区水灾的频率明显加快，周期缩短。明朝 277 年，发生水灾 32 次，平均每 8.7 年一次；清朝 268 年，发生水灾 69 次，平均每 3.9 年一次。[①] 频繁发生的水灾给陕南地区造成了巨大损失。道光十五年(1835)汉中西乡县《捐筑木马河堤碑》记载："西乡为汉忠显王封地，巴山绵亘于其前，汉水回环于其后，实为南山剧邑。邑治南凌木马河，河水发源巴山，由县南转经县东，折北会洋水合流入汉者也。曩时岸高河低，去城稍远，民不知有水患，近因林菁开垦，沙泥壅塞，水势亦漫衍无定，逼近城垣。壬辰秋，大雨浃旬，波涛汹涌，冲塌南关房屋无算。嗣是渐冲渐圮，水涨河溢，街道几为河道。"[②] 这是时任西乡县知县胡廷瑞为捐建木马河河堤所撰写的部分碑文。它表明大量移民进入秦巴山区后，由于"林菁开垦"，导致水土流失，"沙泥壅塞"河道，最终酿成山洪，冲毁无数民房。胡廷瑞深知山洪之害，因此倡导捐筑河堤，并再度制定规章，保护山林，封山禁垦，山底普栽桑榆，堤岸上下密植栗柳，以固堤身。西乡县城北郊有《山神庙禁止开垦碑》，亦尽载其事。

不独汉中如此，安康地区的水灾也造成很大范围的毁灭性破坏。明清两朝，安康城曾多次被汉江大水吞没。

据《安康县志》记载，明永乐十四年(1416)五月，汉水涨溢，淹没州城，公私庐舍无存。[③] 又据《陕西通志》记载："万历十一年癸未夏四月，兴安州(今安康)猛雨数日，汉江溢溢……全城淹没一空，溺死者五千余人。"对于此次特大洪水吞没安康城一事，《石泉县志》亦载："四月大雨汉水溢，居民溺死无算。"而安康下游蜀河口杨泗庙门前北侧石崖上的万历十一年

---

① 杨起超：《陕西省汉中地区地理志》，陕西人民出版社，1993 年，第 208 页。
② 陈显远：《汉中碑石》，三秦出版社，1996 年，第 266 页。
③ 安康市地方志编纂委员会：《安康县志》，陕西人民教育出版社，1989 年，第 137 页。

（1583）汉江水文题刻也记载："万历十一年水至此高三尺四月二十三起"①。此次汉江特大洪水造成沿江千余里所有城镇淹没，损失惨重。《明史·五行志》中对此也有简略记载：万历"十一年四月，承天（即承天府，治所在今湖北钟祥市）江水暴涨，漂没民庐人畜无算。金州（治所在今安康市老城）河溢没城。"②这次安康城被淹没，灾后被迫在城南赵台山下修筑新城。

据《清史稿·灾异志》《兴安州志·灾异志》以及《兴安府志·史事志》等史籍记载，从清朝建立至乾隆三十年的130年间，大的汉江洪水达22次，平均每五六年就有一次，其中康熙三十二年（1693）五月，汉水暴涨，（兴安州）全城淹没，城中数十年生聚，尽赴巨波。③

面对洪水造成的巨大生命财产损失，一些地方官也逐渐意识到"山荒开垦，水故为患"的道理，采取措施封山育林、禁止滥砍。而刊刻护林、护山、护堤等碑石就是广泛宣传禁令的措施之一。比如西乡县五渠堰，康熙时"北山尚多老林，土石护根，不随山水而下，故沟渠不受其害。乾隆以后，山荒开垦，水故为患。"嘉庆二十五年和道光二年两度被淹。此后西乡知县下令，"永将北山封禁，以绝后患。""护蓄山林，永不垦种。"④同时，禁止砍伐河渠两旁的树木，防止水土流失。同治十二年（1873）立石的《金洋堰禁止砍树捕鱼碑》："金洋堰旧系累木为堰，严禁砍伐堰中树木，自古为例。及易为石堰，将堰中树木禁蓄以备补修堰庙之用。其山木葱茂与午峰并秀，乃有不法之徒，入山窃伐，以致山木光洁，将何以备补修堰庙之林。""念古例不可废坠，仍照旧章，禁止砍伐堰中树木。"并划定了保护区的四至范围，最后强调："倘有窃伐树木，一经拿获，先行理处。如强悍抗违，该禀官究治，绝不容情，特勒石以示严禁云。"⑤

此外，为了规避山民开荒种粮，民间公议补助相关田主粮食，以期退耕还林。如《留坝厅水利章程碑》载："禁挖沙坡，以固渠埝也。查荒草坪沟口一带沙坡，逼近渠埝，该处虽异石田，究非沃壤。该地主图见小利，间岁一种，冀得升斗之粮。第坡势既陡，沙脉复松，夏秋雨淋，水沙杂下，殊于

---

① 张沛：《安康碑石》，三秦出版社，1991年，第58页。

② （清）张廷玉：《明史》卷二八《五行志》，中华书局，1974年，第453页。

③ 安康市地方志编纂委员会：《安康县志》，陕西人民教育出版社，1989年，第137页。

④ （民国）《陕西通志稿》卷60，第33页。

⑤ 陈显远：《汉中碑石》，三秦出版社，1996年，第78页。

渠道有害。今由学堂每岁于堰稞（课）项下，津贴该地主稻谷三斗，嗣后不得再行挖种，仍由学堂艺植树木，将来阅时既久，树根蟠结，草长土紧，与渠道大有裨益。"[1]可见，民间社会对保护河堤有强烈的共识，也充分认识到树木对防止水土壅塞河道有重要的作用。因此，以刻石立碑的方式希望人人都能明白这个道理，共同保护山里树木。

另外，一些山中寺庙、公祠也立碑保护所在山林。比如，光绪八年（1882）平利县迎太乡《迎真寺禁碑》载："狮子坝兴平堡，为本乡钟毓之气，所关甚广。于光绪六年秋公议：嗣后无论业归何氏，上下周围崖石，不得挖毁。特此勒石禁止。"[2]道光二十八年（1848）留坝县张良庙《留坝厅禁伐留侯祠树木碑》载："本分府近闻，有等无赖之徒欺压住持，视若无主之物，任意侵伐，实堪痛恨。除以往不究外，合出示严禁。为此示仰居民人等知悉，嗣后互相保护，毋许斧斤入山，伤损树株，倘敢仍前侵伐，该乡保住持立即指名送案，以凭究治，各宜凛遵，毋违特示。"[3]以上两例表明，借助宗教和官府的公权力量，这些寺庙、公祠所在山林也在一定程度上得以保护。

在明清时期的陕西，尤其是汉中、安康地区，由于人与土地的关系紧张所造成的生态环境恶化问题，与土地资源的利用方式密切相关。在本区山地的开发进程中，粗放的土地垦殖方式与砍伐林木、开垦荒山、取土烧窑等森林资源利用方式是导致山区生态环境恶化的直接原因。对此，山民也逐渐意识到农业和手工业为争夺资源而产生矛盾时，应首先保护农业生产。同治十一年（1872）汉中金洋堰《公议移堰渠两旁烧熬窑厂以免妨农碑》即是移窑保农的典型代表。其碑文载：

考之《书》至《洪范》及《禹谟》篇，见夫食居八政之首，谷详六府之中，货其次焉者也。然货苟无妨于农，货亦人之利用，方且忧其不产，岂可阻其生殖。特患货殖之地，致妨稼穑之事，则革之不利于商，因之有病于农，计惟移之，庶两全无害。如我水东金洋堰，渠同郑、白，泽媲龚、黄，田灌万顷，稼歌千仓，自古在昔，屡书大有，故堰以金名也。乃至道光二十六七年，以至咸丰八九年，每有傍渠陶器，近水烧熬，由是渠坎迭见倾颓，禾稼频遭蚀剥。每逢秋苗正秀，阵阵噫风，叶渐转红，穗多吐白，设醮祷禳，靡

① 陈显远：《汉中碑石》，三秦出版社，1996年，第373页。
② 张沛：《安康碑石》，三秦出版社，1991年，第270页。
③ 陈显远：《汉中碑石》，三秦出版社，1991年，第66页。

神不举，卒莫挽回。尔是风鉴谓堰渠犹龙，故金洋堰渠口名为龙口，龙宜于水，不宜于火，他方皆庆有秋，此地独嗟歉岁，由近渠烧熬窑厂火光焰烈，龙之首尾被烧故也。斯言不经，殆未可深信，君子惟谓天灾流行焉。及同治改元，以至三四五年，逆匪扰境，烧熬窑厂未举，岁遂转凶而为乐。至七八九肃清，烧熬窑厂复开，岁又转乐为凶。逮十一年，同拟暂停烧熬窑厂，以验前言是否，是岁亦遂庆大熟。年之丰歉，每视烧熬窑厂之兴废，历有明征，屡试不爽，始信风鉴之论，理或然也。爰集水东绅粮公议，近堰大渠两旁，概不开烧熬窑厂。倘仍蹈前辙，致妨农食，该堰长率领堰夫，掘其窑，毁其窖。如或致酿成讼，该按田亩派钱，以角胜负。此一移也，将见货殖者迁地亦良，务农者崇墉有庆，民食可足，国课有资，利用亦复不缺，所禆岂浅鲜也。故镌贞珉，以垂不朽云。

同治十一年季秋月谷旦水东堰长同绅粮公议立[①]。

从防治工业污染的视角来看，金洋堰当地民众的认识和做法是相当超前的。为达到移窑保农的目的，寻找理论支撑，碑文首先征引《尚书》中关于食货关系的论述：食居八政之首，货居其次。必须首先确保农业生产。生产陶器固然重要，但不能妨害农事。其次，碑文借用风水堪舆之论，将"年之丰歉"与"窑厂之兴废"看成直接相关关系，认定是窑厂的污染造成歉收，利用民间深信不疑的迷信思想达到移除窑厂、保渠护堰、利于稼穑的目的。最后，强调碑文内容是经过"绅粮公议"通过的，"倘仍蹈前辙，致妨农食"，堰长有权掘窑毁窖，即使要打官司，也会"按田亩派钱，以角胜负"，显示出公众移除金洋堰渠两旁烧窑厂的决心和魄力。

除以上碑石外，明清时期的示禁碑中往往列有禁止砍伐山林，保护环境的内容。如前引清道光九年(1829)镇坪县《严禁牲匪赌窃告示碑》载："禁山林树木不分皂白横行砍伐。"[②]道光三十年(1850)平利县迎太乡《铁厂沟禁山碑》载："此地不许砍伐盗窃、放火烧山。"[③]

---

① 陈显远：《汉中碑石》，三秦出版社，1996年，第317-318页。

② 张沛：《安康碑石》，三秦出版社，1991年，第140-142页。

③ 张沛：《安康碑石》，三秦出版社，1991年，第176-177页。相关研究可参见：张沛《秦岭深处的一通清代严禁烧山毒河告示碑》，《农业考古》1993年第1期，第186页；梁中效、陈小赤《碑石所记明清时期汉中安康的环境问题》，《汉中师范学院学报》1999年第2期，第19-22页。

在环境保护中，防止河水污染也是重要的内容。明清陕西碑石中也有反映这方面的资料。如前引光绪九年(1883)宁陕县柴家关《严禁烧山毒河告示碑》有如下记载：

照得烧山毒河，大干例禁，虽经前任出告示严禁，乃无知辈藐视如故，实堪痛恨。兹据职员郑涛恩等禀恳示禁前来，合再出示严禁。为此，示仰关属军民人等知悉，嗣后毋得再行放火烧山、毒河捕鱼，以免致鸟□□□此地饮水□□□□ 毒 河，则饮水之人先中此毒。自示之后，倘□饮□□□，一经发觉，定即从重究办，决不宽恕，各宜凛遵毋违。[①]

此碑是一通由当地士绅郑涛恩出面恳请，以宁陕厅抚民通判的名义颁发的官禁告示碑，核心目的是严禁烧山毒河。此碑所在的柴家关位于秦岭中部高山区，林业资源丰富，境内蒲河水量充沛，鱼类资源丰富。乾嘉以来，随着大规模开发，秦巴山区人口骤增，人地关系紧张，加上当地居民依然采用粗放的耕作方式，刀耕火种，烧山驱兽，不仅毁坏山林，还经常造成森林大火。由于人多地少，居民生计艰难，常有人炮制有毒植物在河中毒鱼，造成河水屡遭污染，祸及鸟兽人畜。因此，刊立此碑就是针对上述情况，地方官为保护当地山林河水资源所做的努力。值得一提的是，此碑是陕西地区极为罕见的一份专门保护水体，防止河流污染的重要石刻文献，对防止河流污染有重要研究意义。

明清时期，陕西汉中、安康地区涉及环境保护内容的碑刻资料十分丰富。这种刻石立碑进行护山、护林、护渠、护堰、护农的自然环境和生存环境保护工作一直延续到民国时期。

民国四年(1915)岚皋县洋溪乡《中河村公议保护漆林药材章程碑》记载："为公议章程，不准烧挖砍伐漆树及偷挖药材、偷打漆籽。同公议定条规，刊碑戒后。从前已犯者，慎勿仍蹈前辙；其未犯者，谨戒勿犯。利己利人，一乡均有益焉，岂不善乎。"[②]

又如民国九年(1920)平利县广佛乡秋山沟《共护森林碑》更是典型代表。此碑碑额题"共护森林"四字。其碑文如下：

立刻碑永禁效尤人袁世杰、王朝升等情：正月身子砍伐黎万顺兴栽枞树，

---

① 张沛：《安康碑石》，三秦出版社，1991年，第274-275页。

② 张沛：《安康碑石》，三秦出版社，1991年，第363-364页。

被袁姓拿获，报告公团，同众看明，理质不虚，身等自愧无言。况前清禀请牌示，历年演戏，合境皆知。民国复设农会，保护森林，专为□□起见。惟秋河秋山，山高水冷，地瘠民贫，别无出产，仅生漆、桑、棉、耳杆、桐、竹、药材等项，可获地利。外有枞、棕、杉、柳、松、栗等类，可作修造。□有□□地者，窥见他人栽有漆秧、漆根，窃挖栽置□□，栗树、耳杆任意□□柴薪；园圃中或栽有厚朴、杜仲，有胆敢踰垣而剥皮肤者，桑、棉、竹笋□被盗窃，枞、杉等树窃伐更甚。更有特贫之家肆窃柴薪，一经拿获，纵使妇女泼闹，或纵父母出头。此等败俗，层见迭出，并使人徒劳经营，枉费资财。种种行为，谁不痛恨。倘后若违上项各情，即照地方公议立案条规惩禁。恐年久案遗，身等愿将条规刻石，以敬将来不朽云。条规列左：

　　——严禁偷窃毁坏漆秧、漆根，砍伐大小漆树，违者拿获，轻则同公评价赔补，重则送官，请以盗贼治罪。

　　——严禁偷窃桑、棉、枞、栗、松、杉、棕、笋等树，违者拿获，轻则棕条鸣锣游境，以昭禁戒；重则送案，请以戕害农林条律惩究。

民国九年正月吉日　袁世杰、王朝升同请。

秋河秋山沟绅首团保监立[①]。

这通石碑发现于平利县秋坪区八角庙河滩，从碑文内容和碑尾题字来看，袁世杰、王朝升两人之子砍伐黎万顺的枞树，被拿获后，以立碑重刻条规作为惩罚。民国时，当地已经设立农会组织，以组织力量保护森林。条规只有两条，一条是针对偷盗、砍伐漆树的，轻者赔补，重则送官；一条是针对偷窃其他桑、棉、枞、栗、松、杉、棕等树木的，轻则鸣锣游村，重则送官。两条罚则明确，并请秋山沟"绅首团保"等当地精英共同监督，以确保条规的执行。

民国时期，陕西的护山禁碑还有民国十九年(1930)汉阴县塔岭乡《桃园村护耳山禁碑》。

除陕南地区外，陕西商南地区也有护林环保碑刻发现。

光绪十四年(1888)商南县湘河镇《梳洗楼告示碑》背面也记载着当地乡绅禁止偷伐山林及惩罚条款的乡规。此碑阴额题四字"永垂不朽"。碑文劝

---

① 李启良、李厚之、张会鉴，杨克：《安康碑版钩沉》，陕西人民出版社，1998 年，第 265-266 页。

诚居民"以商养生，各守本业，勿可妄为"，乡规约定："漆树，偷砍一棵者，罚钱一千文，砍一枝者，罚钱五百文；柴山树林，偷砍一林者，罚钱一千文，砍一担者，罚钱五百文；禁牛羊猪鸡入地践食禾稼，倘食包谷一棵者，罚油一斤……"如有违反乡规约定者，"轻则同众议罚，重则送官究惩"①。梳洗楼村位于商南县湘河镇，地处陕西、河南、湖北三省交界。这块"护林乡规"碑立在梳洗楼村外的丹江河边。从碑文内容来看，砍漆树一棵罚钱一千文，一枝要罚钱五百文。可见乡民对漆树是非常看重的，对砍伐漆树的行为惩罚也是非常严苛的。漆树是陕南地区普遍种植的经济树种之一，从漆树韧皮部采割的生漆是一种珍贵的生态材料。此外，漆树的叶、花、根、皮、果实、干漆、材质等都可以加工利用，具有可观的经济价值。这就是陕南地区许多告示禁碑都有保护漆树或对砍伐漆树严惩的原因。这块商南"护林乡规"碑真实反映了丹江河地区乡规民约中对漆树的保护。

陕北地区也有护林碑。陕西延安市甘泉县下寺湾镇灵掌寺明万历三十六年（1608）《护林通告碑》，是迄今为止发现的陕北地区最早的环保碑刻。此碑碑额刻篆体"松柏碑记"四字。由碑文首行内容可知，此碑是以当时延安府的名义刊刻的。碑文记载了灵掌寺前"苍松劲柏，挺然凌霄""栽培久矣"，要求人们"务要虔心看守"，保护当地山林，禁止滥砍滥伐的行为，同时明确指出如若违反禁约，将会受到严厉惩处。②它的发现说明早在明代万历时期，人们就已经开始重视保护苍松古柏和生态环境。

三、诉讼记事碑

中国传统社会追求"和谐"的社会关系。但人与人相处，矛盾与纠纷难以避免。当争端纠纷以私力无法解决时，必然会诉诸公权力。因此，公权力可以视为保障社会秩序处于稳定与和谐状态的最后一道防线。中国历代统治者深谙设立诉讼机构的必要性和重要性，它是化解社会矛盾的必然需要，也是官府合理性存在的需要。为此，官府将大部分民间纠纷视为"民间细故"，采取了各种"息讼"手段和方式迫使当事人打消兴讼的念头，以减少纷争，息事宁人，试图让老百姓远离争讼，以实现平息诉讼，甚至杜绝诉讼，达到

---

① 中国人民政治协商会议商南县委员会文史资料委员会：《商南文史资料》第五辑，1994年，第108页。

② 孟西安：《延安发现四百年前的护林碑》，《人民日报》2003年05月27日第十一版。

无讼的目的。无讼思想起源于孔子,孔子曰:"听讼,吾犹人也,必也使无讼乎!"无讼成为中国传统社会中最直接的法律观念和价值取向,由"无讼"发展而来的"厌讼"心理也深深影响着历代中国人。

诉讼记事碑是以刻石立碑的方式对典型案例的案情起因、审理经过和官府处理结果的一种记录。

1. 土地买卖诉讼

嘉靖四十四年(1565)《紫阳县民张刚虚田实契典卖他人田宅案帖碑》是因田宅买卖而引起的纠纷案件:

汉中府金州为饕吏诈财隐匿军案。照先奉钦差提督抚治郧阳等处地方督察院右佥都御史康批:据紫阳县民李登科告,前事奉批,仰金州究实报详。依奉牌行该县,提解犯人张刚、李登科一干人卷到州审明,照依该县原拟:张刚虚田实契典卖他人田宅,问拟张刚杖七十、徒一年半,审□□李登科不应科断。令李登科备原价八九成色银一十七两三钱,竹子二百五十根,棉布二千三百尺,油、皂靴各一双,给予张刚收领;前买地土、竹园退给李登科领种当差;其牛玄聪常住地土一段,寺周围,其地东至干沟官路端过,北至家竹园高坎直过官路大石,□西界石岩端上池地,南至原岭,四至分明,随带秋粮五升,坐落莲花寺,各照管业。具招。申详本院,奉批:张刚积猾(下缺数字)本当重究,姑重责三十,与李登科各照发落执行,实收领状;缴依蒙追完各犯纸赎银两,实收领状,另缴外,拟合给贴。为此合行帖,仰本依照帖事理,即将详允,断令僧人牛玄聪常住地土与李登科,各照原界领种为业,再不许张刚一概混行告扰。执帖赴官,告理施行,毋得违错。□□须至帖者。

右帖给付僧人牛玄聪　准此。

嘉靖四十四年七月三十日　兵房行[①]

从这块碑文内容来看,张刚买了李登科的土地和竹园,但实际付给卖主的钱数明显少于契约中所写田价数目。李登科不服,因此告官成讼。后经督察院右佥都御史康某科断,依法对张刚重打三十棍,同时又命李登科退还张刚已付田价,张刚则退还所买土地给李登科。因李登科土地与莲花寺僧牛玄聪的常住田相邻,此案涉及牛玄聪权益,故断案结果给付牛玄聪。

① 张沛:《安康碑石》,三秦出版社,1991年,第49-50页。

实际上，碑文所记是一起典型的"虚钱实契"案例。它是明代民间土地买卖中实际存在的一种特殊形式，常常出现在南方地区。据冼剑民先生研究，在民间土地买卖的地契中常常会出现标明土地原价与实际成交价背离的现象，成交价小于标明价，用以表示对卖主的优惠，即所谓"粤价虚半"或"虚钱实契"，在这块碑刻中称之为"虚田实契"。也就是说契约上书写的田价在实际交易过程中可以灵活处理，有时卖主只能得到契约标明数目的一半。这样做有两个目的：一是用契约字面上虚高的钱数掩人耳目，减少纳给官方的契税；一是田价可以灵活处理，这是一种比较狡诈的土地买卖方式。①

通常情况下，土地买卖要到官府办理登记，缴纳契税，办理粮差过割手续，并在地契上加盖官印，这叫红契。这样的土地交易才能得到官府承认，官府也才能保护各方权益。但在民间的土地交易实践中，买卖双方为了逃避缴税，往往私立白契，用"虚钱实契"的方式实现交易。在本案中，就是这样。一般情况下，实际交易价都能够得到买卖双方认可，实现交易，成功避税。但此案中，张刚有明显的违约行为，显然李登科实际拿到的钱与之前签订契约时双方私下约定的成交价有很大出入，少了许多，因此他不服，将张刚告官，于是成讼。

2. 回汉斗殴诉讼

如果说"无讼"是传统社会倡导的对人与他人关系的一种理想追求的话，那么，"息讼"就是为了达到这种理想状态而采取的最典型的手段，它通常在一定程度上能够实现暂时的社会和谐，秩序安定，但最终结果往往致使"无讼"理想扭曲和异化。陕西渭南新发现的咸丰九年（1859）《回汉息讼碑》即是对上述认识的最好佐证，兹引全文如下：

（仓）（渡）镇回约蓝德全、均显同合镇回民等同立碑记

棠（棣）相和则安，相反则变，古之道也。但北焦村与仓渡镇相去咫尺，向分汉回，自古迄今，回民并无纵放羊马，扰害禾苗之踪，昔年立有条规。兹于咸丰八年二月间，北焦村演戏酬神，张收布施，至期因仓渡回民节外生枝，竟来戏场滋事，致将所收（布）施银钱失没，并将村外坟内柏树、庙宇墙垣砍毁。当经北焦村首事人控县兴讼，控事各上宪辕，下批县讯详问。旋经各村乡约等从中调处，令回约蓝德全、均显与北焦村补赔银钱，修庙筑城，

---

① 冼剑民：《从契约文书看明清广东的土地问题》，《历史档案》2005 年第 3 期，第 62-67 页。

栽树立碑，牢羊上庙，鼓乐认悲，以息此讼。嗣后不许羊马扰害，诚恐事久有变，愿勒石碑，永垂不朽云尔！

正堂程谕，邻里有守望相助之义。辄因一朝小忿，崔角鼠牙，滋蔓不息，可见吾民之良莠不齐，深为□□□。各村乡约等从中调处，各愿息讼，并义立碑词前来，本县已为阅悉。以后务敦和睦，悉守乡规。汉回俱是国家赤子，本县以理分曲直，断不以汉回别歧视。各宜守分安业，世世遵循勿替，毋稍违犯，是为至要！切切！

（仓）（渡）镇（十八）社各村乡约等同在

咸丰九年岁次己未三月初七日[①]

苏亦工先生对这方《回汉息讼碑》的碑文及其所反映的清同治"壬戌回变"前，渭南仓渡、北焦两村因演戏引发的回汉纠纷等相关问题进行了详细的考释与解读[②]。本碑文记录的纠纷案件，是一起北焦村与仓渡镇回民因演戏而发生的打斗事件。因演戏而发生纠纷在过往时代应属常事，不惟回汉之间，汉民相互之间也常发生；不仅陕西关中地区如此，全国许多地方皆然，不足为怪。

据研究，明清两代，我国乡村地区演剧活动十分频繁。

无论四时佳节，或喜庆活动，或许愿酬神，或祭祖祀神，乡民多聚集一起，用演剧来集体表达他们对祖先的追思，对神灵的敬畏，对喜事的欢庆。

由于自清朝嘉庆、道光以讫清末民初，戏价不断上扬，"乡镇演剧负担日益加重"，筹集戏资成了一大难题。各地相继发展出临时筹集戏资、定额戏费、固定戏田等几种筹资方式，除特别捐助外，一般都是按丁口或地亩分摊，凡出资者有权看戏，未出资者不得看戏。

从碑文来看，这场纠纷很可能是因为回民拒绝承担戏资，但又有回民前来看戏，双方发生争斗。也可能是由于回民对汉民酬神不屑或不满，有意滋事。结果争斗中，"致将所收（布）施银钱失没，并将村外坟内柏树、庙宇墙垣砍毁"。不仅酬神的戏资"失没"，而且村外坟内的柏树和庙宇被"砍毁"。北焦村民将仓渡镇回民告上县衙。在县令的主持下，北焦村等各村汉人乡约

---

① 苏亦工：《渭南新见咸丰九年回汉息讼碑碑文释证》，《苏州大学学报》（法学版）2018年第2期，第106页。

② 苏亦工：《渭南新见咸丰九年回汉息讼碑碑文释证》，《苏州大学学报》（法学版）2018年第2期，第105-123页。

与仓渡镇回约共同磋商，化解这场纠纷。最终以和息的方式了结该案，要求回民除了"补赔银钱，修庙筑城，栽树立碑"外，还要求回民按照汉人儒家信仰"牢羊上庙，鼓乐认悲"。

从平息这场诉讼的过程来看，很显然，被告仓渡镇回民慑于当地官府的威严，处于"厌讼"心理，以己方作出牺牲和让步而告终，放弃诉诸公堂。这通《回汉息讼碑》就是处理该案的惩罚性措施之一。可能在回民看来，此碑更是耻辱的象征。这场纠纷以回民委曲求全的方式平息，由一种显现的不安定因素转向潜在的因素，为导致更为激烈、危害更甚的矛盾纠纷积聚隐患。同治二年的"壬戌回变"不就是这种隐患集中爆发的表现吗？由此看来，"各愿息讼"只是一种治标不治本的地方纠纷治理方式，是地方官为将大事化小，小事化无所采取的和稀泥的解决办法，这种解决办法是以一方的妥协与让步为前提的，它给社会带来的，更多的是潜在的不安定。即使刻石立碑，县令也强调回汉无别，以敦和睦，但再也无法修复已经渐趋扩大的裂痕。

3. 水利诉讼

与关中回汉矛盾不同，陕南地区的民间纠纷大多与争水灌溉有关。为了预防此类争端发生，民间公议立碑息讼，以绝后患。例如汉阴县乾隆五十六年(1791)的《月河铁溪堰碑》即是为处理分水事宜而公立的碑石。其文如下：

圣训曰：和乡党、息争讼，莫若于水。夫水例均而乡党自和，轮放公而争讼自息，水例固甚要也。且各堰俱有轮放之规，余等南关铁溪堰，历年多载，未均轮放，强□□□，□首受责，雀角日起，争竞时闻，是水不均之故也。众等公议呈禀，□蒙□宪注册立簿在案，后不分屯、民，水通沟渠，按期轮放，永遵圣训，以息争端。恐后人不古，特立牌石，以垂永远不没之义举耳。同乡练保等立。①(以下人名及分水名数和行水规则从略)

清乾隆中期以后，来自川、鄂、赣、湘、皖各省的大量移民涌入秦巴山区，陕南迎来再度大规模经济开发。开山垦荒，兴修水利，种植水稻。据嘉庆《汉南续修郡志》卷二〇《水利》记载，留坝厅"本无水利，近年以来，川楚徙居之民，就溪河两岸地稍平衍者筑堤障水，开作水田。又垒石溪河中，导小渠以资灌溉，西江口一带资太白、紫金诸河之利，小留坝以下间引留水

---

① 张沛：《安康碑石》，三秦出版社，1991年，第90-91页。

作渠。各渠大者灌百余亩，小者灌数十亩、十数亩不等，町畦相连"。①由于水稻种植面积日益扩大，民间常常因为放水不均而引起矛盾争端，诉讼日益增多，为此，官府不得不出面加强管理和疏导。比如，为了加强山河堰的管理，汉中知府滕天绶"量地形之高下，度田亩之多寡，约定梳洗堰水口"，并制定了《均水约》，刻石立碑，以为永例。与此同时，民间还发明了"点香为号，香尽水断"的分水办法。这些措施在一定程度上缓解了水源分配的争端。有时，为"和乡党、息争讼"，民间常常纠集某渠某堰的用水各方共同商议出公平公正公认的分水方式，正如这块《月河铁溪堰碑》中所记载的一样。

此碑出自汉阴县，是民间就铁溪堰放水事宜自我管理的代表案例。铁溪堰是汉阴县月河流域内数十堰之一。铁溪沟长二十里，灌溉六百一十亩，分有东渠、西渠、中渠、官堰和王家堰五支堰。碑文再三强调"水例"的重要意义在于"水例均而乡党自和，轮放公而争讼自息"，并以"和乡党、息争讼，莫若于水"的圣训作为立论依据。因为"各堰俱有轮放之规"，相比而言，铁溪堰轮放失均，致使"雀角日起，争竞时闻"，为此，在"众等公议"基础上，将铁溪堰的轮放之规禀呈县府，"注册立簿在案"。而且，明确规定以后"不分屯、民""按期轮放""以息争端"，要求乡约、团练、保长等基层管理者监督执行。

清代陕南汉中、安康地区的碑刻资料中，诸如《月河铁溪堰碑》同类型的与水利纠纷和管理相关的碑石还有许多，例如，汉阴咸丰六年(1856)《月河济屯堰总序碑》②、汉中咸丰九年(1859)《处理泉水堰纠纷碑》③等。

4. 宗族内纠纷

清道光十六年(1836)安康将军乡《唐氏祠堂地产纠纷调处碑》是宗族内部化解矛盾纠纷的典型案例。

尝闻天地之间，孝祖当先。水从流而通流，木有根而枝分。祖宗者，阴灵护佑。先年本族唐赐琢、(唐)安明、(唐)绍兴三人等，议论本户拔钱存积置业，坐落王家大湾五斗庙岭山地一分(份)，其地四至界畔有约可明，二契

① 《中国地方志集成·陕西府县志辑》第 50 册，凤凰出版社，2007 年，第 293 页。
② 张沛：《安康碑石》，三秦出版社，1991 年，第 205-209 页。
③ 陈显远：《汉中碑石》，三秦出版社，1996 年，第 293-294 页。

共粮一升四合四勺四抄，始祖名下完纳，取稞（课）修理祠堂。清明会使用祭扫坟茔三十余年，因新经理众人去岁十月间提起会内文契之事，唐大才将地土文约择出看明，似吾父名下买就管业。今岁二月内，唐大才投鸣乡长未从，拢场理论，众人等呈控县主汪案下，批：仰该管乡约查明调处，覆。乡约传唤隍堂坐前理论，唐大才当场说出并无争估之事，纵中乡约劝戒，唐大才父子先往中心孝祖之仪，一团和气之恩。唐大才将置买地文约事件交出，还是本清明会众首人经理，长年办会使用。因而二约谢永隆、寇志业与中会商议祠堂演戏一部，备桌相谢唐绍兴、子大才先后管理积银置业之恩。勒石刊刻名讳，永传万代不朽云。

清明会户族人等（姓名略）

大清道光十六年岁次丙申三月廿六日同立碑志①

这是兴安唐氏家族解决宗族祭祀地产纠纷而刻立的石碑。此碑文中"唐安明""唐赐琢"以及"王家大湾"等又见于另通刊立于道光十年（1830）的《唐氏阖族置地碑》中。该碑记载："乾隆五十二年，吾族唐安明、唐□□、唐赐琢□阖户族商议，照丁拨钱一百文，共约十数余千文，出作□□□。至嘉庆□□年，置地一分（份），坐落白马关后面王家大湾，接年取稞（课），以至嘉庆十三年，□置地基一所，坐落老营后面。"由此可知，唐氏先祖在乾隆末到嘉庆初已经摊钱购置田产和地基，作为公产，租赁生利，并在此基础上设立清明会，用以支出祭祀祖先的各项开销。道光十五年（1835），清明会换届，交割会内共产时，新经理向前经理唐大才提到会内文契问题，唐大才查明文契乃是自己父亲唐绍兴名下产业。因此，先投鸣乡约，后呈控县衙。县令批复乡约处理。最后经乡约调处，唐大才交出文契，还用作清明会使用。唐氏家族在祠堂演名戏，办酒席，答谢唐绍兴父子"积银置业之恩"。

此纠纷的处理程序值得注意。纠纷是由唐氏家族内部清明会的田产到底是公共财产还是私人财产引起的。当事人唐大才首先向乡长投鸣，经乡长拢场理论，唐大才不愿将私产充公，唐氏众人将唐大才呈控县衙。县衙批复"仰该管乡约查明调处"。乡约又传唤当事双方"隍堂坐前理论"，再从中劝解，最后化解纠纷。可见，乡约是官方和民间都认可的基层权威，在化解民间纠纷过程中发挥着一定的积极作用。

---

① 张沛：《安康碑石》，三秦出版社，1991年，第147-148页。

据马作武先生研究，古代司法官吏常常使用的息讼之术有拖延、拒绝、感化和问罪四种①。其中拖延术就是以拖延的方式静待当事者心理发生变化后，自行放弃或者撤销诉讼的惯用息讼方式。咸丰二年(1852)安康县《大济堰棉花沟水道争讼断案碑》②记载的就是一起民事诉讼案。自道光二十八年涉讼，至咸丰二年具结，历时五年，可谓极尽拖延之能事。

综上可见，陕西地区明清时期的诉讼记事碑刻中记载有不少涉及田宅、房产、用水、回汉关系等方面的纠纷案例，通常情况下，碑文中会记述案情的起因、审理的经过以及最终官府的处理结果等内容。这些诉讼记事碑的存在反映着国家律法在民间的真实情况，它往往作为国家律典认可的凭证矗立在村头、庙前、堰界或路旁，既是对当地乡民的一种永久性警示，又体现着官府力量对乡村社会的管控能力。

---

① 马作武：《古代息讼之术探讨》，《武汉大学学报》1998 年第 2 期，第 47-51 页。
② 张沛：《安康碑石》，三秦出版社，1991 年，第 187-190 页。

乡约与清代陕西地方社会

一、清代陕西乡约的推行

作为乡村社会中以社会教化为主要目标的一种民间基层组织，乡约起源于北宋的蓝田吕氏。

陕西乡约的推行最早可上溯至明代。明代在北直隶、河南、山东、山西、南直隶以及陕甘地区就设有乡约。入清后，陕西也较早出现乡约。实际上，清代早期的乡约主要是为讲读圣谕而设置的。

1. 约正、约副

顺治九年（1652），清王朝颁布六谕卧碑，敕令各州县朔望予以讲读。而在此之前，乡约已经出现在陕西，这应是从明朝沿袭下来的。比如，镇安县在"乾隆时代置有约正生员"①。又如，顺治四年（1647），澄城县就有"保甲申而乡约饬"②。又如，同官县"四乡各设乡约二人"③。陕西中部县"顺治九年……设约正、副，公举六十岁以上，业经告给衣顶，行履无过之生员，或素有德望之耆老统摄。每逢朔望，申谕六谕"④。陕西中部县严格执行清廷要求，该县乡约和约副是从生员和耆老中拣选的。所设乡约为官办，目的明确，专门负责朔望宣讲圣谕。顺治十六年（1659），清廷再次正式颁布圣谕，下令各地设立乡约。地方官府因此大力推行乡约。据段

---

① 聂焘撰：《镇安县志》卷九《风俗·化导》，《中国西北文献丛书》第 15 卷，兰州古籍书店，1990 年影印，第 560 页。

② 张进忠：《澄城碑石》，三秦出版社，2000 年，第 233 页。

③ 袁文观纂修：乾隆《同官县志》卷四《风土志》，民国二十一年铅印本，第 12 页。

④ 余正东修，黎锦熙纂：民国《黄陵县志》卷九《社会志》，民国三十三年钤印本，第 1 页。

自成先生研究，清末陕西 91 个州、县、厅中有 56 个州县都有设置乡约的明确记载①。可见，清代陕西乡约的推行是普遍现象。

2. 直月、总约

此后，又有直月和总约的增设。雍正七年(1729)，谕令各州县在大乡大村人口稠密之处，设讲约所，并令"约正置二籍，德业可劝者为一籍，过失可规者为一籍，直月掌之，月终则以告于约正而授于其次。每月朔日，直月预约同乡之人夙兴会集于讲约所……直月向案北面立，先读《圣谕广训》……约正推说其义……然后举善纠过，并记入善恶簿，由直月收掌"②。直月又称值月、直约、知约等，负责记录善过，保管善恶簿，筹备讲读事宜和其他各项杂务。另外，陕西西安府、宁陕厅、大荔县、横山县、鄠县都有设置总约的记载。如宁陕厅"分为十七保，每保保正一人……又选诚实历练之人为总约，管理地方公事，阖厅共九名。其次为散约，共二十七名。随山沟落，联为一乡，设立散约一人"③。县的乡约时常按照多种基层社会组织设置。比如定远厅乡约与保正、团总都是按社设置，而且"各地各社……以乡约、保正为总哨"④，他们合起来总称为乡保或约保。这在前引碑刻资料中比比皆是。

3. 约讲

顺治十三年(1656)，潼关兵备分巡关内道、陕西按察司副使汤斌命令"卫掌印官会同儒学教官，传集各甲甲长，于关帝庙焚香盟誓，公举年高有德、为众所敬服者一人为约正，公直果断、通晓法度者二人为约副，读书能文、礼仪习熟者二人为约讲"⑤。可知，约正、约副之外，还有约讲。

雍正时，清廷大力推行乡约的初衷是宣讲圣谕。但乡约的约长、约副、直月、总约等大都来自地方，或是"行履无过之生员"，或为"素有德望之

---

① 段自成：《清代北方官办乡约研究》，中国社会科学出版社，2009 年，第 17 页，第 279-282 页。
② 余修凤纂修：《定远厅志》卷十四《礼乐志·公典》，光绪五年刻本，第 4-5 页。
③ 林一铭纂修：《宁陕厅志》卷二，《中国西北文献丛书》第 17 卷，兰州古籍书店，1990 年影印，第 647 页。
④ 余修凤纂修：《定远厅志》卷八《食货志·仓储》，光绪五年刻本，第 12-13 页。
⑤ 汤斌：《汤子遗书》卷二《陕西公牍》，《中国史学丛书续编·三贤政书》，台湾书局，1976 年影印，第 617-618 页。

第二章 乡约与清代陕西地方社会

123

耆老"。乡约逐渐成为地方官府加强对基层社会控制的一级行政组织。乡约与保甲相结合，在基层治理中发挥着"化导"职能。这在北方地区已经相当普遍。就陕西而言，雍正年间，富平县知县乔履信"力行保甲，综四乡村堡编八十五联，遴选约长、乡练，给札俾专司化导稽查"①。可知，教化是乡约的主要职责。洋县"国初犹讲明太祖所颁六谕""城内外关厢及四乡各乡各就本处寺庙，每乡各设一所"讲约所，但这些乡设乡约此后不讲圣训，知县邹溶又在"城中、五里院、智果村、庞家店、马畅、溢水村、万龙铺、还珠台、江南坝、周家坎"等十处另设专门的"宣讲圣谕公所"②。雒南县"县城内及大乡村各立乡约所"③"兴平县设立约所四"④。

段自成先生将这类专司化导的乡约称为"教化性乡约"。教化本是潜移默化的功夫，受人为因素影响很大。各地此类乡约也是置废无常。以陕西而言，康熙年间，朝邑县乡中的乡约所多有废弛。康熙三十一年(1692)，汉中府的乡约所也只有褒城一处。在《饬属讲约示》中，知府金世杨对此表示不满："本府莅任，直入凤境，以至汉中，计程七八百里，其间讲解乡约，仅于褒城县属见一处所。"⑤

二、清代陕西推广乡约的原因

乡约最初的目的是道德教化、劝善惩恶和弭盗防贼。清朝推行乡约的目的主要是出于教化的需要。清初的最高统治者非常重视儒学教化，强调教化是治国之本，而移风易俗、导民向善则需要倡导儒学。在入关之前，天命四年(1619)六月，努尔哈赤上谕曰："为国之道，以教化为本。移风易俗，实为要务。诚乱者缉之，强者驯之，相观而善，奸慝何自而逞？故残暴者当使

---

① 胡文铨撰：《富平县志》卷七《人物》，《中国西北文献丛书》第 15 卷，兰州古籍书店，1990 年影印，第 105 页。
② 邹溶修，周忠纂：《洋县志》卷二《建置志》，《中国西北文献丛书》第 21 卷，兰州古籍书店，1990 年影印，第 178—179 页。
③ 范启源纂修：《雒南县志》卷五《典礼志》，《中国西北文献丛书》第 15 卷，兰州古籍书店，1990 年影印，第 332 页。
④ 胡蛟龄纂修：《兴平县志》卷三《建置·乡约》，《中国西北文献丛书》第 12 卷，兰州古籍书店，1990 年影印，第 361 页。
⑤ 邹溶修，周忠纂：《洋县志》卷八《艺文志》，《中国西北文献丛书》第 21 卷，兰州古籍书店，1990 年影印，第 492—493 页。

之淳厚，强梁者当使之和顺，乃可几仁让之风焉。"①清初统治者吸取历代经验教训，清醒地认识到治国不能单纯依靠武力，使百姓顺从，更重要的是对他们进行教化，在全社会形成仁让之风。此后，康熙皇帝在论述法令与教化的关系时，也有类似的反思："朕惟至治之世，不专以法令为务，而以教化为先。……盖法令禁于一时，而教化维于长久。若徒恃法令而教化不先，是舍本而务末也。"②嘉庆帝也强调："政治以教化为先。"③道光皇帝也进一步说道："兴化善俗，致治之本"④。可见清代统治者对教化在治国中的作用有清醒认识，因此十分重视教化，并将儒学教化奉为国策。

尊崇儒家文化的清朝统治者认识到，安民之术重在教养结合，而推行教化则是实行仁政的重要举措，也是对百姓加强思想控制的有效手段。但是"教化维于长久"，必然要求在人、财、物方面的长期投入，在潜移默化中方可发挥作用。仅仅依靠官府的力量远远不能达到善治的目标，必须要着眼于基层社会，依靠制度设计建立一整套推行教化的机制。试图发挥乡约在县以下乡村社会教化中的积极作用，这便是清政府大力推行乡约的根本原因。陕西地方志中的记载与清廷的这种制度安排是相符的。据《同官县志》记载："县令虽亲民之官，然百务兼营，势难周悉。故设立乡保，亦古者乡三老、道人之意也。"⑤县令总管一县，百务缠身。况且民风教化之事是重要但不紧急之务，以乡约、保正等人专司其职，于事有利。汤斌在陕西为官时，曾总结州县教化之道："自教衰民散之后，惟乡约之法最良。"⑥在清朝统治者看来，乡约教化是最理想的教化方式。清人郑经对乡约在基层社会的作用有深刻认识，甚至有些过分褒扬，他说："乡约古制也，乃圣王设教之纲领也。圣王之道，放之则弥六合，卷之则退藏于密，其理无穷，而咸寓于乡约中。乡有约，则率土之滨，无不奉圣王之道，身体而力行之矣。"⑦

---

① 《太祖高皇帝实录》卷六，中华书局，1986年，第85页。
② 孙观纂修：道光《观城县志》卷首《典谟志》，民国二十二年铅印本，第1页。
③ 中国社会科学院历史研究所清史室编：《清中期五省白莲教起义资料》第3册，江苏人民出版社，1981年，第169-170页。
④ 《宣宗成皇帝实录》卷一五五，中华书局，1986年，第381页。
⑤ 袁文观纂修：乾隆《同官县志》卷四《风土志》，民国二十一年铅印本，第12页。
⑥ 汤斌：《汤子遗书》卷二《陕西公牍》，《中国史学丛书续编·三贤政书》，台湾书局，1976年影印，第615页。
⑦ 卢思诚修，季念贻等纂：光绪《江阴县志》卷五《学校》，光绪四年刻本，第31-33页。

三、清代陕西乡约的组织形式

在清代陕西地方社会，乡约推行由来已久。它与明代的卫所、保甲有重合，也与清代的里甲、保甲等基层社会组织有密切的关系。按照各地的传统习惯和地区差异，清代陕西乡约呈现出不同的组织形式。

陕南地区有的地方按保设约。孝义厅"保共三十六。……每保设立乡约一名，或保正或甲长，不一其数。"①石泉县每保都设置乡约、保长、保正②。在陕西，有些地方不设保长而设团练，乡约和团练的首事时常设置重叠。比如，雒南县"每保置乡约、练总、乡长各一人"③。有时乡约和团练也存在组织上的隶属关系。有的乡约下设团练。比如，富平县乾隆年间"共分八十五联……每联之内公举约正、乡长各一人……俾之统属各保，为乡约、练总之领袖。"④有的地方则不设保长而设地保，乡约和地保两者重叠。比如，陕西城固县"合数村为一地，或即一村为数地，皆均道里远近、烟户多寡，以为编联保甲。每地举报乡约一人、地方一人"⑤。临潼县县城及十八镇各设乡约，"又设练总、堡正佐其臂指之使"⑥。有的地方是按照铺设置乡约。比如，安康县"置铺以统牌甲。……铺置乡约、保正，司其事"⑦。清初，安康县仍是兴安州直辖地，里的设置沿袭明制。顺治时，实行牌甲制。康熙二十三年(1684)因南北二山地垦人增，设铺，全县分为四乡二十五铺。铺置乡约、保正管理民事。有的地方按社设置乡约。比如定远厅乡约与保正、团

---

① 常毓坤修，李开甲等纂：光绪《孝义厅志》卷二《保甲》，《中国方志丛书·华北地方·第251号》，成文出版社有限公司，1969年据光绪九年抄本影印，第75页。

② 舒钧纂修：道光《石泉县志》卷二《户口志》，《中国方志丛书·华北地方·第278号》，成文出版社有限公司，1969年据道光二十九年刊本影印，第57-61页。

③ 范启源纂修：《雒南县志》卷二《地舆志》，《中国西北文献丛书》第15卷，兰州古籍书店，1990年影印，第285页。

④ 樊增祥等修，谭麟纂：光绪《富平县志稿》卷四《经政志·乡甲》，光绪十七年刻本，第53页。

⑤ 佚名纂修：《城固县乡土志》，《乡土志丛编》民国二十六年铅印本，第19页。

⑥ 史传远纂修：乾隆《临潼县志》卷一《地理》，《中国方志丛书·华北地方·第542号》，成文出版社有限公司，1976年据乾隆四十一年刊本影印，第80页。

⑦ 郑谦修，王森文纂：嘉庆《安康县志》卷十《建置考上》，《中国方志丛书·华北地方·第274号》，成文出版社有限公司，1970年据咸丰三年重刊本影印，第226页。

总均是按社设置的，而且"各地各社……以乡约、保正为总哨"①有的地方是按村设置乡约。比如，怀远县"五保各村大者五六十家，小者六七家，且有一家为村者，内设木铎、乡约、地方"②。有的地方按操设置乡约。比如，陕西鄠县分为十七操，史籍中有"整备操乡约""西操乡约"③的记载，说明该县乡约是按操设置的。但以上两种按照铺或操设置乡约的组织形式还是比较少见的，这与当地的传统习惯和地区特色应该是分不开的。

从以上陕西各地乡约的设置情况可以看到，基层社会组织是多种多样的，清廷设置乡约只是要强化其教化功能，并非成立完全独立的一级行政组织。因此，各地乡约只能依托当地其他已有的基层社会组织设置。这便使得乡约与牌甲、保甲、里社、团练、村社相互交错，权力时有重叠。在乡村社会治理过程中，各组织间相互牵制，改变了某一组织把持乡村政治的局面。与此同时，又容易造成多重管理的弊端。

四、清代陕西乡约的职能

乡约创设于宋代蓝田。《吕氏乡约》是由乡绅创办的，倡导约众相互帮助，共同敦睦风俗，是以教化为主的互助型基层自治组织。教化仍然是明代乡约职能的主要方面，但已经开始出现向基层行政组织转变的趋势。清代前期，随着乡约的普遍设置以及它与地方社会的关系更加紧密，乡约在基层发挥的行政管理职能越来越强。在基层社会的治理实践中，乡约的身影无处不在。下面结合碑刻所记，讨论乡约的主要职能。

1. 催粮派差

清代州县官的重要行政职能之一是征收土地税和其他各类捐税。土地税(地丁银)一般被称为"正项钱粮"。宫廷、政府和军队的开支基本来源于土地税。皇帝和中央政府对此十分重视。于是征税业绩就成为上司考核、评价州县官政绩的主要依据。州县官若能在期限内征足土地税，则会得到记录(功)、加级、升职等奖励，相反，若未能在期限内完成法定数额的土地税征收，将会受到夺俸、降级甚至罢黜等不同程度的惩罚。征税是关系州县官切身利益

---

① 余修凤纂修：《定远厅志》卷八《食货志·仓储》，光绪五年刻本，第12-13页。

② 何炳勋纂修：道光《怀远县志》卷一《乡村》，民国十七年横山县志局石印本，第34页。

③ 强云程等修，吴继祖纂：民国《重修鄠县志》卷五《人物》，民国二十二年铅印本，第38、46页。

的头等要事,奖惩又是如此严苛,因此州县官自然会想尽一切办法努力完成。很多情况下,这种地方公务并不是仅仅依靠政府官员,而是依靠民间非正式的途径或力量来完成的。委托里正、甲长作为征税代办人负责征办土地税即是如此。官府将里甲范围内每个花户的纳税额交给里正、甲长,由他们负责催税,并派"里差"进行监督。里正、甲长下乡催税时,乡约协助。清代这种依靠里甲制来征税的办法实际上来自明代。

明代中期以后,乡约开始负有劝民交纳钱粮的职责。比如,王守仁的南赣乡约规定:"寄庄人户,多于纳粮当差之时躲回原籍,往往负累同甲。今后约长等劝令及期完纳应承,如蹈前弊,告官惩治,削去寄庄。"①明末陆世仪明确提出"赋役出于乡约"的主张,并解释道:"凡公事,官府下于约正,约正会三长而议行之。"他所谓的公事就是钱粮、户役等地方公事。他还提出,不仅户口、人丁的统计要由乡约负责,"其有脱漏作奸者……罪教长,并及约正",而且土地买卖时也要求乡约知情画押,"凡买卖田产者,彼此俱书该约正、长名氏,取齐花押"②。可见明代乡约催粮派役已经出现。

清代保甲制取代里甲制以后,赋役征派就通过保甲来进行。如前文述说,乡约广泛推行后,与保甲关系密切,实际承担着基层行政管理的职责。在只设乡约的地方,催科的责任就会普遍交给乡约来办理了。食盐生产、贩运、买卖由官府垄断,购买食盐要向官府交税,称为盐课。盐课的征收由盐务官专门负责。盐务官有时也将征收任务摊派给里正、乡约等基层征税代办人。嘉庆年间,方维甸认为,应该将陕西盐课"一并责成里长、乡约,毋庸另派催收之人。凤翔府及洋县等处皆系如此办理"③。

2. 稽查不法

《吕氏乡约》在制度设计上有明确的纠过内容。明代的乡约也有纠恶之责。吕坤《乡甲约》中规定:"如恶有显迹,四邻知而不报者,甲长举之,罪坐四邻;四邻举之,而甲长不报者,罪坐甲长;甲长举之,而约正、副不

---

① 王守仁:《王阳明全集》卷一七《别录九·公移二》,上海古籍出版社,1992 年,第601 页。

② 陆世仪:《陆桴亭先生遗书二十二种》光绪二十五年太仓唐受祺京师刊本,第 2-6 页。

③ 邵之棠辑:《皇朝经世文统编》卷六九《理财部十四·盐务》,《近代中国史料丛刊续编》第 717 号,文海出版社,1980 年,第 2779 页。

书，掌印官别有见闻者，罪坐约正、副。"①可知乡约负有明确的记录恶迹的职责。但这种纠恶之责是从属于教化，为其服务的。入清后，日常的例行稽查已经成为乡约的基本职能。地方官常常饬谕乡约、甲长、保长等对管内各色不法人等严加稽查、举报、缉拿到官。比如，顺治时，汤斌"饬谕乡约、甲长……于该管境内时加搜查，但有来历不明、异言异服之人，加意盘诘。如或踪迹可疑，即便擒拿到官"。又说："若乡约人等互相容隐，或经本道访出，或被旁人告发，一体连坐，决不轻恕"②。乾隆《同官县志》记载："乡约、保正为查察地方之人。"③嘉庆十二年，白河县黄县令刊示《谨固地方碑》："为此示仰乡居民人等知悉；如有前不法棍徒及假扮道人探路、偷窃、窝……地方者，许尔乡保查实，指名具禀，以凭严拿，尽法究办。"④明确要求乡保稽查不法之徒。

道光四年，宁羌州知州钱鹤年刊刻的《禁赌碑》记载："自示，如有匪人引诱良家子弟，开场聚赌，许尔文据实擅究，自首免罪。倘不知悛改，复蹈前辙，自落法网，或经访拿，或被首告，定必照例治罪，并将失查之约保牌甲人等，一并究办。"可知乡约与保甲等基层行政管理组织富有稽查赌博的职责。

渔利之辈的招场聚赌，无赖之徒的强买强卖，故意讹诈，"捏情滋讼"，"捏情妄控""强霸水分"；无业之徒的偷窃盗砍，野道乞丐的"强取恶讨"；等等。这些都被视为危害地方的不法行为，该管境内的乡约长、牌甲长、保正负责究查、拿办。

此外，乡约还要对管内有犯罪记录的人、在配流人以及精神不正常的人负有监督管理之责。如，大清律明确规定：因疯症杀人者，"责成家属、临佑、乡约、地方、族长人等，报明地方官看守"⑤。咸阳县，刑满获释的罪

---

① 吕坤：《实政录》卷五《乡甲约》，《政书集成》第 6 辑，中州古籍出版社，1996 年，第 575-579 页。
② 汤斌：《汤子遗书》卷二《陕西公牍》，《中国史学丛书续编·三贤政书》。台湾书局，1976 年影印，第 569、481 页。
③ 袁文观纂修：乾隆《同官县志》卷四《风土志·化导》，民国二十一年铅印本，第 13 页。
④ 李启良、李厚之、张会鉴、杨克：《安康碑版钩沉》，陕西人民出版社，1998 年，第 98 页。
⑤ 徐世昌：《东三省政略》卷十《司法》，《中国边疆丛书》第 1 辑，文海出版社，1965 年，第 5871 页。

犯刘瑞驹被"交给保正、乡约，严加管束"①。

地方官对稽查不力的乡约要追究失察之责，承担相应的惩处。陕西朝邑县曾发生命案，王杨氏与其奸夫合谋将其丈夫杀死，然后私埋尸首，隐匿实情。县令访知实情后，以"乡约王锡法失于查察，应照不应重律，杖八十，折责发落"②。

综上所述，稽查不法属于维护社会治安的重要举措，该任务原本是由保甲、捕役和营兵等人员承担，但在清代，它成为乡约的一项日常基本职责。清代后期，社会矛盾加剧，基层社会的治安问题层出不穷，乡约的稽查职能也越来越重要，再加上其他职责要求，使得担任乡约长逐渐变成一种沉重的负担，因此，无人愿意充当乡约。官府不得不将乡约官役化，而基层社会为应对此役的征派，或由各粮户轮流充当，或由乡约会公举产生。

3. 调处纠纷

调解民间纠纷是乡约的另一项基本职责。这在明代已经出现。南赣乡约中，王守仁命"通约之人，凡有危疑难处之事，皆须约长会同约之人，与之裁处区画，必当于理、济于事而后已，不得坐视推托。陷人于恶，罪坐约长、约正诸人"③。清代乡约长对其辖境内的普通百姓、信教者，甚至大姓宗族内的细小纠纷都负有调解处置之责。比如，嘉庆八年(1803)留坝厅《留敕旨护道榜文碑》中有乡约对信教者违法聚会的管束。该碑文载：信白莲、天主等教者，"若不遵圣旨，命下任(仍)旧"违法聚会，"该地方、乡约，焚香秉烛，展开圣谕榜文，以律处法"④。又如，道光十六年(1836)安康将军乡的《唐氏祠堂地产纠纷调处碑》，就是乡约从中调处，最终成功化解宗族内部矛盾纠纷的典型事例。在乾隆末到嘉庆初，唐氏家族祖先摊钱置地，创立清明会，用以支出祭祀祖先的各项开销。道光十五年，清明会换届，新旧经理因交割会产发生纠纷。因此，先投鸣乡约，后呈控县衙。县令批复乡约查

---

① 樊增祥：《樊山政书》卷一二《近代中国史料丛刊》第646号，文海出版社，1971年，第961页。
② 林则徐全集编辑委员会：《林则徐全集》第四册《奏折卷》，海峡文艺出版社，2002年，第54页。
③ 王守仁：《王阳明全集》卷一七《别录九·公移二》，上海古籍出版社，1992年，第601页。
④ 陈显远：《汉中碑石》，三秦出版社，1996年，第236页。

明调处。乡约遂将原被双方"传唤隍堂坐前理论"，又从中劝诫，最终化解了矛盾①，详见前述。

晚清时，关中人赵杨氏控告杜顺发一女许给两家，樊增祥批："看尔之意，不过想几个钱。姑候饬差协约，查明禀复再夺。"②

陕西怀远县知县将民间细小纠纷"或交乡约处息"③。

民国时，南郑县的乡约长有责任与绅衿等公议处理乡间纠纷。"乡间有纠纷，每邀团约绅衿赴茶肆或社庙理论，曲者每为直者挂红布、燃爆竹以息争，亦古人负荆之意。或有贿祖偏徇，始赴法庭起诉，团约苟得人，亦息事安民之一法"④。

民事纠纷呈控到官府后，在乡约的主持下，原告与被告双方仍可私下和解。水利纠纷中常常会看到这种情况。比如，咸丰九年(1859)沔县《泉水堰水利纠纷碑》就是典型案例，其碑文载：

小中坝泉水堰，自龙洞发源，系拾贰家军户之私堰，沿河两岸，支流汛泉，总归此堰，外人不得开地作田，阻截上流。由泉远水微，田亩粮重，旱地粮轻，止许十二家军户轮流交(浇)灌，自有明如是，无敢违者。讵意道光十一年，有客民陈正秀开地作田，违例霸水，被堰长投约，处明具结，永不得拦截堰水。十四年，又阻拦堰水，亦具有结。又十五年，张文兴、李普、王修德等，估截此堰上流之水，被堰长具禀在案，蒙县主李断令，仍照旧例，立碑为记，外人不得紊乱。及到回家，伊等藐违公断，抗不立碑。彼时俱言堂断可凭，即不立碑，量亦无妨，伊等竟未立碑。至道光二十年，突出陈正秀之胞弟陈正章违例开端，胆将堰源拦阻涸断，堰长查明，赴城具禀。陈正章唾托王大德诱诓拦回，竟将堰长习控。嗣蒙票唤，陈正章自知理屈，请同黄沙驿、小中坝两牌乡约说合，亦具有结，永不敢拦截堰水。二十一年，陈正秀又使其子陈有刚、陈余娃、陈周儿，拦截此堰上流之水。堰长往查理阻，伊等恃恶逞习，反将堰长按于水中，淹浸几毙。陈正秀自觉理屈，希图逃罪，径从小路进城捏控，蒙县主朱朗鉴批示：明系窃放堰水，先发制人，姑候唤讯究质，如虚，倍惩不恕等语。随后堰长亦有具禀。陈正秀睹视批词，知难

---

① 张沛：《安康碑石》，三秦出版社，1991年，第147-148页。

② 樊增祥：《樊山判牍》卷三，法政讲习所印行，第3页。

③ 何炳勋纂修：道光《怀远县志》卷二《风俗》，民国十七年横山县志局石印本，第17页。

④ (民国)《续修南郑县志》卷五，民国十年刊本。

对质，仰托亲友，请同乡约，再四与堰长、田户赔罪，跪求饶免，堰长、田户亦从宽姑恕。迄今二十余年，无复有敢截堰源者。不料今岁七月十六日，有张文兴之子张武刚，陈正秀之孙陈二狗，李普之侄李茂春等，复恃强违例，将此堰上流截拦，勺水不下。堰长、田户情急往查，拿获伊等护篼、水车等物，即欲具禀恳究。伊等自觉情罪难容，请托武举关雄望邀约牌内绅士、田户说合，伊等情愿认立石碑，以志规例；演戏三日，晓众警顽；自此以后，勺水不敢入旱田。碑成，请余作序。余不揣固陋，据实以篆，以垂不朽云。①

碑末署名，除撰文的邑庠生徐步云、书碑的邑庠增生谢勷勋、邑庠优增生孟宗尧、邑庠生员郑天佐之外，还有"原军"靳三、薛恭、刘观保、孟思让、周什、王荣、金官下、张肖牛、张进、戴马、宋买儿、郭海宾等十二人，"支军"孟焕章、郑宝善、刘其清、孟守章、谢懋勋、孟相周、孟尚志、孟显、孟信、戴中全、宋永福、孟尚义等十二人，以及乡约刘万金、田户谢希贤等。

道光十一年（1831）至咸丰九年（1859）二十余年间，对于泉水堰的用水权，"客民"先后六次与十二家军户产生纠纷。所谓"原军"是指著籍在明代卫所军籍的"原籍军户"，而"支军"当是指贴军户。十二家军户是明代以来较早落户当地，相较后来的客户享有某些优势，比如占有丰腴的水田、拥有泉水堰的用水特权。按照碑文记载，泉水堰很可能是十二家军户创建的私堰，据此专用堰水灌溉，禁止外人阻截上流。"自有明如是，无敢违者"，已经成为当地不成文旧例。入清后，陕南大开发，周边"客民"不断来此就食，开地作田，用水需求越来越强烈。但当地人多地少，田多水少，用水矛盾不断凸显，围绕泉水堰的用水纠纷在清中期以后愈演愈烈。这六次纠纷就是具体体现。实际上，争夺用水权的背后是十二家军户的水田"粮重"，承担的赋役负担较客民为重。客民"违例霸水""阻拦堰水"，甚至"将堰源拦阻涸断"，淹浸堰长（十二家军户充任），反映的是客民落户当地后不断对军户垄断用水权的挑战。在处理争水纠纷过程中，乡约和士绅发挥了重要的作用。道光十一、十四年的纠纷，是由堰长投告本牌乡约刘万金，再由乡约"处明具结"。道光十五年的纠纷，由堰长具禀到县衙，知县断令"仍照旧例，立碑为记"，但客户并未遵令立碑。道光二十年又生纠纷，双方都控诉至县衙，

---

① 陈显远：《汉中碑石》，三秦出版社，1996年，第293页。

但最终仍是客户"请同黄沙驿、小中坝两牌乡约说合,亦具有结,永不敢拦截堰水"。道光二十一年,争水双方发生直接暴力冲突,控诉至县,知县判决,结果是客户再次"知难对质,仰托亲友,请同乡约,再四与堰长、田户赔罪,跪求饶免,堰长、田户亦从宽姑恕"。咸丰九年纠纷再未呈控到县,最终客户"自觉情罪难容,请托武举关雄望邀约牌内绅士、田户说合,伊等情愿认立石碑,以志规例;演戏三日,晓众警顽;自此以后,勺水不敢入旱田"。在六次纠纷中,十二家军户依据旧例,拥有垄断泉水堰用水的"合法权",知县断案时也是依据这种旧例,他们在纠纷中始终处于优势地位。客户一方三度具结,保证永不拦水,但又一次次突破担保,说明客户群体的力量不断增加,用水需求激增,人多势众的陈正秀家族祖孙三代先后挑战十二家军户的用水垄断权。每次纠纷的化解主要是通过乡约"说合",协商调处,理屈方以具结方式解决。这说明民间已经形成一套纠纷处理的办法,但处理结果是否能够得到纠纷双方遵守,关键要看乡约、士绅等的协调结果是否得到了双方的认可和接受,否则的话,即使县令有"断令",也不会发挥实际效力。此次演戏立碑后,泉水堰用水之争客民方彻底失败。

乡约调解民间纠纷,处理矛盾时,可以酌情对理屈者处以惩罚,进而成为乡约假公济私的渠道。比如,陕西洋县"近年来岁饥馑,田间小窃,不肯经官,乡约私自惩罚,原不欲坏其名节,冀其人自改也。乃近来乡约视为利薮,遇有形迹可疑之事,使人具售状,伊藉庙会、船会为名,动辄罚钱数串或数十串文。无钱者折给地亩,乡约自行收租"[1]。

在处理民事案件过程中,乡约首事还承担一些官府差役的杂任,比如查验证据,传唤证人,拿人到案,递送传票等事。《樊山政书》中记载有马兴成与孟生春争夺房产案,樊增祥批令:"其皮箱家具,由西安府饬差会同坊约,查照原单,逐一点验,封锁开单存案。"[2]同治五年(1866),陕西洋县知县范荣光在整治县衙内"在官人役"时规定:"凡居乡在山乡约,遇差役持票叫人,必协同传唤……嗣后差役下乡入山,按路远近,限以时日到县。如案内人或有事故不在家,则责成该管乡约,禀明因何故出外,先使差役回

---

① 陈显远:《汉中碑石》,三秦出版社,1996年,第303页。

② 樊增祥:《樊山政书》卷三,《近代中国史料丛刊》第646号,文海出版社,1971年,第202-203页。

衙，限几日乡约将人送案，庶免窜通磋诈之弊。"①可见，约同治初，洋县的乡约已有鲜明的官役化色彩。山区基层社会打官司要去县城，诉讼成本高，民间化解纠纷仰赖乡约，因为"居乡在山乡约"在山区社会中具有决断是非的权威性和便民性。又比如，陕西石泉县，"乡间有事，先投乡约讲理，得其一言剖决是非，省得进城兴讼，废时业，花盘缠"，因此"山中乡约较山外为重"②。显然，在这些地区乡约代替官府承担着民事管理之责，也在基层社会治理实践中体现着就地取材，因地制宜的灵活性和有效性。

4. 公益职能

北宋《吕氏乡约》以来，约众有相互救助的义务。"凡同约者，财物、器用、车马、人仆，皆有无相假。"③历史演进至明代，乡约的互助功能有所发展，范围扩展至公共生活场域内的各项公益事业，举凡庙宇、社仓、社学、道路、桥渡等修造，乡约都要拢场组织或主持参与。比如，陕西定远厅"各地领管羡余钱谷，如有应需修理仓廒，由同社绅粮报明，会集社首、约保、甲长，公同堪估修理。"④富平县春季开仓放谷，借粮给当地百姓，秋收后要由乡约长"赶传原借花户，换交粟谷"⑤。可见，在赈济过程中，乡约长直接参与其事。

乡约首事在防灾救灾方面，也发挥着积极作用。首先，乡约长负有对灾情的勘验申报之责。比如，澄城县"绅约于报夏、秋灾后，造呈崩河内赔粮地亩、花户数目清册到县"⑥。尤其是在乡居山乡约，他们对实际情况最为熟悉，发生灾害后，都必须向官府报告详细的灾情，以便政府组织施救。光绪《定远厅志》记载：定远厅在清末实行牌甲制，以牌甲为单位，每年年终都要有一项重要工作必须完成，那就是预造贫民户口细册，由"牌头赶造某牌贫户若干，某户大小口若干，开单交付甲长，转送约保，邀同乡正、绅粮

① 陈显远：《汉中碑石》，三秦出版社，1996年，第302-303页。
② 舒钧纂修：道光《石泉县志》卷四《事宜附录》，《中国方志丛书·华北地方第278号》，成文出版社有限公司，1969年据道光二十九年刊本影印，第147页。
③ 陈俊民：《蓝田吕氏遗著辑校》，中华书局，1993年，第566页。
④ 余修凤纂修：《定远厅志》卷八《食货志·仓储》，光绪五年刻本，第11页。
⑤ 樊增祥等修，谭麟纂：光绪《富平县志稿》卷十《故事志》，光绪十七年刻本，第5页。
⑥ 樊增祥：《樊山政书》卷八，《近代中国史料丛刊》第646号，文海出版社，1971年，第649页。

公同核算"①，目的是为官府应对来年春季饥馑提供真实资料。其次，乡约还有义务参与组织抗灾救灾。比如，关中地区时常发生蝗灾，樊增祥任陕西布政使时，曾要求兴平县知县"督饬约役等将地内蚂蚱铲除净尽，以保秋禾"②。此处"约役"当指负责救灾的乡约以及以官府名义征派的专门救灾的差役。

地方官府曾对无后及赤贫之家捐赏，助其丧葬，并责成乡约承办。康熙时，洋县知县曾"饬令约正清造各地方停柩数目……其有无后之棺及赤贫不能举者……即量行捐赏，给发约正，资其掩埋"③。

五、清代陕西乡约主事的选任

品行正直与人望素孚是乡约首事选择的主要依据，这在北宋的《吕氏乡约》中就有明确的记载。约正必须由"众推正直不阿者为之"，而直月则由约众"依长少轮次为之，一月一更"④。明代乡约主事的选拔仍旧沿袭北宋成规，重视品行公正与声望服众，但更加强调乡约的教化功能，因此，明代重视乡约讲职的选任，同时取消了直月轮替的做法。

清廷对于乡约主事者的选任标准、选择办法有明确的规定。顺治十六年（1659），议准设立乡约，并规定"乡约正、副，不应以土豪、仆隶、奸胥、蠹役充数，应会合乡人，公举六十岁以上，经告衣顶，行履无过，德业素著生员统摄。若无生员，即以素有德望，六七十岁以上平民统摄"⑤。可见清廷要求地方选任乡约长、副时，必须从高年生员或年高有德的平民中选任。这条规定在清前期基层的具体实践中也被严格执行着。比如，顺治时，陕西中部县的乡约长由"六十岁以上，业经告给衣顶，行履无过之生员，或素有德望之者老统摄"⑥。康熙间，川陕总督鄂海招募四川、湖北等周边省区的

① 余修凤纂修：《定远厅志》卷八《食货志·仓储》，光绪五年刻本，第9页。
② 樊增祥：《樊山政书》卷四，《近代中国史料丛刊》第646号，文海出版社，1971年，第271页。
③ 张鹏翼纂修：光绪《洋县志》卷六《文告》，光绪二十四年青门寓庐刻本。
④ 陈俊民：《蓝田吕氏遗著辑校》，中华书局，1993年，第567页。
⑤ 素尔纳纂修：《钦定学政全书》卷七四《讲约事例》，《近代中国史料丛刊》第293号，第1552页。
⑥ 余正东修，黎锦熙纂：民国《黄陵县志》卷九《社会志》，民国三十三年铅印本，第1页。

客民开发陕南地区，流民大量涌入，使得民间各种矛盾纠纷大量滋生，为教化地方，"饬州县选报正直绅耆，充为乡正，宣讲圣谕"①。雍正七年（1729），清廷再次提高乡约选任标准，形成定例，要求"于举贡、生员内，拣选老成者一人为约正，再选朴实谨守者三四人为值月"②。各地也都按照清廷要求执行。比如乾隆元年（1736），署河南按察使隋人鹏奏称："定例内约正用贡生，值月用生员。"③富勒浑也奏请"遴选老成持重、众所钦服之贡、监、生员一人以充约正，粮多大户内选择一人以充约副"④。陕西雒南县"选举贡、生员老成有学行者为约正，城乡凡四五人"⑤。但地方贡生、生员人数本就不多，符合乡约诸事选任条件者毕竟有限，因此，到乾隆时期，乡约的选任就不限于在贡生和生员之中了，大部分州县是选举正直不阿、威望颇高的平民出任乡约。比如陕西临潼"县城及十八镇公举老成、谨厚者为乡约"⑥。陕西石泉县乡约"须择公正人充当"⑦。能干者也被拣选为乡约主事。比如陕西宁远厅"选诚实、历练之人为总约"⑧。陕西同官县的乡约长"皆以公明正直、精健廉干者充之"⑨。

乾隆以后，乡约普遍成为地方官府加强基层治理的常态化差役，呈现出明显的官役化趋势。地方官府交由乡约负责办理或协助办理的任务越来越多，不但任重役苦，被视为"贱役"，而且主事的收入也很低，因此，基层有功

---

① 余修凤纂修：《定远厅志》卷八《食货志·仓储》，光绪五年刻本，第5页。

② 刘安国修，吴廷锡等纂：民国《重修咸阳县志》卷一《地理志》，民国二十一年铅印本，第23页。

③ 中国第一历史档案馆藏档案：《硃批奏折》内政类·保警，乾隆元年四月十八日署河南按察使隋人鹏奏。

④ 中国第一历史档案馆藏档案：《硃批奏折》内政类·保警0017，乾隆二十三年三月二十六日富勒浑奏。

⑤ 范启源纂修：《雒南县志》卷五《典礼志》，《中国西北文献丛书》第15卷，兰州古籍书店，1990年影印，第332页。

⑥ 史传远纂修：《临潼县志》卷一《地理》，《中国方志丛书·华北地方第542号》，成文出版社有限公司，第80页。

⑦ 舒钧纂修：《石泉县志》卷四《事宜附录》，《中国方志丛书·华北地方第278号》，成文出版社有限公司，1969年据道光二十九年刊本影印，第147页。

⑧ 林一铭纂修：《宁陕厅志》卷二《建置志》，《中国西北文献丛书》第17卷，兰州古籍书店，1990年影印，第647页。

⑨ 袁文观纂修：《同官县志》卷四《风土志·化导》，民国二十一年铅印本，第1页。

名有身份的人不愿充当乡约。这种变化开始于乾隆年间。陕西巡抚张楷对此有过批评：地方官府奉行不当，乡约长被"视为贱役，致老成公正之人避不肯当，所选多不得人"①。曾国荃《抚晋批牍》中记载："充当乡约、地保，有害无利，率皆视为畏途。"②良善正直之人不愿充当乡约主事，将其视为"畏途"，地棍恶徒趁机混入。

　　乾隆以后，绅粮公举乡约主事的惯例逐渐消失，尤其是乡约长官役化之后，士绅、富户和老成平民均不愿充当乡约长，乡约长由选任变为轮充。例如，陕西同官县"城村各乡保俱属轮充当差之人"③。轮流充当乡约后，"有半月之乡约，一月之乡约，朋应帮贴之乡约"④。无胜任乡约之人是光绪后期陕西安康镇坪县的实情。"我下茅坝境内，虽属遐荒，而民中岂无秀顽。其有力者，或无才以任公；而有才者，又无力以办事。及至屡年议举，人皆诿谢。若是者，则一乡之事，又推谁任也。"⑤到清后期，乡约主事的地位日益沦落，收入主要是从管内各户中收取。当乡约长挨门挨户催收乡约费时，"有垫赔受累者，有倾家荡产者，有受吏役之鞭挞挫辱者"，致使民间不胜其苦。为应对乡约费的征收，道光、咸丰时期，陕西宁陕县成立乡约会，摊钱置地收租，用租佃收入共同支出乡约费用。"道光十七年秋，宴集同会首士余彰忠、刘盛松、夏世宗、陈永华、童景杰□□□□□永发乡约会。凡官宦绅士里民，均照地价，每百串捐钱三千文，共计捐钱壹佰柒拾串有奇，置卖（买）乡约田地"⑥。可见乡约会是基层专门为应对乡约费而成立的互助型民间组织。

　　清代陕西乡约中的约正、直月、约讲的选择来自民间绅粮集团的公议推

① 中国第一历史档案馆馆藏档案：《硃批奏折・内政・保警》，乾隆四年五月二十一日陕西巡抚张楷奏。
② 萧荣爵：《曾忠襄公全集》，《抚晋批牍》卷三，《清末民初史料丛书》第45号，成文出版社有限公司，1969年据光绪二十九年刻本影印，第6469-6470页。
③ 袁文观纂修：《同官县志》卷四《风土志・化导》，民国二十一年铅印本，第12-13页。
④ 贺长龄、魏源：《清经世文编》卷七五《兵政五・保甲上》，中华书局，1992年，第1832页。
⑤ 《下茅坝公议乡约辛（薪）赀碑》，见张沛《安康碑石》，三秦出版社，1991年，第261-262页。
⑥ 《永发乡约田地碑》《续捐公永发乡约会款叙碑》，两碑录文见张沛《安康碑石》，三秦出版社，1991年，第164-166页。

举，推举之人必须公正，但推举结果还需得到县衙的报批。比如，洋县知县范荣光整顿该县积弊时说："乡约统管一乡，乡约公正，则此乡可以少讼；乡约不肖，则拨是弄非，遇有民间小事，伊从中索谢，稍不如意，便唆人兴讼，大为地方之害。嗣后乡约，每遇年终，各花户在公所大家议举，一人进城具禀，方准充膺。如有本地绅士不知，伊私捏名字具禀充膺者，一经告发，定从究办。再有大地方乡约，只准二名，如有过多者，许该绅士禀裁。"①可见洋县此前弊端是私捏名字充任乡约，所任不肖，致使小事兴讼，为害一方。究其原因在于所选乡约不"公正"，因此要求嗣后公议的乡约人选限额两名，必须经过县衙审核，才能充任。此外，选任"读书能文，礼仪习熟者二人为约讲"②。

乡约主事的素质降低，队伍腐败后，他们与团练、胥役相互勾结，把持一方，假公济私，唆人兴讼，导致乡村社会乱象丛生。比如前引同治七年(1868)，洵阳县令孙濰撰文的《洵阳县风俗碑》记载，该县乡约"生事者多，奉法者少，每与胥役狼狈相倚，遇民间户婚钱债等事，未得钱则不肯排解，既得钱则又相袒护，主唆偏袒，弊端百生"③。可见，清后期陕西某些州县的乡约成为鱼肉乡里的半合法性组织，与原本的设立初衷背道而驰。

六、清代陕西乡约主事的收入

北宋时，乡约首事没有津贴。明末，陆世仪提出：约正宜"隆其礼貌，优其廪给"，"凡买卖田产者，彼此俱要书该约正、长名氏，取其花押……其中金分其半，以为约正、长养廉之资。"④清代陕西的土地买卖契约中有乡约的名氏，但是否有养廉金，不得而知。

清初，朝廷对乡约主事的津贴有明文规定。特令"每年各约正从地丁钱粮各给银六两，以为化导衣食之资。……其直月每年亦从地丁钱粮各给银三

① 《洋县正堂为民除弊碑》，见陈显远《汉中碑石》，三秦出版社，1996年，第301-303页。
② 汤斌：《汤子遗书》卷二《陕西公牍》，《中国史学丛书续编·三贤政书》，台湾书局，1976年影印，第618页。
③ 《洵阳县风俗碑》，见李启良等《安康碑版钩沉》，陕西人民出版社，1998年，第258页。
④ 陆世仪：《陆桴亭先生遗书二十二种》，光绪二十五年太仓唐受祺京师刊本，第3页。

两六钱"①。约正、直月的年俸各地不一。陕西洋县"宣讲圣谕公所十处，每所报举宣讲生一名，给衣顶，设工食"②。陕西定远厅"约正、值约人等，或给之廪饩，或加之奖诱"③。陕西某些县由绅粮私人捐田，用以给付乡约主事的工食。同治四年(1865)，陕西镇坪县《化里墟忠义讲所组碑》记载：段天发父子将自己所置田地一份，"捐与忠义讲所，永作义田，即为朔望宣讲之赀"④。

乡约官役化后，地方政府没有提供给乡约主事生活补贴。有的乡约长的津贴来自民间成立的各种公会，而公会资金是由会众摊派或者绅粮富户捐助的。如前引光绪二年(1876)，安康镇坪县《下茅坝公议乡约辛(薪)赀碑》记载："因兹阖乡绅粮，会同集议，爰举有才无力以代无才有力，特捐有力无才以供无力有才，岂不两全其美，共乐均平之治也哉。于咸丰十年始创此举，老粮已捐，积金六十千，无论充请何人，每年将余剩以为辛(薪)赀。"⑤基层用公捐钱粮充请乡约主事，晚清乡约的任重役苦可见一斑。再如，同治三年(1864)，宁陕县《公和兴会公议条规碑》记载："自道光十六年，首士张德宽、张德基、马腾贵、黄富林等，因本境乡保由粮户轮次充当，其间人有智慧、贤与不肖之异，家有厚薄、羡不足之殊，有克充此役者，有不可充役者，公事往往多误，粮户往往受累。始于是年起，推张德基一人掌管，以捐资余利雇请公正才能者当之，免使无力无才者债之。"为此，他们办"公和兴会""会内买上下田地共三契，递年择派公正会首一人经理，招佃收租，以备开销乡保身工及猪税、酒税、门牌、册费、草料等项。每年正月间至公所清帐，议报乡保，其现充之乡保不佣刁揽推延"，并"议定乡约每年身工钱三十二千文……总约身工钱八千文。俱年满会首开销"⑥。由此可见，清中后期，乡保成为一种严重的地方负累，地方官府下达至乡里的各种任务和钱粮摊派都必须经由乡保催收完成，若不能完成任务，还要受到责罚。士绅

---

① 余卜颐修，兰炳章纂：光绪《左云县志》卷二《建置志·讲约所》，民国年间石印本，第 10-11 页。

② 张鹏翼纂修：光绪《洋县志》卷三《风俗志》，光绪二十四年青门寓庐刻本，第 2 页。

③ 余修凤纂修：《定远厅志》卷八《食货志·仓储》，光绪五年刻本，第 5 页。

④ 《化里墟忠义讲所组碑》，见张沛《安康碑石》，三秦出版社，1991 年，第 222 页 。

⑤ 《下茅坝公议乡约辛(薪)赀碑》，见张沛《安康碑石》，三秦出版社，1991 年，第 261-262 页。

⑥ 《公和兴会公议条规碑》，见张沛《安康碑石》，三秦出版社，1991 年，第 217-220 页。

阶层自然不愿充当乡保，普通粮户轮流充任，但身工口食钱无处着落。因此，宁陕县的"乡约会"以及"公和兴会"都是民间自发建立的一种旨在公举乡约、保正以承担乡里事务，并共同购置公地，招佃收租，以余利供给乡保身工钱的基层组织。它体现出基层民众自我组织起来，策略性地以群体的力量来共同应对地方官府的无度差派。

在共同应对乡约负担时，不但富户、粮户要多出资，佃户、当户也要出钱。据道光六年（1826）宁陕县《共置产业公举乡约碑》记载，乡保"因贤愚人等贫富不同，虽各粮户轮流充当，多致受累。是以我等共酌永图，共襄盛举，爰邀首士八人，先各解囊以相助，然后劝令诸粮户量力捐资，共置产业，公举乡约。……除收租外，每年秋收，各佃户出钱一百廿文，各当户出钱一百六十文。所有常规差派，尽在其内"①。

乡约的费用向民户均摊，专人负责收集和发放，通常表现为一定数量的实物，如麦子或包谷。澄城县民户有违犯禁约者，"乡约、公直举官，所费口食钱照粮均摊，不得抗阻"②。光绪元年（1875），洵阳县《庙子垭铺公议乡规碑》记载："庙子垭铺前立十六牌头，有事先和，不能和即送乡保，皆不得假公济私。铺内立二老户。凡乡约所支差费，牌头宜公派归于老户，乡约领取。"③又如，光绪十一年（1885），平利县《水田河保共置产业应杂税条款碑》记载，该保乡耆和绅粮捐地、筹款以便公应各项杂税，公议十条公费支应的情况，其中有："举报乡保，必须阖保公议。……其报费即在公行提出。换戳费用，亦公费筹给。……乡保原为办公，第诸费即捐，而送告谕差来，不能不给口粮。兹议定每年给乡保包谷式石五斗。"④

乡约主事的办公费用，地方政府不负责。乡约组织采取各种不同的方式筹集办公开支，或者通过办理钱粮差派等事务时收取费用，以补充身工口食钱。但不论何种方式，这方面的负担最终都会落到粮户头上。更有甚者，乡约主事与州县差役串通舞弊，搭车收费，中饱私囊。乡里社会对此深恶痛绝。为除此弊，同治五年（1866），洋县县令范荣光曾刊刻《洋县正堂为民除弊碑》，

---

① 《共置产业公举乡约碑》，见张沛《安康碑石》，三秦出版社，1991年，第135-136页。
② 张进忠：《澄城碑石》，三秦出版社，2000年，第162页。
③ 《庙子垭铺公议乡规碑》，见张沛《安康碑石》，三秦出版社，1991年，第256页。
④ 《水田河保共置产业应杂税条款碑》，见张沛《安康碑石》，三秦出版社，1991年，第279-280页。

试图对词讼办案费用设置限度，防止乡约长趁机乱收费。该碑记载："查乱后凡遇词讼，原差传唤，动辄六人，甚至九人十二人，与乡约串通舞弊，往往草鞋钱数串，口案钱数十串，官号钱多者甚至八九十串，少者亦不下三四十串。此等恶习，殊堪痛恨。嗣后仍照旧，每案照八股派钱。赤贫之家，不得拘定数目，即殷实者，一案至多不许过三串二百文"①。

---

① 《洋县正堂为民除弊碑》，见陈显远《汉中碑石》，三秦出版社，1996年，第301-303页。

禁赌碑与乡规民约

——以清代陕西安康地区为中心

有清一代，赌风盛炽，禁赌活动也日益频繁。关于赌博与禁赌的研究，学者们多从赌博的形式、源流和禁赌法令法规处措意。所用材料也以史籍记载为主。以专著而言，较全面者有三：戈春源的《赌博史：中国历史上形形式式的赌博》一书中，专章论述历代禁赌法令①。罗新本、许蓉生的《中国古代赌博习俗》一书从民俗学角度，分形制、社会、禁戒三类介绍了古代赌博状况②。涂文学的《赌博的历史》也从赌博的起源、流变、影响、禁戒以及中西对比等多个层次论述了赌博的历史③。以论文而言，涂文学利用社会控制理论分析赌博现象在禁与驰互变过程中表现出的是近代社会的扭曲、无序和衰朽④。此外，就地方禁赌而言，有四篇文章值得注意：卞利用禁赌碑、告示、乡约等资料对明清徽州民间禁赌措施进行了细致梳理⑤。董志权从心理学角度分析了赌博行为的目的和动机、个性和特点以及影响赌

---

① 戈春源：《赌博史：中国历史上形形式式的赌博》，上海文艺出版社，1995 年，第 211-231 页。

② 罗新本、许蓉生：《中国古代赌博习俗》，陕西人民出版社，2002 年。

③ 涂文学：《赌博的历史》，中国文史出版社，2006 年。

④ 涂文学：《近代中国社会控制系统与赌博之禁》，《社会学研究》1997 年第 4 期，第 100-107 页。

⑤ 卞利：《明清时期徽州的民间禁赌》，《安徽师范大学学报》2002 年第 4 期，第 451-455 页。

博行为发生的外在因素[①]。朱文广的《禁赌碑与乡村风俗改良——以清代上党为中心的考察》[②]和《清代禁赌活动中的乡村自治》[③]两文主要利用地方碑刻资料研究乡村社会在禁赌过程中的风俗改良与民间自治问题，材料丰富，颇见功力。以上论著角度不同，所用史料也有差异。

赌博是古代社会示禁碑所禁戒的重要内容之一。清代陕西示禁碑中一般分为两种情况公告禁赌内容。一类是通禁碑[④]中关涉禁赌内容。如光绪元年(1875)洵阳县《庙子垭铺公议乡规碑》在申明"恕"道乃和睦乡里之本后，条列十四条乡规，其中三项涉及禁赌："窝藏贼盗赌匪者送官""无耻之徒，倘诱良民子弟赌钱者，牌头查明以报乡保""店内不得招赌抽头"[⑤]。另一类是专门为禁赌设立的专禁碑。我们称之为"禁赌碑"或"戒赌碑"。如岚皋县道光三十年(1850)《双丰桥禁赌制则条规碑》、柞水县光绪十七年(1891)《奉示禁赌碑》等。禁赌碑内容明确，但行文有差别。一般而言，碑首题"永垂不朽""永以为例""严禁赌博"等字；碑文先申明立碑缘由，通常重申赌博对个人、家庭、乡里的危害。其次，强调赌博违犯王法。"赌博乃朝廷首禁，若不戒除，良民难以资生"[⑥]，或"盖闻赌博为朝廷之首禁"[⑦]。再次，申明禁条为乡绅约保等共同议定，具有权威性。最后，将议定条规逐一列出。碑尾写出刊立年日。乡村社会

---

① 董志权：《赌博行为及其因素分析》，华南师范大学 2003 年硕士学位论文。

② 朱文广：《禁赌碑与乡村风俗改良——以清代上党为中心的考察》，《农业考古》2014 年第 3 期，第 67-72 页。

③ 朱文广：《清代禁赌活动中的乡村自治》，《华南农业大学学报》2014 年第 4 期，第 147-153 页。

④ 按照颁刻禁碑的主体标准进行分类，李雪梅将明清禁碑分为皇禁碑、官禁碑、民禁碑三种。参见李雪梅《明清禁碑体系及其特征》，《南京大学法律评论》2012 年秋季卷，第 61-80 页。此处通禁碑是从示禁内容而言，是指为禁止一切违犯乡规民约、封建国法的行为所刻立的告示碑。

⑤ 张沛：《安康碑石》，三秦出版社，1991 年，第 255-256 页。

⑥ 《景家公议十条规款碑》，见李启良等《安康碑版钩沉》，陕西人民出版社，1998 年，第 223 页。

⑦ 政协柞水县学习文史委员会：《柞水县域文化丛书：人文地史》，柞水县政协，2009 年。

勒石示禁的传统使乡规民约以碑刻的形式呈现出来,它不仅表明禁条永久有效,而且不可更改。禁赌碑是当时人记当时事,具有乡村档案性质,是研究乡规民约的第一手资料,史料价值极高。

本章以陕西安康地区为中心,考察禁赌碑的内容与形式、约条与罚则以及禁赌碑所见乡规民约的特点。

清雍正时推行"摊丁入亩"政策,人头税被废除,刺激了人口的自然增殖,中国人口突破两亿。随着全国性的人口膨胀和土地兼并日益激烈,大量移民辗转流入陕南。陕南安康地区南依巴山,北靠秦岭,居川、陕、鄂、渝接合部,特殊的地理位置致使周边流民不断迁入。所以明朝中期和清朝乾隆年间,大量流民涌进秦巴山区,他们烧山伐林,开垦荒地,兴修水利,促使本地出现了两次大规模的经济开发浪潮。与此同时,流民也带来不安定因素。尤其是清乾隆后期,安康地区的社会问题日益严峻。对此,陕西巡抚毕沅于乾隆四十六年(1781),在《兴安升府疏》中这样描述:安康"管辖平利、洵阳、白河、紫阳、石泉、汉阴六县(时宁陕、镇坪尚未设县,岚皋即砖坪,隶属安康县),从前俱系荒山僻壤,土著无多。自乾隆三十七八年以后,因川、楚间有歉收处所,穷民就食前来……而河南、江西、安徽等处贫民,亦携带家室来此认地开荒,络绎不绝。是以近年户口骤增至数千余处。五方杂处,良莠错居,迩来风俗刁悍,讼狱繁兴,命盗案件甲于通省。"[①],移民增多致使社会治安状况恶化,而赌博泛滥更是突出体现。为此,地方官民大力禁赌,勒石示禁便是重要的宣传措施之一。

一、禁赌碑的内容与形式

1. 赌博危害

雍正七年(1729)颁布禁赌上谕,称"赌者荒弃本业,荡废家资。品行日即于卑污,心术日趋于贪诈","斗殴由此而生,争讼由此而起,盗贼由此而多,匪类由此而聚",其为害于民俗人心,不可悉数。[②]因此,清廷对赌

---

① (清)毕沅:《兴安升府疏》,乾隆《兴安府志》卷二五《艺文志》。
② 《钦定大清会典事例》卷八二六;又见《清实录》第 8 册《世宗实录》卷 82,中华书局,1985 年,第 81 页。

博"向来屡申禁饬",颁布敕谕,通行各地,并将禁赌视为"地方之要务"①。对此,禁赌碑有明确反映。一般而言,重申赌博对个人、家庭、乡里的危害是禁赌碑的重要内容之一。"天下之丧德危身者,莫甚于赌博;天下之倾家荡产者,尤莫速于赌博。一入其中,如沉迷海,将不知所向矣"②"赌博之害,坏人心术,破人生产,有赌博之处,匪人必多,犯者加等治罪"③,而窝赌者"先则放稍抽头,狐群取乐;后则奸妻占媳,狗党争风"④,败坏乡里,容易引发刑事犯罪,"日则开场聚赌,夜间各处行窃。"⑤"一人赌博,则百业俱废。赌博盗贼之源,荡家之由"⑥。可见,乡规民约对赌博的态度是坚决抵制,这不仅符合封建专制国家稳固地方的需要,也维护了乡村社会的安定团结。

2. 违禁罚则

乡村社会禁赌常以结社方式进行。结社禁赌的民间性比较强,因为禁长本身就是村社的常住居民,与村社其他居民朝夕相处,通常情况下,乡村社会的社会关系十分密切,因此在惩罚违禁者时并不像封建国法那样生硬,但更具智慧。通常以罚钱、罚戏、罚酒等经济惩罚为主,如"招场窝赌者罚钱四千文"⑦"招场窝赌,罚钱二千文"⑧"嗣后无论新春会期,红白酒事,不准牌赌。倘有违纪,罚戏一台,酒三席。罪重者在罚钱充公"⑨。陕西示禁碑中的罚戏内容详见表3-1。

---

① 《钦定大清会典事例》卷三九九。
② 《双丰桥禁赌制则条规碑》,见张沛《安康碑石》,三秦出版社,1991年,第177-186页。
③ 《禁令碑》,见李启良等《安康碑版钩沉》,陕西人民出版社,1998年,第260-261页。
④ 《双丰桥禁赌制则条规碑》,见张沛《安康碑石》,三秦出版社,1991年,第177-186页。
⑤ 《禁赌碑》,见李启良等《安康碑版钩沉》,陕西人民出版社,1998年,第256页。
⑥ 《禁赌碑》,见宋文富《宁强县志》,陕西师范大学出版社,1995年,第689页。
⑦ 《合村乡约公直同议禁条碑》,见张进忠《澄城碑石》,三秦出版社,2000年,第174页。
⑧ 《合村公议禁条碑》,见张进忠《澄城碑石》,三秦出版社,2000年,第166-167页。
⑨ 《严禁赌博碑》,见李启良等《安康碑版钩沉》,陕西人民出版社,1998年,第231页。

表 3-1　清代陕西示禁碑所见"罚戏"一览表

序号	刻立时间	罚戏内容	出　处
1	嘉庆十二年（1807）	一乡公议，置酒演戏。特示竖碑严禁，永垂不朽	白河县《谨固地方碑》，见《安康碑版钩沉》第 98 页
2	道光元年（1821）	自春至五月底，窖内收水，罚名戏一台	《合村公议禁条碑》，见《澄城碑石》第 167 页
3	道光四年（1824）	是以演戏勒碑，遂行注明，以垂不朽	《严禁窝藏匪类赌博以固地方碑》，见《安康碑石》第 125-126 页
4	道光九年（1829）	自示之后，各自凛悉，仰约甲士庶人等，刻勒碑铭，演戏建立，永垂不朽	镇坪县《严禁牲匪赌窃告示碑》，见《安康碑石》第 140-142 页
5	道光十六年（1836）	吃酒放风者罚戏一台；有与乞人者，罚影戏一台；自春至五月月尽，窖内不许收水，有人犯者，罚戏一台	《合村乡约公直同议禁条碑》，见《澄城碑石》第 174 页
6	道光廿一年（1841）	会同公议，恩禀县主赏准虎头牌张挂场前，并演戏立碑	包家河《严禁匪类以靖地方碑》，见《安康碑版钩沉》第 217-218 页
7	道光廿九年（1849）	每岁秋收，五谷瓜菜成熟之际，有无耻之辈偷窃，被获者，拟其轻重，置酒、罚戏、赔赃、出境。如不遵者，公同送官。捉贼之人赏钱四百文；若知情徇隐者，与贼同罪	《双丰桥禁赌制则条规碑》，见《安康碑石》第 184 页
8	道光三十年（1850）	此地不许砍伐偷窃、放火烧山。倘不遵依，故违犯者，罚戏一台、酒三席，其树木柴草，依然赔价	《铁厂沟禁山碑》，见《安康碑石》第 176-177 页
9	咸丰四年（1854）	乡约公直同议，因为人心不古，风俗偷薄，今阖村人等演名戏一台，以正风俗	《乡约公直同议碑》，见《澄城碑石》第 187 页

序号	刻立时间	罚戏内容	出　处
10	光绪七年 （1881）	嗣后无论新春会期，红白酒事，不准牌赌。倘有违纪，罚戏一台，酒三席	东镇乡《严禁赌博碑》，见《安康碑版钩沉》第 231 页
11	宣统元年 （1909）	嗣后如有放火烧山，一被拿获或被查出，拿者赏工钱八百文，所烧漆树，凭人点数，大树一株赔钱八百文，小者赔钱四百文，罚戏一本，公所示众	《洋溪河不准烧山砍伐漆树碑》，见《安康碑石》第 356-357 页

注：表中 11 例罚戏并不全是针对违禁赌博，公列一表，旨在说明罚戏是乡村社会对违犯乡规民约者进行惩罚的一项常用措施。

需要强调的是，罚戏是违规惩处的有效手段，是责罚违规者出资约请戏班为村民演戏，实际上是一种变相的经济惩罚。一般持续三天，在重要节日期间演戏。对违禁者而言，出资演戏的费用是一笔沉重的经济负担。在普遍收入微薄的乡村社会，这笔钱无疑会使当事人有切肤之痛，无形中会促使其痛定思痛，痛改前非，不再重犯。另外，演戏时，十里八乡之人都会来看戏，罚戏信息也会在亲朋故旧中传播开来，这对当事人的形象也会产生巨大冲击，在熟人社会里，这无疑是灭顶之灾，迫于舆论压力，要想挽回颜面，违规者也不得不禁断恶习，同时也对其他乡民起到潜移默化的宣传教育、警示告诫作用。罚戏措施，将乡约、禁长等禁赌执法者与违禁者之间的紧张关系，转化为以个人名义而举行的整个乡村社会的集体狂欢，既惩处了违规者，又教育了民众；既稳定了社会秩序，又缓解了社会矛盾，因此，违禁罚戏是乡村社会自我治理智慧的集中体现，对良好社会风气的培育具有积极作用。

罚钱、罚戏等这些措施也旨在将不稳定因素限制在村社范围之内，矛盾自我消化，危机自行化解，不使危害扩大，贻害一方。不到万不得已，不会付诸公权力。值得注意的是，一般而言，在每项禁条末尾都有一句附加条款，即"不遵处罚者，公同送官"。这表明了禁赌条款的乡规民约性质，不具备国法的最高权威，若刁顽之徒不遵规约，还得交送官府以法惩治。

3. 合村公议

禁赌属于禁止性乡规民约。只有村民们对乡约要求的行为底线达成共识，明确通晓，才能自觉遵守。笔者调查发现，清代安康地区的禁赌碑中常常有"合

第三章　禁赌碑与乡规民约——以清代陕西安康地区为中心

村公议""公同详议"等明确字样，这表明，禁赌碑实际上是村民们共同认可、共同订立、共同遵守的永久契约，在禁条中表明了村民的权利与义务，还制定了对违禁者的罚则，不仅从形式上可以看作一个独立的法律文本，而且内容相对完整，具有可操作性。此合同文本被刻石立碑，以示永禁，立于庙前、村头常见之处，时时警示众人。"合村公议"情况下订立的民约，对村民的约束和乡村社会公共秩序的维护起到了介乎封建国法和宗族族规之间的作用。

二、约条与罚则：典型禁赌碑举隅

《双丰桥禁赌制则条规碑》，道光三十年(1850)立石，现存岚皋县孟石岭镇双桥村的四郎庙内。

建桥刊碑禁赌条规开列于后：

一议，赌博乃朝廷首禁，如斗鸡坑、蟋蟀盆、鹌鹑圈、盒子宝、弹钱宝、纸牌、骨牌、掷骰、摇摊，此皆赌具。我境四民，能守分安常即为良民；若犯赌博，国法难容。轻则杖枷，重则徒流，况南山一带，罪加一等，可不慎之戒之。

一议，绅士、粮当、花户、铺户，昔日家藏赌具者，从今父戒其子，兄戒其弟，皆要弃毁。如隐匿不毁，一经发觉，上户罚钱百廿串，中户罚钱八十串，下户罚钱四十串，以作本境桥梁、道路之费。不遵处罚者，公同送官。

一议，为父兄者，欲禁子弟之赌博，必先正己，痛改前非。自议之后，如父兄犯赌，照子弟犯赌更加一等，凭公处罚。不遵者，亦公同送官。

一议，士农工商、庵观寺院、饭铺宿店，各有本业。不许游手好闲，招留外来匪棍，引诱良家子弟赌博，其种种情弊，难以屈指。如不安分守己，招留外来者，一经查获，匪徒、招主一并扭拿送官，请法惩治，以警将来，决不徇隐。

一议，境内无论冠婚丧祭、汤饼寿旦、新年旧节，以及因故守夜者，俱不准抹牌压宝，或瞒人偷赌，或恃势纵赌，均属不法。有人拿得赌具经公者，赏钱四串，知明乡保首士，即刻指名禀官。挟隙无赌具者不理。

一议，绅士、粮当、佃户有等，不仗大义，引诱主东之子孙抹牌压宝，阳以为戏，阴则当真。及遭输后，即变脸要钱。年幼无知，或偷钱谷赔偿，或立借据负欠，此等佃户，较窝赌匪徒尤为可憾。稽查明有据，公同送官，绝不姑容。

一议，凡我同盟之人，乡间冠婚丧祭、汤饼寿旦，不能亲身贺吊，必着子孙代往，总有一二户老在场。无论谁家子孙，遇有抹牌压宝者，即直言斥责，如不受教，依然同赌不散，即将某子孙及同赌之人，一并送公处治。

一议，子弟犯赌，无论开宝、压宝、抹牌、掷骰及输钱多寡，俱要送至公所，同众公议，理宜送官即送官惩治；如理不宜送官，即仰伊父兄同众面杖。所杖之数，亦准罪之轻重。杖后书立"永不敢赌"字样。

一议，向来差役承票来境，见词讼内弄钱不多，遂倚官势，勉托相好，放稍抽头，以图肥己，致滥地方。嗣后有差役承票来境，不准赌博。如倚官硬赌，不遵乡议者，即将差役、窝家以及同赌之人，一并送案惩治。

一议，境内之人有等，痛惜银钱，溺爱子孙者，纵然犯赌，糊涂了事。故子孙胆大而赌风日炽。自此捐资立会，无论谁家子孙赌博，查有实据，即公同送官。所用之费，亦出公项，不得专靠犯赌之家。

以上赌博规条，我等合乡人等，务须照议遵行，毋得故犯。若能痛绝，岂不习成上古醇(淳)厚雅化之风，老安少怀之仁境矣。[①]

此禁赌碑陈列十项规条，每项详细具体。第一条，开宗明义，"赌博乃朝廷首禁"，说明赌博国法难容。然后对何谓赌具进行了明确界定，南山一带犯赌罪加一等。第二条，对家中有赌具的要即刻毁弃，如有藏匿，一旦发觉，按户等罚钱。第三条，一家之中，父兄要给子弟做禁赌表率。若父兄犯赌，罪加一等。第四条，各有本业之民不得招留、引诱良家子弟赌博。第五条，不得借时令年节为由赌博。第六条，佃户不得引诱主东子弟赌博。第七条，婚丧期间不得借机赌博。第八条，子弟犯赌，酌情公议，但杖责难免。第九条，差役不得不遵乡议，倚官硬赌。第十条，各项禁赌之费由会社支出。清代禁赌法令较前代更加完善和细化，对赌具、赌徒、赌场等都有不同的禁止和惩处规定。《双丰桥禁赌制则条规碑》中的这些规条显然是清代禁赌法令在陕西安康地区民间化、乡约化的结果。规条如此细致，从规约设计上讲，已臻于至善。是否能"习成上古醇厚雅化之风，老安少怀之仁境"，关键还得依靠强有力且持之以恒的禁赌实践。

---

① 张沛：《安康碑石》，三秦出版社，1991年，第180-182页。

三、禁赌碑所见安康地区乡规民约的特点

1. 乡保、首士等村社领袖是乡规民约的执法者

乡保是乡村社会中公权力的代表，首士是禁赌会等民间组织的带头人，他们在基层社会日常治理过程中发挥着一定的积极作用，他们对赌博的查处具有一定的权威性。清代乡村社会中，"村社领袖是禁赌活动的主导者，包括社首、维首、纠首、经理人、香首、乡约、甲长、地保等"①。此外，具有官方性质的禁赌代理人还有牌头。如"无耻之徒，倘诱良民子弟赌钱者，牌头查明以报乡保"②。清代保甲制规定，每十户为一牌，设长一人，称为牌长、十家长或牌头。十牌为一甲，十甲为一保。牌头对十户子弟赌博之情先得核实，然后报给乡约、保正处理。

牌头、乡约、甲长、保正具有官方性质，对乡村禁赌负有稽查之责、执法之权。"间有强梁之徒及无知之辈。犯此禁条，一经人见，即时告知乡约、公直，按条同罚，一半存公，一半为谢。倘或强梁不遵规，或抗拒不出钱，乡约公直即禀官究治"③。而禁长则完全是普通乡民，代表乡规民约对赌博的抵制态度。实际上，县级官府颁示的各种告示、禁条都需仰仗这些基层执事者。就禁赌而言，官方禁令本土化、民间化为村民常见易行的乡规民约，再由民选的禁长具体执行，无形中缓和了官民的对立，更为有效，也更加有利于基层社会的安宁与稳定。

2. 捐资立会是村民自治的体现

禁赌会社是稽查赌博活动的民间自治组织，由乡民捐资成立，遇有与赌博相关的费用，从会社基金中支出。如上文《双丰桥禁赌制则条规碑》所示："自此捐资立会，无论谁家子孙赌博，查有实据，即公同送官。所用之费，亦出公项，不得专靠犯赌之家"。一般而言，禁赌会社以村为单位，设禁长或禁首若干，从乡民中选择精干公正者充任，专司监督赌博之责。如光绪七年安康东镇乡狮子坪村《严禁赌博碑》，是由"乡正王尚才、邹守正；团总

---

① 朱文广：《清代禁赌活动中的乡村自治》，《华南农业大学学报》2014 年第 4 期，第 149 页。

② 张沛：《安康碑石》，三秦出版社，1991 年，第 255-256 页；又见李启良等：《安康碑版钩沉》，陕西人民出版社，1998 年，第 230-231 页。

③ 《合村公议禁条碑》，见张进忠《澄城碑石》，三秦出版社，2000 年，第 166-167 页。

王善芳；禁长罗祥学、陈锦坤"①等人与乡民共同刻立的。专门委派罗祥学和陈锦坤两人作为禁长，监督该村禁赌事宜。禁长，有时也称禁首。如道光九年镇坪县《严禁牲匪赌窃告示碑》："乡约闺占魁，禁首关朝榜、何绍学、杨祖文纠合众姓人等，遵颁示禁，群姓沾恩"。

3. 差役须遵乡议

在乡村社会日常运行中，当政令与民约冲突时，民约的地位高于政令。差役若赌博或抽头，必须送官惩治。"向来差役承票来境，见词讼内弄钱不多，遂倚官势，勉托相好，放稍抽头，以图肥己，致滥地方。嗣后有差役承票来境，不准赌博，如倚官硬赌，不遵乡议者，即将差役、窝家以及同赌之人，一并送案惩治。"差役是代表公权力的具体执行者，他们在乡办案时，也必须遵守"乡议"，这说明在法律实践中，乡规民约比国家律令更加符合乡情，在乡村自治过程中也更具效力。

4. 发动乡民告赌抓赌

在禁赌实践中，发动群众监督也是惯用的手段。为鼓励村民举报、抓赌，有些禁赌碑也设立奖励条款。前引《黑油沟公议禁碑》中称："白日查获，赏钱四百，黑夜拿获，赏钱八百。送信者赏钱四百，决不食言。"此外，乡民告赌抓赌，申领赏钱时，必须知会乡保，并且要以拿获赌具为准，不得挟私报复。如上引《双丰桥禁赌制则条规碑》所见："有人拿得赌具经公者，赏钱四串，知明乡保首士，即刻指名禀官。挟隙无赌具者不理。"既鼓励告发，又防范诬告，可见禁赌碑在条规设计上的思考是比较全面妥当的。

四、清代安康地区赌博屡禁不止的原因

已故著名历史学家常金仓先生在谈到 21 世纪历史学科如何实现其科学性和价值性时说："历史学要想更好地为社会服务，必须把它的重心从关注事件的细节过程转向关注历史现象上来。"接着他提出了现象史学方法："现象史学首先要从复杂的历史事件中识别和确定一些相对稳定的历史现象，进而通过现象的分解发现构成现象的各因素的关系，最后在对现象多次分解的

---

① 李启良、李厚之、张会鉴、杨克：《安康碑版钩沉》，陕西人民出版社，1998 年，第231 页。

基础上概括出一些规律来，像自然科学那样靠发现规律指导现实生活。"①常先生一生创见颇多，以此论称著于学界。按图索骥，毫无疑问，赌博现象可以被看作是人类历史上一种重要的文化现象了。

1. 赌博形成的四因素

现象史学告诉我们，任何历史现象的发生都是由多种社会因素综合促成的。历史学家的目的就是确定历史现象的构成因素，并揭示出因素间相互作用的内在机理，为决策者制定应对措施提供借鉴。决策者通过调整不利因素以遏制不符合文明进步的文化现象的发生，扶植有利因素以促成符合文明进步的文化现象的产生。

纵观人类历史上形形色色的赌博现象，我们可以发现，一般而言，导致赌博现象不断产生主要有四大基本因素：赌徒（赌博的主体）、赌注（赌博的客体）、赌具（赌博的工具和使用工具的操作系统），当然，聚众赌博还必须有一定的场所，即赌场。因此，所谓赌博就是众赌徒之间在某处以一定财物为赌注，利用某种共同约定的工具和规则来确定输赢的活动。

四大因素之间是相互制约、互相影响、缺一不可的。毫无疑问，赌徒是赌博现象发生的决定因素。赌博主体的心理特征、性别和年龄差异直接影响着赌博现象发生的频率和规模。这决定着禁赌活动的着力点是赌徒。赌注是诱发赌博现象的核心刺激因素。赌注通常表现为一定数量的货币或者实物。此外，赌博活动中必不可少的工具就是赌具。作为辅助因素，它的难易程度和新奇程度是吸纳新的参赌者进行赌博的关键。参赌者的人数、特性、心理影响赌注大小和类别，赌注的多少是刺激赌徒不断参与或退出的物质因素。再次，赌场的出现对赌博规模的扩大起到了推波助澜的作用，它的存在是吸引赌徒不断参赌的诱导因素。赌场对所在地的乡俗民风、社会治安甚至地方稳定都会产生严重威胁，历来为官民所深恶痛绝。因此有清一代，官方将赌博列为朝廷首禁。在赌博合法化之前，各级各类的赌场时隐时现，无处不在。有赌徒的地方就有赌场。这给禁赌带来了巨大挑战。最后，在赌博现象中，如果说赌徒是人的因素、内在决定因素的话，那么赌注、赌具、赌场则可以看作是物的因素、外在诱发因素。内在因素通过外在因素起作用，外在因素依赖内在因素而存在。二者互为因果，不可分割。割裂四因素中任何一个都

---

① 常金仓：《论现象史学》，《宝鸡文理学院学报》2001 年第 3 期，第 60 页。

会遏制赌博现象的产生。割裂、限制因素的数量与赌博现象发生的概率成反比。割裂因素越多，赌博越不易发生。

通过以上分析，我们可以得出结论：禁赌其实就是采取一切有效措施限制或消除赌徒、赌注、赌具、赌场四要素的聚合，割裂它们之间的联系。有了这些认识后，我们再来考察清代陕西安康地区乡村赌博现象和禁赌活动。

2. 禁条中针对赌博四要素的规定

从示禁碑来看，陕西乡村禁赌活动中，大多数乡村主要针对的是参赌、招赌、窝赌的人。禁条详细具体，态度坚决明确。针对赌场的禁断次之。对赌具、赌资这两个重要因素，禁赌碑提及较少。这导致禁赌时不能多管齐下，多措并举。这也许是赌博屡禁不止的关键。

第一，针对赌徒的禁条。

禁赌碑中将可能赌博之人进行了详细分类，或为士农工商，或为地主佃户，或为父兄子弟，或为差役公人。类别不同，规定也不同。父兄犯赌，罪加一等。"为父兄者，欲禁子弟之赌博，必先正己，痛改前非。自议之后，如父兄犯赌，照子弟犯赌更加一等，凭公处罚。"子弟犯赌，以教化为主，但杖责难免。"子弟犯赌，无论开宝、压宝、抹牌、掷骰及输钱多寡，俱要送至公所，同众公议，理宜送官即送官惩治；如理不宜送官，即仰伊父兄同众面杖。所杖之数，亦准罪之轻重。杖后书立'永不敢赌'字样。"（《双丰桥禁赌制则条规碑》）

对绅士、粮户、佃户等诱人赌博，送官法办，决不姑容。"绅士、粮户、佃户有等，不仗大义，引诱主东之子孙抹牌压宝，阳以为戏，阴则当真，及遭输后，即变脸要钱。年幼无知，或偷钱谷赔偿，或立借据负欠，此等佃户，较窝赌匪徒尤为可憾。稽查明有据，公同送官，决不姑容。"（《双丰桥禁赌制则条规碑》）

第二，针对赌场的禁条。

对各有本业，提供赌博场所，招留赌博者，碑文中措辞严厉，绝不徇情。"士农工商、庵观寺院、饭铺宿店，各有本业，不许游手好闲，招留外来匪棍，引诱良家子弟赌博，其种种情弊，难以屈指。如不安分守己，招留外来者，一经查获，匪徒、招主一并扭拿送官，请法惩治，以警将来，决不徇隐。"（《双丰桥禁赌制则条规碑》）

道光四年平利县丰口坝《严禁窝藏匪类赌博以固地方碑》："窝藏匪类赌博，议将地主、招主一同禀案。"①

道光九年镇坪县《严禁牲匪赌窃告示碑》："禁店户外来人等，一宿两餐，毋得久站窝赌，引诱良愚，滋生祸端。"②

道光二十一年安康县包家河《严禁匪类以靖地方碑》："铺店不许招留外来匪棍，窝藏赌博，查出捆绑送官。"③

第三，针对赌具的禁条。

"若不严禁赌具，究不能除赌博之源"。根据目前所见的禁赌碑，仅有一件针对赌具示禁，即《双丰桥禁赌制则条规碑》。碑文第一条先界定哪些是赌具："斗鸡坑、蟋蟀盆、鹌鹑圈、盒子宝、弹钱宝、纸牌、骨牌、掷骰、摇摊，此皆赌具"。④这为禁赌、举报、抓赌活动提供了依据。乡规要求家家户户自查家中赌具，自行丢弃毁坏，若隐匿不毁，被人发现，依据户等高低罚钱不等，充作乡村公费，用来修路建桥。"绅士、粮当、花户、铺户，昔日家藏赌具者，从今父戒其子，兄戒其弟，皆要弃毁。如隐匿不毁，一经发觉，上户罚钱百廿串，中户罚钱八十串，下户罚钱四十串，以作本境桥梁、道路之费。"⑤

小　结

勒石示禁、演戏立碑是清代陕西乡村社会自我教育、自我治理的基本方式和智慧方式。示禁碑是乡规民约固化的结果，它在社会治理过程中是以习惯法的形式执行着部分封建国法的职能。示禁碑中的禁赌内容不仅体现着乡村基层社会对赌博恶习的深刻认识和抵制态度，而且表明了村社主动移风易俗的努力和能力。禁赌活动中，村民结社禁赌，设立禁长、公直负责日常稽查。通过经济惩罚惩戒违禁犯赌者。此外还强调要制止重要节庆活动中的赌

---

① 张沛：《安康碑石》，三秦出版社，1991年，第125-126页。
② 张沛：《安康碑石》，三秦出版社，1991年，第140-142页。
③ 李启良、李厚之、张会鉴、杨克：《安康碑版钩沉》，陕西人民出版社，1998年，第217-218页。
④ ⑤《双丰桥禁赌制则条规碑》，见张沛《安康碑石》，三秦出版社，1991年，第177-186页。

博。这些举措对稳定乡村社会秩序有多大效果，受资料限制，不可妄下断语。但是，以现象史学的分析方法来看，赌博现象是由赌徒、赌具、赌注、赌场四个因素聚合而成，禁赌碑的规定也罢，禁赌举措也罢，无非就是要限制四因素的聚合。清代陕西乡村禁赌是否有效，先撇开禁赌过程中执行力度不论，单就示禁碑条款而言，首先，安康地区大多数禁赌碑主要针对的是赌徒，而针对赌具、赌注、赌场三个因素的条款太少。诚然，赌博活动中，人是最核心的因素，起决定作用，但对其他三个外在的诱发因素不可轻视，更不能忽视。禁赌要想有效，必须针对四因素内外兼治，多管齐下，多措并举。此外，还有些禁赌碑没有明确的犯禁罚则，只是泛泛而谈"送官究责，决不姑息"，虽有震慑力，但并无操作性，因此在惩罚时没有成文依据，只能公议，熟人社会里，公议的结果只能是不了了之，因此赌博屡禁不止。

禁赌不是一个认识问题，而是一个实践问题。因此，像宁羌知州钱鹤年那种动之以情，晓之以理①的方式痛陈赌博之害的做法，对民众加深对赌博危害的认识是有益的，但对限制、禁止赌博发生，收效有限。纵观清代安康地区百余年的禁赌历史，我们可以发现，因地处川、陕、鄂的接合部，嘉道中衰后，洵阳、白河、岚皋、镇坪等地不断有流民迁入。流动人口增多，使当地社会治安堪忧。"外来匪棍"被看作扰乱正常社会秩序的不利因素。为维护村社内部的安定和谐，自发的村社组织用乡规民约来实现自我管理。规约中不仅有事后惩处，也有事前预防。禁赌碑承载着这些村民自治措施的详细信息，它为我们了解民间禁赌的种种努力提供了可能。

---

① "承受祖业者，宜思祖父艰辛；自己起家者，宜思来处不易；至肩挑背负庸工度活之辈，更当思所赚钱文，皆自淌汗滴血而来，切毋赌博。"道光四年八月南郑县元坝乡《禁赌碑》，载宋文富《宁强县志》，陕西师范大学出版社，1995年，第689页。

津渡与清代陕西乡村社会治理

在对中国传统乡村社会的研究中，从国家与社会的视角展开讨论形成了近年来中国史学界的一股潮流。而研究明清时期基层政权和民间组织对乡里社会的控制与管理，无论在南方还是北方，都是这股潮流中非常受关注的环节。宗族势力与社会秩序、政治权利与民间权威、行政治理与乡村自治等几个方面，成为了研究热点，成果斐然。大致可以将这些研究的视角细分为三类：

其一，自上而下的国家立场，认为乡村社会完全处在国家政治权力的掌控和支配之下。

其二，自下而上的基层视角，认为乡绅、宗族、家族等社会力量是乡村社会控制权的实际拥有者。

其三，双向互动的视角。社会力量与政治权力二者并不完全冲突，是相互利用、互相合作的关系，共同维护着乡村的社会秩序。

吴琦先生在总结明清时期区域社会研究的不足时认为，在地方教育、宗教活动、慈善事业、桥梁津渡等公共事务领域中，国家介入较少，地方力量参与更多，并且表现出很大的能动性和自主性。[①]那么，这种自主性和能动性在陕西义渡实践中又是如何体现的？陕西存留着为数不少的义渡碑刻，本章试图通过解读这些碑刻，再结合方志等地方文献，讨论地方力量在地方社会的作为和影响，进而探究国家不介入地方公共事务建设的原因。

"津，济渡处也。"所谓"津渡"即搭乘渡船的渡口，是民间或地方官府为越过江河湖泊阻隔，抵达对岸而设置的交通处所及便民设施。"渡

---

① 吴琦：《明清地方力量与地方社会》，中国社会科学出版社，2009年，序言第1页。

则有官渡、私渡、义渡之称。"①此三者依据兴建主体不同，可分为官渡和民渡两类，民渡中依据是否以营利为目的又可分为私渡与义渡两类。私渡是以营利为目的，由民间自备渡船，以济渡行旅并向过河人收取渡资的渡口。"由私家制造船只，渡送来往生人，大都索资补助工食。"②义渡是明清时期由民间善士捐资置船、雇请船夫并出资维护运行的免费公益渡口。"凡义渡不取渡者之赀"③。官渡与义渡的区别明显："津要之所，地方有司造船以济往来，曰官渡；自里中好善者为之，曰义渡。"④民国时期有些地方将收取象征性渡资的渡口也称为义渡。如贵州开阳县，"其共同捐田备船，雇工而渡人仅收备值三之一者即为义渡。"⑤义渡概念的核心是凸显"义"。义者，宜也。凡合乎正义或公益的即为义。因此，义渡概念有两层含义：其一，义渡是一种"善举""义行"，渡人过河不取或少取费用，属于公益范畴，设义渡与捐资设立会馆、办学、修路、建桥、兴水利等一样，是增进社会公共利益的利他行为；其二，义渡与"私渡"相对，是地方民众共同捐建服务公众的，属于公共范畴，因此又称"公渡"。

在实际运行过程中，具体到各个渡口而言，渡口所属类别时有转化。比如，清嘉庆时，湖南慈利县的"永安渡，旧系官渡，今设义渡"⑥。一般而

---

① (民国)吕耀钤纂修：《南田县志》，民国十九年铅印本，叶 27b。已有义渡研究主要集中在明清南方地区，其中比较重要的论文有：张艳芳《明代渡口述略》，《中国地方志》2008 年第 3 期，第 51-59 页；吴琦《清代湖北津渡及其运营管理》，《江汉论坛》2008 年第 1 期，第 83-89 页；常建荣《明清海南的桥梁与津渡研究》，暨南大学 2011 年硕士学位论文；杨文华《清代四川津渡地理研究》，西南大学 2013 年硕士学位论文；杨文华《清代四川民间义渡的社会功能整合》，《求索》2016 年第 7 期，第 65-70 页。论及陕西义渡者有：孙丽娟《从碑刻资料解读清代汉水流域陕西段民间水运秩序》，《陕西理工学院学报》2006 年第 3 期，第 39-43 页；刘峰《陕南交通碑刻研究》，西北师范大学大学 2014 年硕士学位论文。

② (民国)钟景贤纂：《开阳县志稿13卷》第七章《建设·义渡》，民国二十九年铅印本，叶 26a。

③ (清)方旭修，张礼杰纂：《蓬州志·纪川篇第三》，清光绪二十三年刻本，叶 6b。

④ (清)高佐亭纂：《(同治)崇阳县志》卷二《建置·津梁》，《中国地方志集成·湖北府县志辑》，凤凰出版社，2001 年，第 97 页。

⑤ (民国)钟景贤纂：《开阳县志稿13卷》第七章《建设·义渡》，民国二十九年铅印本，叶 27b。

⑥ (清)李约修，皇甫如森纂：《重修慈利县志》卷二《建置志》"津梁"条，清嘉庆二十二年刻本。

言，官渡和义渡都是非营利性的，都是免费济渡来往行人的，因此，永安渡才有可能由原来的官渡改为义渡。

第一节　清代陕西津渡的设置

一、津渡的设置及其动因

陕西的地理状况是津渡设置的主要考虑因素。总体而言，陕西地势特点是南北高，中间低。北山和秦岭将整个陕西分成三大自然区域：北部是黄土高原，中部是关中平原，南部为秦巴山地。陕北高原的峁梁沟壑纵横，较大河流都注入黄河与渭河。秦巴山地的地形特征为两山加一川，安康盆地和汉中盆地分别处于秦岭与巴山之间的东西两部。秦岭南坡的山势相对平缓，南坡诸多河流源远流长，深处峡谷之中。大巴山北侧众多河流最终注入汉江，上游都是峡谷深涧，中下游开阔迂回，形成许多山间小"坝子"，坝子中村庄、市镇集中。

陕西水系虽不及南方及江南那样江河密布，但也有大小河流上千条。以秦岭为界，可分为黄河和长江两大流域水系。其中流域面积较大的河流有五条，从南至北分别是陕南地区的汉江、关中地区的渭河与泾河、陕北地区的北洛河与无定河。陕西"京邑所居，五方辐辏"，在秦汉至隋唐的古代历史上，无论从政治、军事，还是从经济上观察，陕西有发达的陆路与水路交通网络。因此，为保障水路与陆路交通的互联互通，州县各地都普遍设置津渡。

陕西地形地貌的巨大差异严重制约着各区域桥渡等交通设施的建设。整体而言，陕南地区河湖水系分布较为密集，因此历代津渡设置的数量都远远高于关中和陕北地区。而关中地区渭河、泾河和黄河两岸主要是架桥通行。陕北高原沟壑宽广，既不便架桥，也不适宜于设渡，民间通行十分不便。

津渡以便民出行为主要目的。因此，津渡设置的位置一般选择在居民聚集之处，大多是通衢大道。清代以前，陕西津渡的渡船大都由官方购置，渡夫的工食也由地方官府负责。道光以来，民渡开始盛行。据道光五年八月所立《石泉知县河池口义渡告示碑》记载，客居安康地区石泉县的安徽商人周允吉"窥莲花石乡道路崎岖，捐资修理建造渡河船只，又捐买产业一分（份），以作该渡船水手工食之费，凡往来行人，毋许渡船需索钱文。"① 这种渡人过河，不索钱文的渡口就是义渡。

陕西义渡最早兴起于何时，已无从可考。但清代是陕西义渡数量最多、管理最完善的时期，也是地方志记载最为详尽的时期，更是地方碑刻资料反应最集中的时期。义渡的广泛设置反映了在兴办公益事业上地方官府力量的消退和民间精英力量的崛起。

清代陕西的津渡主要有桥渡与船渡两种形态。所谓桥渡，即是指通过架设桥梁的方式渡河。桥有固定桥、浮桥等种类。船渡则是以船摆渡的方式过河。在重要渡口，常常是涨水季节设船摆渡行旅过河，而在退水季节搭桥以便往来。例如，光绪十二年（1886）时，汉阴县界牌的义渡曾"设船、桥，原为远近往来过渡之便。水涨驾船，有客即渡，水退搭桥，四季不停"。②

二、官渡与义渡

官渡在陕西由来已久。北宋熙宁时撰修的地方志《长安志》记载："横霸官渡在县东南二十五里，入蓝田路"。按语：横霸官渡在唐万年县，明清咸宁县东南二十五里，桥渡并置，桥即霸桥，渡即霸渡，而且置驿。从长安东出通化门，至长乐驿，再至霸桥驿，渡霸水，入蓝田路口，通蓝田驿，东出潼关。可见，在东入蓝田的官道上，横霸官渡是霸水上重要的官方渡口。

明代非常注重桥梁津渡建设。在国家层面，不仅成立专门的国家机构来负责营建与管理，而且通过立法来确保这些交通基本设施的建设。明代工部的都水司是负责桥渡管理的中央机构，规定"凡各处河津合置桥梁者，所在官司起造，若当用渡船去处，须要置造船只佥点水手"③，而地方上则是由基层官府负责对桥渡修建、维护与管理，府、州、县掌印、佐贰官及巡检司巡检都是直接的责任官员。

《大明律》中规定："凡桥梁、道路，府、州、县佐贰官提调于农隙

---

① 《石泉知县池河口义渡告示碑》，见张沛《安康碑石》，三秦出版社，1991年，第130页。

② 《安汉界牌义渡碑》，见张沛《安康碑石》，三秦出版社，1991年，第281页。

③ （明）张卤撰：《皇明制书》兵刑工部通大职掌卷之五《桥道》，北京图书馆古籍珍本丛刊第46册，书目文献出版社，1988年，第234页。

之时，常加点视修理，务要坚完平坦。若损坏失于修理，阻碍经行者，提调官吏主笞三十。若津渡之处，应造桥梁而不造，应置渡船而不置者，笞四十。"①由此可见，建桥设渡是明代基层地方官吏的重要职责之一，这也成为评价一个地方官是否体恤黎民、关心百姓，是否行王政、勤民事的标准之一。因此，明代以来的地方官吏都非常重视地方桥渡建设。一般而言，桥渡载于地方志中的《建置志》，而方志通常都是由地方官主持或亲自编修的。这从明清各地大量存留的有关修桥设渡的碑刻资料中也可得到证明。

不仅如此，明代还将官渡的管理办法载入法典，以成永例。《大明会典》记载，成化七年规定，各处渡船每船设艄夫十名，每州县设老人一名专门管理，"于附近巡司衙门掌之"②。明代自正统以后，社会历史的发展已进入中期，社会经济得到恢复和发展，商品经济空前繁荣。各地主要交通线很多，其中以运河、长江中下游和关洛地区的交通最为重要，过往这些地区的商家众多。因为水运费用低，运量大，安全性高，利润大，因此成为长途贩运的首选运输方式。水运需要沿途提供各种服务，因此也带动沿途各地的城市发展和基础设施建设。成化七年的规定就是在这种背景下生发而来的。每船有十名艄夫，由一老人管理，并由巡司衙门直接掌管，足见地方官府对辖境内官渡的重视。

清袭明制，在重要水运交通线上都设有官渡。清前期民间也有私渡存在。早在康熙年间，陕西已有私渡。据康熙《蒲城县志》记载："通同州、晋城为官渡，而车渡、晋王、常乐、温汤、武堡皆私渡，通澄城、蔡邓为官渡，而永丰则为私渡。"③可知在清前期，官渡与私渡并存，私渡应为数不少。从地方志可以看到，清前期的渡口数量明显少于中后期，而且地区分布不均衡。以乾隆时期为例，地方上的官渡与民渡数量大体相当，汉水流域的渡口明显要多于渭水流域。陕南汉水流域的安康、洵阳、紫阳、白河、石泉、平利等县地处山区，居民出行和生计主要依靠汉江，因此渡口多于关中地区。对比蒲城、安康、洵阳、石泉四县津渡后发现，载于县志中渡口整体数量不多，各县都设有官渡，具体见表4-1。

---

① (明)刘惟谦等撰：《大明律》卷三〇《工律》二"修理桥梁道路"条，影印本。
② (明)李东阳等撰，申时行等修：《大明会典》卷二〇〇《工部》二〇，江苏广陵古籍刻印社，1989年，第1-2页。
③ (明)邓永芳修，李馥蒸纂：《(康熙)蒲城县志》卷一《津渡》，清钞本。

表 4-1　乾隆时期的蒲城、安康、洵阳、石泉四县津渡比较简表

县　别	官渡	民渡	出　　处
蒲城县	2	6	(清)张心镜修、吴泰来纂《蒲城县志》卷四，乾隆四十七年刻本
安康县	5	3	(清)李国麒纂修《(乾隆)兴安府志》卷五，道光二十八年刻本
洵阳县	7		(清)李国麒纂修《(乾隆)兴安府志》卷五，道光二十八年刻本
石泉县	4	6	(清)李国麒纂修《(乾隆)兴安府志》卷五，道光二十八年刻本

乾隆时期的民渡中大多为"里人设舟，以济往来"的私渡，但义渡已经在陕南出现。比如，洵阳县柳村铺人潘文光，乾隆二十一年(1756)为乡饮众宾，"曾修义渡以利涉"①。洵阳县雍正、乾隆、光绪三朝津渡比较情况见表 4-2。

表 4-2　洵阳县雍正、乾隆、光绪三朝津渡比较情况简表

时　期	总　数	官　渡	民　渡	
			私渡	义渡
清雍正时	8	8	不详	不详
清乾隆时	8	7	不详	1
清光绪时	32	6	17	9

* 资料来源：李宏勋、叶时沨纂修《洵阳县志》，雍正九年抄本；邓梦琴、董诰纂修《(乾隆)洵阳县志》，同治九年增刻本；刘德全、郭炎昌纂修《洵阳县志》，光绪二十八年刻本。

* 资料说明：方志对津渡记载简略，凡设官船的渡口视为官渡，否则视为民渡。但民渡中义渡与私渡有时很难区分，将诸如"里人设舟济往来"的渡口看作私渡；而有明显"义渡"字样或表明捐资者的渡口看作义渡。此表统计渡口数字未必准确，但基本能反映该县渡口从清前期到晚期的变化趋势。

从表中数据来看，雍正到光绪时期，洵阳县津渡变化显著。从总体而言，清晚期渡口总数量有大幅增加，比清前中期有 3 倍的增长。光绪时，官渡数量呈现缓慢减少的趋势，相反，民渡的发展速度很快，很明显超过了官渡。

官渡积弊导致民渡快速发展。道光十八年(1838)洵阳县《两河关建修义渡碑》序中对官渡积弊、官渡改为义渡的原因有深刻认识，为便于分析，兹

---

① (清)刘德全：《洵阳县志》卷一一《人物志·任恤》，《中国方志丛书·华北地方第276 号》(据清光绪三十年刊本影印)，成文出版社有限公司，1969 年，第 370 页。

引相关碑文如下:

　　今洵邑之北两河关者,有一渡焉,地接 江汉 ,界连川楚,虽山径之鄙津,实冰泽之要道。官贵之荣迁出于此焉,置邮之传命出于此焉,商贸之往来出于 此焉 ,不诚西秦之要津也哉。昔年虽有官渡之设,例以冬夏□取河粮,舟子贪其厚利,小民苦于息索。然其为渡也,□利于公而不利于私,便于 近 而 不便于远。凡往来行人,隔岸相呼,怅天涯于咫尺;平沙久 坐 ,等片时于 终朝 。更可甚者,夏雨淋漓,河满浩瀚, 舟 子执舟,任意勒索,而行其□者。感波涛之腾沸,何能□厉□揭,徒致叹于苦艳;望流水之 滋 漫,殊难就浅就 深 ,唯兴嗟于脱辐。是向之设是渡以济人者,而反设 是 渡以阻人也,何渡之足云。①

　　为维护官渡的运营,清政府每年要支出大量的船工费用、船价银和维修费用。到清中后期,渡口主要由地方政府管理,而地方政府财政危机日益严重,此项开支被大幅削减。官渡经常会"年久失坏,因复捐造,而渡工费用无出。故近处有派收河粮之扰,远客有勒诈船钱之苦"②,而舟子的工资也是难题,"若夫松河口船济往来,由来旧矣。但舟子之工资,向收河粮,而乡人之输给,每难支应取欤"③。

　　所谓"取河粮",是指平日过渡不取分文,每年定期由渡工到经常过渡的农户家里募集粮食,充作渡工工资,俗称"打河粮"。两河关渡口以前即是收取河粮的官渡,按成例在冬夏两季打河粮,但"舟子"(即渡工)在收取河粮时,往往"贪其厚利",致使小民"苦于息索"。这是官渡舟子之弊。

　　此外,官渡虽然设置于要津之处,因为经费投入有限,所以渡船数量少,而且位置不够便民,"利于公而不利于私,便于近而不便于远"。这是官渡位置之弊。

　　再有,舟子摆渡过河,往往要等船满才开船,"平沙久坐,等片时于终朝",给行旅造成大量时间延误。这是官渡摆渡管理之弊。

　　最后,"夏雨淋漓,河满浩瀚"时,官渡"舟子执舟,任意勒索"。这

① 张沛:《安康碑石》,三秦出版社,1991 年,第 153-155 页。
② 《汉水河官渡碑记》,见李启良等《安康碑版钩沉》,陕西人民出版社,1998 年,第 285 页。
③ 《松河口义渡碑》,见李启良等《安康碑版钩沉》,陕西人民出版社,1998 年,第 289 页。

是官渡人员管理之弊。

以上四种洵阳县的官渡之弊表明，官渡于民不便，而且成为贪利舟子趁机勒索的工具。这在清中晚期的其他州县也普遍存在。可见，官渡在船夫工钱、渡船维护、人员管理等方面尚缺乏相关的完善制度和监管措施。尤其是清中期以后，清政府面临的内忧外患增多，地方政府的财政危机逐渐加深，严重缺乏用于公共事务建设的费用。每年征收的赋税极少用于义渡之类的公共建设。相比赈灾、兴修水利，义渡既不紧急，又不重要，因此，官渡不受地方政府重视，处在自生自灭状态。与此同时，地方精英力量迅速崛起，他们以增进家乡福利为己任，大力倡导并资助公益事务，洵阳县私渡和义渡在清后期的显著增长即是明证，这也体现着地方士绅寻求乡里权威的努力。

值得一提的是，县志通常是由知县等地方官纂修的，属于官修地方文献，通常不为私渡张目，有意将其略而不述，因此，陕西方志中与私渡相关的史料极其有限。究其原因，或可从私渡发达地区的方志记载中略知一二。据贵州《开阳县志》记载："开阳县境，既属三面环江，故公私渡口，不下百数。除上述义渡外，余皆私渡。由私家制造船只，渡送来往生人，大都索资补助工食。即未索资者，亦于每年春秋雨季，向两岸附近居民，收打河粮，以作工食。因非义渡组织，故略而不叙。"在《开阳县志》的编修者看来，私渡向行旅"索资"或"收河粮"，属营利性组织，并非义渡组织，有违于传统修志的"资治""教化"目的，不能体现旌贤能、嘉善举的作用，因此"略而不叙"。

第二节　清代陕西津渡的构成要素及其运营管理

一、渡口、渡夫与渡产

官渡是官府直接经营的渡口。一般而言，官府在官渡都设有官船和渡夫。渡船和渡夫的数量依渡口位置和重要性设置不等。清代的官渡一般是由当地官府负责修造渡船，挑选渡夫。渡夫，在各地有不同称谓，又叫艄夫、水工、篙工、船夫、水手等，陕西方志中常称其为"舟子"。管理渡船，运送官府公职人员过渡是渡夫的主要职责。渡夫的工食银一般在 1 至 3 两之间。

义渡的渡夫则是由义渡田的收入雇请的，或者是由当地百姓轮流充任。如石泉县里人共同捐置官桥坝十亩土地，用作该县东边池河义渡的养渡田，以地租收入修理船只，并"令耕地者轮流渡济"①，省去雇请渡夫的工食钱。

清代后期，官渡大多废弛，难以为继。百姓出行不得不选择义渡。为维持义渡的长久运营。民间成立义渡会，募捐赡养义渡的不动产，如土地、房屋等。通过不动产借贷生息的方式维持义渡渡船修建、渡夫工食等开销。

二、津渡的运营与管理

在清代，地方官府对官修的主要桥梁和津渡负有建设、维修和管理职责。从治安和交通安全考虑，地方官一般禁止私人设渡，收取渡资。但对义渡持鲜明的支持态度，不仅亲自倡捐，而且对地方精英捐置义渡的善行进行建坊赠匾表彰。这种做法是有法律依据的。

光绪《钦定大清会典事例》规定："凡士民人等，或养恤孤寡，或捐资赡族，助赈荒歉，或捐修公所及道路桥梁，或收瘗尸骨，实与地方有裨益者，八旗由该都统具奏，直省由该督抚具题，均造册送部；其捐银至千两以上，或田粟准值银千两以上者，均请旨建坊，遵照钦定'乐善好施'字样，由地方官给银三十两，听本家自行建坊。若所捐不及千两者，请旨交地方官给匾旌赏，仍给予'乐善好施'字样。如有应行旌表而情愿议叙者，由吏部给与顶戴，礼部毋庸题请。"②

清王朝对这些善举大加褒奖，目的在于敦化风教，将国家意志的触角伸向乡里，实现善治。方志中有许多因捐建义渡得到匾额者。比如，嘉庆时，汉阴厅士民张通泰等因共同捐资置田，收租修补西关月河渡桥，获得地方官赠给的"惠周行旅"匾额。汉阴厅绅士蒋万柏等因共同捐修添水河义渡，获得"利涉同功"匾额。③又道光二十四年，白河县武生柯道强兄弟捐资造船，又置地给工食，设沙沟口义渡，洵阳知县赠给他们"施济流芳""惠洽通津"

---

① （清）李国麒纂修：《（乾隆）兴安府志》卷二六《艺文志》，清道光二十八年刻本，叶30b。

② 光绪《钦定大清会典事例》卷四〇三《礼部·风教》，中华书局，1990年，第498页。

③ （清）钱鹤年修，董诏纂：《（嘉庆）汉阴厅志》卷三，清嘉庆二十三年刻本，叶10b。

两块匾额。[1]又砖坪县新街人娄世金，咸丰时，助军饷。同治时，修杜家坝义渡，施义地，捐义谷。地方官赠其“乐善不倦”，以兹嘉奖。[2]

三、义渡的经费来源

清代无论中央还是地方政府都没有用于桥渡建设和维护的专门经费。因此，清代全国各地为解决津渡的建设、维修资金问题，常常设立专门田地，以田地的收入作为渡口创建、维修和添造渡船的费用，同时渡夫的工食或佣金也是出自于此。田地的可重复性使用，确保了收入的可持续性，从而使得义渡能够长久维持正常运转，方便行旅过渡。

义渡田地主要有官员捐置和绅民捐置两种来源。

第一，官员捐置。

《紫阳县志》记载，任河嘴义渡原有白杨河和西铭河地各一分。光绪间，县令梁、桂二公与城隍庙主持庄道长等捐重资并募捐，“陆续置买龙洞沟田地一分，收租二石六斗，左家沟田地三分，收租共三石四斗。又左家沟田地一分，收租二石。桑树沟地一分，收租一石八斗。”这些田地每年的收租全都用于开支义渡水手的工食钱，并添造新船，“原设渡船一只，至光绪二十年添造渡船一只，每年开支水手工食钱七十二串。夏秋水涨之时，添雇水手二人，另行每日发钱二百文。三年换船一次，每只约费钱五六十串，每年维持费约三四串不等。”[3]在陕西义渡田的置办过程中，官员捐置的比例不多，这与陕西相比于南方水乡泽国而言，义渡数量少有很大关系。

第二，绅民捐置。

清代陕西义渡田大部分主要是由士绅、百姓以及各方共同捐置的。如《兴安府志》记载，石泉县东池河是兴安与汉中间往来的大道，涨水季节，往来行旅常常被河水阻隔，“后里人公置官桥坝旱地十余亩，以地所出修理舟楫”[4]。《汉阴厅志》记载，汉阴涧池铺义渡是士绅与好义者共同捐田

---

① (清)顾騄修，王贤辅纂：《(光绪)白河县志》卷一〇，清光绪十九年刻本，叶 24a。

② (民国)佚名撰：《砖坪县志·人物志》，民国六年铅印本，叶 2b。

③ (民国)杨家驹修，陈振纪纂：《(民国)重修紫阳县志》卷二《桥渡》，民国十四年石印本，叶 26a。

④ (清)李国麒纂修：《(乾隆)兴安府志》卷二六《艺文志》，清道光二十八年刻本，叶 30b。

创设的，"绅士刘光武与子鉴，捐田一石并劝好义者共建船一只，以租入为榜人工食之费"①，为表彰此义举，地方官赠予刘光武父子"仁惠继美"匾额，以兹嘉奖。此外，汉阴百姓"王曲成于乾隆二十八年捐修木梓河义渡，并施水田旱地各一区，以为此处渡船之费，行旅德焉。"②或者是由官员倡议，当地富户、士绅和百姓共同捐钱置地创办义渡。又如《两河关建修义渡碑》记载，"予等爰约仁人，聚处商议，咸愿解囊捐助。奉宪请示，勒石刊名，特造义渡，以济水之不通，更将所捐之金，买置山地，以作义渡久远之费"③。

第三节　清代义渡与陕西地方社会

一、义渡与地方社会群体

按照捐建主体的身份来划分，清代陕西义渡主要有士绅捐修、平民捐修、商人捐修和僧道捐修等四种类型。一般而言，不论是首倡，还是捐资，在义渡的始建、日常维护、长期运作过程中，士绅④阶层都是主力群体。试据方志和碑刻资料将四种陕西义渡捐建主体分述如下。

1. 士绅阶层

为分析地方基层社会各阶层在修建义渡过程中的作用，笔者对清代陕西7府5州50县7厅方志进行了详细梳理，根据粗略统计，制成清代陕西义渡捐建主体一览表（见表4-3）。

---

① （清）钱鹤年修，董诏纂：《（嘉庆）汉阴厅志》卷三，清嘉庆二十三年刻本，叶 10a。
② （清）钱鹤年修，董诏纂：《（嘉庆）汉阴厅志》卷四，清嘉庆二十三年刻本，叶 19b。
③ 张沛：《安康碑石》，三秦出版社，1991 年，第 154 页。
④ 士绅，也称"绅士"，张仲礼先生认为"绅士的地位是通过取得功名、学品、学衔和官职获得的，凡属上述身份者即自然成为绅士集团成员"。他将整个绅士阶层划分为上层和下层两个集团。许多通过初级考试的生员、捐监生以及其他一些有较低功名的人都属于下层集团。上层集团则由学衔较高的以及拥有官职的绅士组成。具体而言，下层绅士包括正途的各类生员和异途的监生和例贡生，上层绅士包括贡生、进士、举人和官吏。有关绅士的详细分类，参见张仲礼著，李荣昌译《中国绅士——关于其在19 世纪中国社会作用的研究》，上海社会科学院出版社，1991 年，第 4-32 页。

表 4-3　清代陕西义渡捐建主体一览表

	士绅捐修	平民捐修	商人捐修	僧道捐修	身份不明
义渡数量	27	10	2	2	2

*资料来源：爱如生中国方志数据库之陕西地方志。

说明：制作此表是为反映地方基层社会中不同群体对义渡的贡献作用。但在民间常常有士绅和平民、里民和僧道共同捐修同一个义渡的情况，为便于统计，以实际贡献大小计入相应人群名下。

据此表可知，显然士绅阶层捐修的义渡在全省义渡总数中所占的比重相当大，已经超过半数，高达 62.8%。具体而言，士绅阶层由以下成员构成：

县令、知州。捐修义渡的士绅阶层中，属上层人物的有知州和县令等州县长官。如紫阳县梁县令和桂县令，光绪年间，两人曾与城隍庙主持庄教礼共同捐重贲并募众善，陆续置买田地，维护任河嘴义渡的正常运转。[①] 任河嘴为汉江与任河交汇处的一个山嘴，是通往县西乃至入川官道的要津，因此光绪时紫阳县令曾捐资设义渡于此，民国时仍在使用。又如陇州知州郑大纶，"乾隆元年，援新例出知陕西陇州。汧河为东西要道，仅有木桥二，春夏雨多，山水骤发，桥尽冲坏，行旅望洋而叹。大纶造四舟，以为义渡，往来遂成坦途。"[②]

一般而言，州县长官、贡生、耆老等士绅上层人物都是地方精英中的骨干，他们通常是地方公益的首倡者和捐资者，实际领导着包括义渡在内的地方社会各项事业。没有他们的支持与参与，地方公益事业是无法展开的，因为他们有权有钱。

监生。同治十二年，紫阳县监生赵起熠捐置义地，"岁收租七石二斗给水手工食，余则留以修补渡船"，用以维护县南义渡"中渡"的运转。[③]

武生、武庠生。如白河县武生柯道强与其弟，"道光二十四年，不惜工

---

① （民国）杨家驹、陈振纪纂修：《重修紫阳县志》卷二《建置志·桥渡》，民国十四年石印本，叶 26a。

② （民国）宋伯鲁、吴廷锡纂修：《续修陕西通志稿》卷六八，民国二十三年铅印本，叶 24a。

③ （民国）杨家驹、陈振纪纂修：《重修紫阳县志》卷二《建置志·桥渡》，民国十四年石印本，叶 26a。

资，同造渡船于洵邑沙沟口，行人称为义渡。"①

绅士。如汉阴厅"添水河义渡，绅士蒋万栢、张彩、刘元超、刘升、张子建、张质恬、罗鸾响、危世兰、谢万起、罗仁响等捐修。通判钱鹤年会同叶府尹世倬建坊，旌曰：利涉同功。"②

把总、巡政厅、耆宾、生员。据清光绪三年《兴安西义渡碑》记载："唯兹西渡，实属要津。划船俟帮，多则难免沉渊之患；渡夫索利，久则每致望洋之悲。隔岸相呼，恨天涯于咫尺；褰裳莫济，嗟日暮于穷途。冉薛翁等，欲成往来行人之便；造舟维梁，抑免水夫逼勒之情。故倡首造船，无非成万世永坚之心也。"③碑后刊刻同治以来西铺经理首士及其中诸监生、把总、巡政厅、耆宾、生员等姓名与捐钱数目。在清代陕南汉江流域，地方官府常常在津要之处设有官渡。但在清后期，官渡不仅数量少，设渡位置"有利于公而不利于私，便于近而不便于远"，而且多有废弛，而私渡"渡夫索利"太甚。在这种情况下，地方乡绅往往出头倡修义渡。兴安州西的义渡即是由地方上威望颇高的薛翁首倡，并由当地士绅群体共同集资建设的。

在陕西地方乡里中，诸如此类普通绅士、监生、武生等下层士绅在捐修义渡时十分踊跃。不仅如此，在建桥修路、兴学设仓、兴修水利等各类有关地方公益事业中，士绅阶层都是最为主要的支持群体。原因很简单，因为所设义渡大都在其居所附近，他们虽是义渡的捐资者，但同时也是义渡的享有者。因此会不遗余力地支持地方公益。再加上这些人深受儒家传统仁义思想影响，为人乐善好施。

2. 平民阶层

据上述"清代陕西义渡捐建主体一览表"可知，在陕西义渡中，普通平民共同出资捐修者所占比重仅次于士绅阶层。他们是乡里社会中人数最多的群体，任何乡里公共事务没有他们的参与都是无法完成的。在清代地方历史文献的书写中，他们常常被称作"某地人""士民某""里人某"，与士绅有着严格的身份区隔。如，洵阳县"高大恒、吴馥诚，俱赵家湾铺人。铺旧无义渡，恒首捐钱二百缗成义举。又于熊耳沟、岩阿沟等渡捐重资。馥诚于

① (清)顾骥修，王贤辅纂：《白河县志》卷一〇，清光绪十九年刻本，叶24b。
② (清)钱鹤年修，董诏纂：《汉阴厅志》卷三，清嘉庆二十三年刻本，叶10a。
③ 张沛：《安康碑石》，三秦出版社，1991年，第264-265页。

义渡亦捐资百缗，至今赖之。"①高大恒、吴馥诚两位能捐钱百缗重资设义渡，表明他们很可能是乡里中的富户。

又如，汉阴厅铁炉坝义渡是由"士民田佩南、闵腾周等率好义者捐修。"②

再如，汉阴厅池河义渡地处"兴汉往来大道，水盛多阻""里人公置官桥坝旱地十余亩，以地所出修理舟楫"，而且派专人进行管理，"令耕地者轮流渡济"，使得"行人无襦袽之患，利济无穷。"③

在地方修建的官渡和义渡通常是水泽之要道，"官贵之荣迁出于此焉，置邮之传命出于此焉，商贸之往来出于此焉"。对于附近居于斯的广大铺民、里人而言，渡口，尤其是义渡不仅是他们往来的交通设施，更是他们赖以生存的重要生活场域，生活必需的物资，与外界的文化、信息交往都必须由此得以出入，甚至在某种程度上影响着乡里百姓的性格和心理。既然义渡对于江河众多的乡里社会如此重要，因此，但凡有人倡议捐修义渡，附近乡民里人大多会纷纷解囊相助，他们也成为受益最大最久的人群。这是百姓捐修义渡的最主要原因。

一般而言，除地方富户豪族外，清代陕西乡里百姓普遍是有田无钱，因此在修义渡时，他们往往不直接捐钱，而是捐田，将所收租课用来补贴造修船只，付给船夫工食。

3. 商人

商贸往来必假舟楫以俭省开支，获取最大利润。因为水运的运量大，运费便宜，安全性高，所以，商人往来兴贩通常是走水路。这必然需要通过或停靠渡口，因此，商人出资捐修义渡，利己利人。

比如，乾隆四十八年(1783)，石泉县南门外沟水上的东渡是商人捐设的，因此在县志里也被称为义渡。④又据道光五年八月所立《徽商周允吉创设池河口义渡碑》记载，安徽歙县商人周允吉曾客居石泉县莲花石，"见池河口河水发时，行客为水所阻，是以居心造一义渡以济行人。兹事于原舟已造，故必须招驾渡者并备渡人之口粮，是于渡头以置山业，耕种而食，其余之粮，

---

① (清)刘德全修，郭焱昌纂：《洵阳县志》卷十一《任恤》，清光绪二十八年刻本，叶 9a。

② (清)钱鹤年修，董诏纂：《汉阴厅志》卷三，清嘉庆二十三年刻本，叶 10b。

③ (民国)宋伯鲁、吴廷锡纂修：《续修陕西通志稿》卷五六，民国二十三年铅印本，叶 14b。

④ (清)舒钧纂修：《石泉县志》卷二《建置志》第二，清道光二十九年刻本，叶 17a。

贮积以备国课、修缉之需，置产造舟。曾凭乡保至案公廷，庶使行客之周知此示，永远之义举也。大清道光五年桂月安徽歙邑允吉号周配芬"。① 时任石泉知县盍钰为旌表商捐义渡，特意撰文勒碑，告示当地，遂有《石泉知县池河口义渡告示碑》。碑文称，周允吉"捐资修理建造渡河船只，又捐买产业一分(份)，以作该渡船水手工食之费"。知县要求石泉乡民"务将该商捐造船只并捐买地内租稞(课)公同经理，付与渡船水手耕种，毋许该水手向往来行人索钱"。②

最后，贸易起家的紫阳县刘天仁也曾不仅捐金置产，维护任河嘴义渡，而且出力经营，使之正常运转多年。③

4. 僧道

传统社会里，在民间公益慈善活动中，常常能见到和尚与道士的身影。他们也是公益桥渡的重要捐修群体。作为出家人，他们一般宅心仁厚，慈悲为怀，是拥有佛法或道行的特殊群体。他们常常以仁爱之心，行济困之举，因而在乡里社会中有一定的宗教影响力，由于他们的倡议和募捐，各项关乎百姓生活的公益事业才得以顺利展开。

据光绪二十六年镇坪县刊立的《龙滩子义渡碑》记载，龙滩子义渡是法号隆学的僧人与其弟及众人捐田设置的。碑文曰："光绪丁酉年春，有僧隆学者，即境之童氏启德翁也。翁性好善，布施无吝色，欣然捐钱壹佰壹拾串，其弟启才，童君行三者，助捐钱式拾串，昆玉合捐钱壹佰叁拾串，买王禄焕五池沟上截山地壹份，订稞(课)陆石，年付梢工伍石作工食费，存稞(课)一石作整修费。契卷书公义渡名号，免后人中废。"④

据县志记载，清代陕西的义渡中，还有道士捐资修建的。例如，紫阳县文昌宫庄道长曾捐修任河嘴义渡。"岁乙未，会本城整顿任河嘴义渡，因经费之不足也，道长捐赀二百缗，襄成善举，以义渡论之，可谓巨款矣。"⑤

---

① 《徽商周允吉创设池河口义渡碑》，见张沛《安康碑石》，三秦出版社，1991年，第132页。

② 张沛：《安康碑石》，三秦出版社，1991年，第131页。

③ (民国)杨家驹修，陈振纪纂：《重修紫阳县志》卷四，民国十四年石印本，叶39a。

④ 张沛：《安康碑石》，三秦出版社，1991年，第332-333页。

⑤ (清)吴纯修，施鸣銮纂：《(道光)紫阳县志》卷八《艺文志》，清光绪八年吴世泽补刻本，叶66a。

除上述四种义渡捐建主体以外，在清代陕西义渡的捐建者中，还有一个特别值得注意的现象：家族世代捐资并运维。光绪时，洵阳县洪氏家族三代捐资义渡，造福乡里。据县志记载："洪在位，两河关人，好施予。关为往来通衢，每河水盛涨，行人苦之。在位倡捐钱六百缗，邀同里谢昌荣、赵国锦共捐钱四百缗，设官渡船，余钱放生息为水手经费。位子忠仁，即息钱置地，租六十余石并街房数区，孙良栋又以赢余添入叶长沟、冷水河各渡。因叶长沟渡经费不敷，栋复置地租数石，以垂永远。洪姓于义渡功德三世，民乐道之。"[1]捐修义渡一次能捐钱六百缗(约六百两白银[2])，并且将善举维持三代而不衰，说明洪氏是当地的豪富之家。为人"好施予"的洪在位，心系两河关百姓渡河之苦，将家乡义渡公益建设视为己任，不仅自己出重资，而且邀请同里富户谢昌荣、赵国锦共同集资"设官渡船"，又将造船余钱放息生利，用以雇请水手，其创建义渡之功，善莫大焉。因此可以说两河关义渡、叶长沟义渡和冷水河义渡都是洪氏家族义渡。以家族名义修建义渡彰显了家族实力，突显了家族在乡里社会的巨大影响力，也成为提升家族凝聚力的一项重要手段。

　　另据光绪本《洵阳县志》记载：洵阳县还有许多地方大族，包括熊耳沟郭文基与郭士书父子、沙沟陈万德与陈道坪父子以及赵家湾赵成英、赵世鳌父子，他们都为人敦厚，乐善好施，经常周恤贫乏，捐修桥渡，因此，乡里称善。以上记载表明，地方大族在晚清时期的崛起，他们或者"力耕起家"，或者"精岐黄术"，虽然不能跻身士绅上层，但在推进家乡福利建设过程中是有重大贡献的，是地方社会不容忽视的仰仗力量。

二、民间组织——义渡会

　　为确保义渡正常运转，妥善管理义田租课收入，清代陕西民间通常都是采用招佃收租的方式来经营管理。具体而言，有以下两种管理方式：

　　一是由捐置人或其后代自行经营管理。如前引洵阳县洪氏家族捐置的两河关义渡即是典型例证。据《洵阳县志》记载，该县两河"关为往来通衢，

---

① (清)刘德全修，郭焱昌纂：《(光绪)洵阳县志》卷十一《任恤》，清光绪二十八年刻本，叶 7a。

② 据《紫阳县志》记载，光绪时，任河嘴义渡三年换船一次，每只新船的造价大约五六十串。以此计算，洪在位一次捐款足够新造渡船 10~12 只。

每河水盛涨，行人苦之。在位倡捐钱六百缗，邀同里谢昌荣、赵国锦共捐钱四百缗，设官渡船，余钱放生息为水手经费。"由于管理有方，到其子洪忠仁时，用其父捐款的利息置地，租课多达"六十余石并街房数区"，到其孙洪良栋时，"又以赢余添入叶长沟、冷水河各渡。因叶长沟渡经费不敷，栋复置地租数石，以垂永远"。①由此例可见，洪氏子孙两代善于管理经营，不仅将洪在位此前的捐款用于两河关渡口的建设，而且还以盈余部分置买田地，再以租课收入添补叶长沟和冷水河各渡口的开支。此外，还为叶长沟义渡专门置地，用以长期运营和维护。

二是由义渡会来管理。义渡会是管理某地义渡的民间组织。它是由某地区的绅户和粮户参与，共同商议自愿成立的组织。主要由首士、会首、水夫、过渡人、巡河人等五类人员构成。旧时民间各种叫作"会"的组织的发起人或主持人也叫会头。

在汉中南郑县，有多个义渡组织存在，称呼不一。如下水渡有船桥会，"汉郡南乡阖会绅士，设理下水渡船桥会，所造冬桥夏船，南通北达，利济行人，历代久远。"该船桥会何时始建已无从可考，道光七年时，"阖会绅士公举会首苏志信、舒振虎经理数年"，至道光十二年，显然该会有所发展，会首增至四位，"公举会首张盛明、李作赟、张洪绪、黄有章，协力同办"②。

南郑县永兴渡也有义渡会负责经营管理。该会是由当地士绅筹办的民间组织。显然，该会之前也订立有会内规则，但因种种原因，以致名不符实。经新任首士与会首等共同修订，重新议定义渡会规则，包括对会内各色人等的具体规定。为强化会规的约束力，该会会首和首士将新修会规向南郑县知县杨楷禀告，并得到知县批示，特立告示碑，晓谕地方，永久遵照，遂有《订立永兴渡规章碑》（碑文详见附录，此处从略）存留，见图 4-1。该碑为研究晚清汉中地区义渡会内部的组织架构、会内人员的职责、会内资金的使用、义渡会与地方官府的关系等一系列问题提供了重要的实物资料。

---

① （清）刘德全修，郭焱昌纂：《（光绪）洵阳县志》卷十一《任恤》，清光绪二十八年刻本，叶 7a。

② 陈显远：《汉中碑石》，三秦出版社，1996 年，第 269-270 页。

图 4-1 永兴义渡碑

　　无独有偶，安康县大同乡新建铺磨沟口也设有义渡会管理摆渡事宜。事见《磨沟口义渡碑》，其碑文曰：

　　且圣治莫难于济众，而阴功莫大于通津。新建铺磨沟口为南北上下要津，向赖沿津首士捐钱权买旧舟，雇人济众。旧舟坏，难补修，首士卖钱数串，复自捐资买船。不足，深赖南山何善士名咸富，施银六两，义举始成。奈舟子往掠喝粮，多以上下有船推辞弗与。复蒙何善士原施坡地一份，麦秋收稞(课)四石余，又虞不足，续施钱一百串，放收利息，经费裕如。首事欲谋久远，席请士民，量力助捐买业。工食岁修既足，长免过渡出钱，阴功莫大于是。惜何善士无燕翼(贻)谋，首事仰其看穿世事，好善乐施，成全义举。兹何善士夫妇年近七旬，康强富寿，已见天之报施。首士相商，节年登堂祝寿，百年后为善士建碑，春秋二祭，经理首士偕渡夫扫墓，古云："有功于民则祀之"，与谄祭莫者迥殊。要必年长不废义渡，永享平安。

　　谨将施约捐资姓名并立条规刊碑不朽云：

　　光绪二十四年三月十九日，善士何咸银、咸富、咸贵、咸满将田地庄房，坐落泉垱坡，东至梁心，南至毛姓地畔，西至大沟心，北至刘姓地畔为界。又高山坡地一份，坐落燕鸡岩，东至大梁心，南至毛姓地畔，西、北俱至张姓地畔为界。一沟两面田地庄房一并内在。随带七□里二甲熟粮五合五勺，同施与渡会为业，收稞(课)完粮，博施济众。户内人等永无异言。立施约为据。□□□施约一张，□约六张，交与首人经理。

　　一议，往来过客，渡夫不得索取分文，春秋二季不得收稞(课)河粮。

　　二议，水涨船高，上下停舟，不渡过客及负贩。送文兵役不得强估渡夫，写具逼渡。若水平浪静，上下摆渡，船夫不得故意迟延。

　　三议，节年补修，首任以公钱费用，面板整齐，点明交与渡夫，不得失遗。若有遗者，罚令渡夫赔补。

　　四议，义渡济公，不宜私用。若隔河耕稼，必与渡夫商议，外给口食工资。就暇时方便，不得当作济公，卡公强估。亦不得私撑，莫轻莫重，致令多费公钱，亦难出账。

　　五议，节年利租公费，定于十月朔日同人算账，底籍注明，开单张贴，以照善与人同，不得独行独断。

　　六议，无论丰欠，每年给予渡夫河粮六石。渡夫认真当事，不得迤荒，否则首人摘船另雇，舟子不得异言。首人亦宜体恤，不得苛待渡夫，务期和众。

七议，夜间不得招留匪类，不得窝赌抽头，倘若犯规，禀官究治，绝不稍宽。

例授修职佐郎吏候铨儒学训导岁贡生贺文耀撰

光绪三十年岁次甲辰黄钟月浣谷旦①

据碑文可知，磨沟口义渡是由当地何氏家族捐钱施地维持长久运转的义渡。"同施与渡会为业"表明，该义渡也是由义渡会负责日常运营的。该义渡会组织人员构成比较简单，主要由经理首人、渡夫两类人组成，人数不详。光绪二十四年至光绪三十年的六七年间，何咸富家族先后捐给义渡会坡地两份及田地庄房，并立有"施约"为据。为表彰何氏乐善好施的义举，义渡会特意立碑并议定该义渡会的摆渡规章七条。这些规章涉及日常摆渡的方方面面，比如规定渡夫不得收取渡资分文，不得收取河粮。涨水时，渡夫不得摆渡过客和商贩货物。又规定官差在投递文书时不得"强估渡夫"。水平浪静时，渡夫不得故意拖延。另外，议定节年修补渡船所需的"公钱费用"由首人交给渡夫具体操办。每年十月朔日，渡会首士、经理首人、渡夫等清算节年的"利租公费"，并知会捐助人账目情况。规定渡夫的河粮是每年六石，不论丰欠。渡夫必须认真敬事，否则首人有权替换。又规定不准招匪、窝赌等。值得注意的是，此碑是由例授修职佐郎吏候铨儒学训导岁贡生贺文耀撰文。可知，磨沟口义渡会的济众义举及议定规约受到了县学官的认可和支持，对其正常运转应有积极作用。

会产是维持义渡会长久运行的物质基础。据《订立永兴渡规章碑》记载："自雍正至民国四年止，总计水田壹百二十八亩，旱地壹百一十九亩二分，沙地二段，地基六段，佃出瓦房十四间，民粮三两四钱，军粮六两七钱九分四厘。"这是近200年间，永兴渡义渡会经营管理的会产总数。有两点值得注意：其一，永兴渡会产分为水田、旱地、沙地、地基、瓦房等五类不动产，而且数目详细，可见，历任首士和会首在任期内对会产收支应有明确记录，是有据可查的；其二，如此种类众多、数量巨大、记录明确的会产是"总计"结果，应不是在同一时段内募捐而得的，这说明，从雍正之初到民国四年，

---

① 李启良、张厚之、张会鉴、杨克：《安康碑版钩沉》，陕西人民出版社，1998年，第294-295页。

永兴渡船桥会用造船建桥的余钱置买田地，不断积累会产。比如在道光二十五年至二十九年间，共购置水田十亩一分，旱地六亩。又获得信士施舍钱五十千文，渡船一只。①义渡会以不动产租借生息的经营管理是成功的，捐助的数量总体上超出支出部分。从此可以看出，当地老百姓持续捐助义渡会，充分说明永兴渡在当地日常生活中的重要性，而义渡会真正成为当地百姓赖以生存的民间组织。

再如《龙滩子义渡碑》记载，僧人隆学等三人共同捐资购买王禄焕五池沟山地壹份，充作义渡费用，而且规定"订稞（课）陆石，年付梢工伍石作工食费，存稞（课）一石作整修费"。该义渡田的契税银被官府免征，"交首士顾世文执掌，以其居近渡处，便经理也"②。首士经理在管理义渡田时，有时与捐资者共同商议拟定义渡条规，约束渡夫。再比如，光绪十二年(1886)汉阴县刊立的《安汉界牌义渡碑》是义渡条规的典型实物资料，碑文对该义渡的捐设经过、管理办法、条规内容都有详细记载，为便于分析，兹引全文如下：

安汉交界之地有渡口焉，名曰界牌，上通汉沔，下达楚荆，为文报往来之途，行旅必由之路，要津也。每值夏则水泛平芜，冬则冰凝刺骨，假无船桥以济之，鲜不至望洋病涉者。溯自我越梅西铺，先君子忧深利济，筹船桥，招舟子，曾捐施坝地叁亩陆分，备渡夫口食。第其费巨资微，究不免募化需索，董事者伤矣，乐输者盖寡。光绪四年春，铺者宾双和晏君好善乐施，捐北山旱田坡地壹分（份），庄房一所，计杂课叁石陆斗，渡渐有资赖焉。然示义本境，均可称一乡之善士，而示义外邑，一国之善士愈足彰矣。即如汉阴厅监生田君国典者，素疏财仗义，广行善事，光绪七年秋，以应试道经斯渡，目睹恻然者久之。及闻晏君风，不禁跃然曰：善哉此举，何先我而为之也。因解囊置捐水田壹分（份），计稻课柒石，房租铜钱五串。由是，斯渡之经费稍裕，船桥有资，即文报行旅往来，可长恃以不阻不惧（误）者何，莫非晏、田二君与先君子之力相与有成也。铺属地瘠民贫，莫襄善举，幸诸君后先慷慨，和衷共济，较溱洧之区区济人，真有间矣。余忝列铺绅，愧无椽笔，赞扬盛美，谨盥手序其巅末，以志不朽云。

---

① 《永兴渡会产田亩碑》，见陈显远《汉中碑石》，三秦出版社，1996年，第279-280页。
② 张沛：《安康碑石》，三秦出版社，1991年，第332-333页。

一、渡设船、桥，原为远近往来 过 渡 之便。水涨驾船，有客即渡，水退搭桥，四季不停。该渡夫不得稍有怠惰耽延，招致众议。

一、渡本济人而设，务择素□□□□□有力者，方寸膺此重任。该首士不得徇私滥招，贻误匪浅。

一、月(河)水性刚，尤不可玩，临 济 □□□每船只载数人，过有牛马，必须另渡，毋得同船拥挤。古云：过渡莫争先。各有性命，各宜□□ 三 思 。

一、该渡经费，今已颇裕，岁 议 付 渡 夫 口食工资稻谷 捌 石 ，向首士等秋收领取，不得私索客钱，强取客物，查出必行更换。

一、该渡船、桥，日久毁坏，报知首士修补。该渡夫务随时加意护惜，不准私借装载。如被水冲没，即照口食工资扣赔，不足另补外，仍必更换渡夫，以昭慎重。

大清光绪十二年岁次丙戌季夏月吉日

安汉首士同立 [①]

这通石碑碑额镌"界牌义渡"四字，主要是为表彰界牌铺耆宾晏双和与监生田国典二人捐田、捐产办义渡的善举而刊立的。碑文由铺绅陈树堂撰写。从碑文来看，界牌因地处安康与汉阴交界之处，"上通汉沔，下达楚荆，为文报往来之途，行旅必由之路，要津也"。因此，以往有前人捐田修义渡，但因为花费大，资助少，终究不免向当地百姓募化需索，负责其事者的积极性大受影响，捐资者也越来越少，义渡难以为继。光绪四年和七年，晏双和与田国典两人捐田，补充义渡经费。正是鉴于前人不善管理的教训，此次再办义渡，专门议定了五项义渡条规。主要是对渡夫的职责进行了明确的规定：首先，渡夫负责在水涨时驾船渡客，在水退时搭桥通过，四季不停。不得迟误摆渡。其次，渡夫责任重大，首士不得徇私滥招，必须选择有责任心、有能力者充任。再次，渡夫口食工资为稻谷八石，由首士给付，不得索要客钱与客物。最后，渡夫还负责日常桥船的管理，不能超载，不得私自租赁渡船装载货物，不能使桥船被水冲毁，如遇到损坏要报知首士修补。特别值得强调的是，义渡条规中还对行客过渡时提出要求，不得在月河玩水，行人不得与牛马同渡。这都是为确保摆渡安全的善意规定。

从义渡管理的角度而言，界牌义渡碑中所列的五项条规是针对渡夫的职

---

① 张沛：《安康碑石》，三秦出版社，1991年，第281-282页。

责要求和行为规范，它被刊刻成石碑，立于义渡岸边，往来行旅和渡夫都能看到，实际上成为一种特殊的乡规民约，专门用以确保摆渡安全及义渡的长久运转。

根据清代其他地区方志的记载可知，界牌应该有类似义渡会之类的组织存在。这从此碑的碑阴刊有多名经理首士的姓名即可推知。它表明界牌义渡由多位经理首士负责管理，他们主要负责义渡会的经费收支。具体而言，比如按时收取佃户佃租，并将每年提取租课的数额及用途记录在册。到光绪十二年立此碑时，经理首士的管理工作已经进行五年有余，趁此立碑之时，将以往支出情况公示出来，因此会在碑阴位置看到相应首士名下每年提取的租课数额。由此也可推知，经理首士等是每年轮流当值的。此外，他们还负责雇请渡夫，负责修补船只等。义渡组织和条规的出现，标志着清代陕西义渡管理更加完善和健全。

从以上论述中，我们可以看到，从一次性捐钱设渡发展到置买田产以图长期维持义渡运行，义渡在经营管理方面走过了漫长的过程。民间义渡组织义渡会的出现，以及带有鲜明自治性质的义渡条规的出台，使得义渡得到有序管理，捐置田地、招佃收租成为义渡长久存在的经济基础。自此，船只修补、渡船添造、渡夫工食都能得到充裕的经费保障，渡夫尽力，经理尽责，行旅甚便。

清代中后期，陕西地方政府的财政危机加剧，地方民生公益事业的建设经费匮乏，导致官渡难以为继，加上私渡船夫"需索太甚，行旅苦之"，而过河渡江、行旅往来的需求并未改变，因此，地方精英力量积极参与家乡建设，促使民间义渡得到快速发展，成为官渡的有益补充。正如梁漱溟的"乡村自治"构想所言："许多事情乡村皆自有办法；许多问题乡村皆自能解决：如乡约、保甲、社仓、社学之类，时或出于执政者之倡导，固地方人自己去作。"[1]捐田置船或捐资设渡后形成的义渡会就具有鲜明的地方公益自治组织的性质，它显然是着眼于解决当地民众的出行需要。因此，清代陕西义渡的交通职能是第一位的。从国家与社会的视角来看，这些地方公益组织的出现，本身就表明国家权力是存在边界的，即所谓"皇权止于县"。这从费孝通先生讨论传统中国皇权与绅权的关系中可以得到启示。

---

[1] 梁漱溟：《在中国从前历史上有无乡村自治？》，《梁漱溟全集》第五卷，山东人民出版社，1992年，第585页。

他认为："一、中国传统政治结构有着中央集权和地方自治的两层。二、中央所做的事是极有限的，地方上的公益不受中央的干涉，由自治团体管理。"①换句话说，像义渡义桥之类乡里公益事业，清王朝国家无暇顾及，地方政府也无力管理，只能由公益设施和服务的受益共同体在地方官的倡导下或善士的自发组织下，捐钱置田兴办，再成立义渡会委托经理首士对义渡经费、渡船和人员进行自我管理。陕西清代后期出现的义渡条规是义渡组织进行制度性治理的结果，它闪烁着义渡可持续发展的自治智慧。反而言之，这是在地方公益事业上官退民进的具体表现，也体现着清代陕西义渡自建、自养、自治的真实状态。

　　（本章内容原载于《中国社会历史评论》第 25 卷，天津古籍出版社，2020 年 12 月，收入本书中略有修改。）

---

① 费孝通：《乡土重建·基层行政的僵化》，《费孝通文集》（第四卷），群言出版社，1999年，第 399—400 页。

利济在兹：船桥会与清代陕南地方社会

在传统乡土生活场域内，桥梁和渡口都是民众出行时必须仰赖的重要交通设施。在山高涧深、江河密布的地区，沿江乡民对桥渡的倚重尤甚。"冬桥夏船"是汉江流域古渡口的普遍形态。冬春两季，水位低落，搭板桥以通南北。夏秋两季，水位高涨，板桥或被拆除，或被冲毁，于是设船渡江。"水涨驾船，有客即渡，水退搭桥，四季不停。"[①]因此，民间将维持清代汉江各重要渡口长久运行的非营利性社会组织称为船桥会或桥船会。一般而言，船桥会设立的目的是筹集建桥置船的财力和人力。与路会修建成会，路成会散不同，船桥会需要持续投入。因此，历史上会有运行几百年的船桥会。船桥会以渡口立会，其管辖下的渡夫摆渡行旅过河，不收渡资，公益性是其区别于营利性私渡的显著特点。此外，运行时间久的船桥会通常都有会规渡规等制度安排，船桥会规的针对条款主要涉及以下四个方面：其一是规定会内田地、房屋等不动产的经营管理；其二是规定首士、会首、渡夫、巡河等人员的选任、职责和酬劳；其三是规定渡船的修造、浮桥的搭建事宜；其四是规定行旅过渡时应遵守的规则。作为民间公益组织，船桥会或类似组织在清代全国各地普遍存在。目前学界对船桥会关注不够，但关于船桥会有许多问题非常重要，亟待研究。比如船桥会的由来、组织结构、运作机制以及长久存在的深刻原因是什么，地方官府和基层个体对船桥会的态度以及介入方式，以船桥会为纽带的"水上交通共同体"

---

① 张沛：《安康碑石》，三秦出版社，1991 年，第 282 页。

是否存在，它对地方文化和精神塑造的意义又是什么，龙王庙、三官庙等民间信仰与船桥会有什么关系等。本章选取清代陕南地区的船桥会为考察个案，试图通过碑刻、方志、契约等民间文献探究基层社会组织对区域社会的作用与意义，期望能勾勒清代陕南社会史的一个面向，并为理解清代其他地域社会史提供参照价值。

第一节　清代陕南船桥会的概况

一、陕南船桥会的历史由来

船桥会经营的渡口均为义渡。陕西义渡①有据可查的历史可追溯至康乾时期。例如，乾隆元年，郑大纶"援新例出知陕西陇州。汧河为东西要道，仅有木桥二，春夏雨多，山水骤发，桥尽冲坏，行旅望洋而叹。大纶造四舟，以为义渡，往来遂成坦途"②。又如，乾隆二十一年（1756），洵阳县乡饮众宾潘文光"曾修义渡以利涉"③。再如，乾隆四十八年（1783），石泉县南门外沟水上的东渡，是商民捐设的，因此在县志里也被称为义渡。④以上记载均源自地方志。实际上，因为深受修志理念和材料取舍原则的左右，地方志编纂者对民间碑刻材料大多重视不够，致使诸如南郑下水渡船桥会这样运转两百多年的基层组织也难以编入县志之中，难以稽考。幸赖民间碑刻之大量存在，如今方能窥探船桥会之一二。

至迟到康熙时期，陕南已有船桥会出现。据南郑县雍正十一年（1733）刊刻的《朱氏经营船桥颂德碑》（以下简称《颂德碑》）记载，早在康熙时，朱氏家族在"汉郡城南二里许"的汉江边搭桥建船，利济行旅，创立船桥会。"自吴逆变乱，舟楫倾覆，利济乏人，而民之病涉者多矣。幸有善人朱讳

---

① 关于义渡的含义、特点以及清代陕西义渡的基本情况，可参见拙作《清代陕西义渡的历史社会学考察》，《中国社会历史评论》第 25 卷，天津古籍出版社，2020 年 12 月。

② （民国）宋伯鲁、吴廷锡纂修：《续修陕西通志稿》卷六八，民国二十三年铅印本，叶24a。

③ （清）李国麒纂修：《(乾隆)兴安府志》卷五《建置志·桥渡》，道光二十八年刻本，叶 10b。

④ （清）舒钧纂修：《石泉县志》卷二《建置志》第二，道光二十九年刻本，叶 17a。

英若，为城隍庙执事之舟，创建桥船会于前，长公子讳之茂者，继其事于后。"①所谓"吴逆变乱"显然是指始自康熙十二年(1673)，持续长达八年之久的吴三桂叛乱。又据县志记载，朱之茂是南郑县归德里人。康熙十七年，为躲避战乱，朱之茂与其父逃入山中，遇到叛军要杀其父。朱之茂涕泣哀求，又不惧叛军以死威胁，最终感动叛军，父子得以生还。此后，朱之茂一生孳孳为善，救助邻里，并经营桥船会几十年。乾隆八年得到旌表。因此，乾隆五十九年(1794)，知县王行俭修《南郑县志》时，将朱之茂事迹收入《人物志》"孝义"目之中。②朱英若父子劫后余生，自然相信多行善举天自佑，因此创建桥船会，以积德行善。时间大约应该在吴三桂叛乱被平息前后，即康熙二十年左右。再据《颂德碑》中"虽材木桥板钱粮，出自众人，而经营创造忧勤，独公(朱之茂)一人"的记载判断，至少在朱之茂经营期间，此渡应为义渡。这是目前笔者所知陕南民间最早的义渡组织。

细读碑文后不难发现，早期的桥船会起初是由某个善人因某种机缘首先创建，并由其子继承。在这种家族三代六十年辛勤经营的感召下，又有其他人参与其中。前引《颂德碑》记载，雍正六年，朱之茂去世。"人咸虑工程难继，又赖有公(朱之茂)之长子讳履者，克绍前烈，身任其事。复有米讳芬者，同心协力，共襄厥功，而此津之所以仍无塞阻也。"可见，早期桥船会主要是以家族经营为主。

船桥会是清代陕南渡口民间化过程中出现的必然结果。康熙时期陕南船桥会出现以前虽有私渡，但各重要渡口主要是官府出资，购置官船并负责定期维修，又雇请水夫，负责摆渡官贵出行、官文传递、商贸往来和行旅过江，因此称之为官渡。官府为维持官渡的正常运转，每年要向水手支付工食银。如嘉庆时褒城县"黑龙江(褒河)水手捌名，岁支银壹拾玖两贰钱。大江(汉江)渡水手壹名，岁支银贰两肆钱。"③又如城固县"安家渡、阴平、白崖水手叁名。岁支银壹拾贰两壹分陆厘。"④为维护官渡的运营，清地方政府每年

---

① 陈显远：《汉中碑石》，三秦出版社，1996年，第207页。

② (清)王行俭：《(乾隆)南郑县志》卷八《人物志》中"孝义"，清乾隆五十九年刻本，叶17b。

③ (清)严如熤主修，郭鹏校勘：《嘉庆汉中府志校勘》上，三秦出版社，2012年，第401页。

④ (清)严如熤主修，郭鹏校勘：《嘉庆汉中府志校勘》上，三秦出版社，2012年，第403页。

要支出大量的船工费用、船价银和维修费用。但明末至清初几十年的战乱，致使人口锐减，生产破坏，民生凋敝，尤其是清中期以后，地方政府的财政危机日益严重，用于公共事务建设的费用严重匮乏。每年征收的赋税极少用于义渡之类的公益建设。官渡经常会"年久失坏，因复捐造，而渡工费用无出。故近处有派收河粮之扰，远客有勒诈船钱之苦"[1]，而船工的工资也是难题，"若夫松河口船济往来，由来旧矣。但舟子之工资，向收河粮，而乡人之输给，每难支应取欤"[2]。

大量移民涌入陕南，民间的水上通行需求急剧增加，民办渡口开始大量出现。乾、嘉、道时期，大规模的移民迁入陕南。兴安州的石泉、汉阴、洵阳、白河、紫阳、平利六县，"从前俱系荒山僻壤，土著无多"，自乾隆三十七八年以后，"因川楚间有歉收处所，穷民就食前来，旋即栖谷依岩，开垦度日，而河南、江西、安徽等处贫民，亦多携带家室，来此认地开荒，络绎不绝。"因此"户口骤增，至数十余万"[3]。又据萧正洪研究，褒城、南郑、河县、城固、西乡、石泉、汉阴、商州及安康等十县，人口由康熙中的 41.6 万增加到道光初的 211.7 万，而同时期其他山地各县(除宁陕、孝义、留坝、定远外)人口由原来的 8.1 万增加为 146.1 万。[4]随着大量移民涌入，在日常生产生活中，民众对汉江及其支流的水上交通需要也在增强。然而官渡积弊丛生，渡船数量有限、位置不便、资金不足、船夫勒索渡资，不能满足民众的过江需要。与此同时，士绅、耆旧、商民等地方精英力量迅速崛起，他们各自出于不同的目的大力倡导并资助公益事务。因此，义渡得以快速发展，并呈现出组织化运营的新面貌。前文中南郑县朱英若父子创建的桥船会就是这种渡口民办化过程中涌现的社会组织。它的出现标志着官渡的式微和义渡在民间

---

[1] 《汶水河官渡碑记》，见李启良等《安康碑版钩沉》，陕西人民出版社，1998 年，第 285 页。疑"旧"为"久"之误。

[2] 《松河口义渡碑》，见李启良等《安康碑版钩沉》，陕西人民出版社，1998 年，第 289 页。

[3] (清)毕沅：《兴安升府疏》，见(清)李国麒续编乾隆《兴安府志》卷二五《艺文志》道光二十八年刻本，叶 1b。

[4] 萧正洪：《清代陕南的流民与人口地理分布的变迁》，《中国史研究》1992 年第 3 期，第 94-105 页。

的发展进入了新阶段。

朱氏桥船会经营的渡口在"汉郡城南二里许",应是自明中后期下迄清末的重要渡口——下水渡。据嘉靖《汉中府志》记载,府治渡口:"上水渡,南三里;下水渡,南二里。二渡夏秋设官舡,冬春建徒杠,以便往来。"①又据明嘉靖二十一年(1542)成书的《陕西通志》记载,汉中府山川时称:"下水渡,在府南二里。"② 明清两代汉中府府治为南郑县,"府南二里",也就是南郑县城南二里。下水渡此后始终存在,以至于清康熙五十四年成书的《陕西通志》只是因袭前志记载③。雍正十三年成书的《敕修陕西通志》又援引《汉中府志》的记载说:"下水渡,在县南三里汉水上,通城固县,往兴安州水路,有官船、水夫。"④以上四条材料表明,在朱氏《颂德碑》立碑之前,下水渡应是被作为官渡三度收入《陕西通志》,其重要性不言而喻,而其所在城南二三里处不但仅此一渡,又恰恰是朱氏桥船会渡口的地方。因此,笔者判断,朱氏桥船会渡口就是明嘉靖时即已存在的官渡——下水渡。如果此论不谬,那么,朱氏桥船会的出现说明,自康熙二十年前后直至雍正十一年左右,原本为官渡的下水渡由民间经营管理,体现着官渡向民间义渡转化的开始。"下水渡船桥会"⑤赫然出现在道光十七年(1837)立石于该渡桥庙的碑记上,标志着船桥会民间化的彻底实现。

"官船、水夫"见载于雍正《陕西通志》中,似乎说明此时下水渡为官渡。其实不然,它恰恰表明修志者忽视了下水渡向义渡转化的变化过程。

---

① (明)张良知纂修:《(嘉靖)汉中府志》卷二《桥梁》,中国国家图书馆编《原国立北平图书馆甲库善本丛书》第 354 册,国家图书馆出版社,据嘉靖二十三年刻本影印,2013 年,第 161 页。

② (明)赵廷瑞纂修:《(嘉靖)陕西通志》卷三《土地》二之《山川中》,明嘉靖二十一年刊本,第 9 页。

③ (清)王功成续纂,韩奕续修:《(康熙)陕西通志》卷三《山川附津梁》,清康熙五十年刻本,第 54 页。

④ (清)查郎阿修,沈青崖纂:《(雍正)敕修陕西通志》卷一六《关梁一》,清雍正十三年序本,第 45 页。

⑤ 《下水渡船桥会碑》,见陈显远《汉中碑石》,三秦出版社,1996 年,第 269 页。

这从志书的史料来源上可以看得很清楚。雍正十三年成书的《敕修陕西通志》是沈青崖以贾汉复的康熙本为底本，又参以明代马理的嘉靖本和冯从吾的万历本，斟酌增删而成。说明沈青崖修志时没有征引雍正十一年新立于南郑城南二里许的《颂德碑》，自然也就只能因袭嘉靖《汉中府志》的成说。此后的乾隆《南郑县志》、民国《汉南续修郡志》、民国《续修南郑县志》等修撰者同样不重视嘉庆、道光、民国时期不断出现的与下水渡有关的民间石刻史料，因此在记载下水渡时只能因循旧说，隐晦表明其官渡性质，不足为信。

二、船桥会的组织构成与职责

清代晚期，陕南的船桥会进入成熟时期，已经发展成为有严密结构的社会组织。汉中府南郑县永兴渡的船桥会运行时间久远，是分析船桥会组织结构的典型案例。"如我永兴渡，公请会长，六年一举，由来久矣"。[①]

陈显远先生认为永兴渡即下水渡，所据未详[②]。陈氏此说是正确的，兹据碑刻资料做以补充。两位同名同姓的船桥会经理首士曾先后出现在下水渡和永兴渡的碑记中，表明"下水渡"和"永兴渡"是南郑县南三里的渡口在不同时期的称呼。道光十七年《下水渡船桥会碑》碑末题名"经理绅士：张其籍、苏镇南、朱继麟、王毓廉、范钟英、张云行"。道光二十九年《永兴渡会产田亩碑》碑尾的题名"经理绅士：生员范钟英、生员朱步云、贡士苏坚芳、生员张云行、生员王九叙、生员张清泉"。范钟英和张云行在下水渡和永兴渡的船桥会都曾出现，说明下水渡在道光后期改名为永兴渡。此后，碑文中再无"下水渡"之名。虽然下水渡（又名永兴渡）是距汉中府治最近的渡口，南通北达，实为"汉南之要渡"，但渡名的新变化并未被民国时期县志纂修者注意和吸收，民国《续修南郑县志》和《续修汉郡南志》仍是因袭乾隆《南郑县志》和嘉靖《汉中府志》的旧说，因此，民国的南郑县志只有下水渡，而无永兴渡的记载。由此可知，从康熙朝到民国初期的两百五十多年时间里，虽然经历了道光中期渡名的变化，但船桥会始终存在并发挥着作

---

① 《永兴渡会产田亩碑》，见陈显远《汉中碑石》，三秦出版社，1996年，第279页。
② 陈显远：《下水渡碑石录》，《汉台区文史资料》第14辑，1998年，第229页。

用。民国四年（1915），永兴渡新一届渡会换届，对旧会的诸多弊端进行整顿，重新修订"执务规则"，并呈请知县批复。为此，知县特意颁布告示碑，晓谕乡里永久遵照。因此，会有《订立永兴渡规章碑》[①]存世。以下分析正是基于此碑的碑文记载。

雍正到嘉庆年间，永兴渡义渡会已设有会长，六年一届，人数不详。道光时期，"多有官事、口舌之扰，覆舟沉溺之警"，会内事务繁杂，于道光二十四年（1844）公举六人为"执事会首"。民国四年时，该会由两位首士和四位会首组成。首士六年一更替，会首三年一换届。永兴渡设义渡船 6 只，渡会招募水手 12 人，每只船配水夫 2 人，昼夜摆渡商客。又设巡河 1 人，监督水夫和过渡人。

首士由当地绅粮公推禀举产生。永兴渡首士设员 2 人，"以人望素孚，殷富公正者为合格，如不欲久任，按六年一更替"。船桥会通常都是由热心地方公益的首士倡导，带头捐资，筹募经费来兴办。因此，首士的人望、品行和家资关系到船桥会能否长久维持，被特别重视。每逢会首更替，绅粮、首士负责对会内账目和会首劳绩进行监督、考核，并对"任事得力，著有劳绩者"，给予"建碑石旌善，以资劝励"。

会首即会长，总理会中各项事务。永兴渡会设会首 4 人，由首士会同各绅粮，雇请"家道殷实，老成谙练者"充任。每位会首的年薪是十二串文。会首在义渡会中的责任重大。4 位会首各执一事，"一管收卖租稞（课），一管各项帐目，一管银钱，一管桥板木料"，各记手册 1 本，相互监督稽查。会内造船、搭桥、购置板料等大宗事件，会首必须会同妥商。会首经营管理共有会产，对每年两季所收租课实行包干，负责银钱收支，用以支付水手和巡河的口食薪金和河粮。义渡会要求会首负责每年新造渡船 1 只，并在短期内对 5 只旧船至少修补两次。

从现有资料来看，从清初至民国初期，南郑县的各个渡口都有船桥会之类的基层社会组织负责运营。由专人担任经理会首，总理其事。总体而言，在道光初期以前，船桥会设会首 2 位。清中期以后增至 4 位，甚至 6 位。详见表 5-1。会首数量的增加表明会中事务增多，随着会产不断积累，会中钱

---

① 陈显远：《汉中碑石》，三秦出版社，1996 年，第 390-393 页。

粮数量增多，会首有机会利用职务之便"糜烂公款"①，中饱私囊，增加会
首数量既可制衡会首权力，又可互相监督。

表 5-1　清代至民国南郑县船桥会会首一览表

年　　代	渡口	经理会首	文献出处
康熙二十年至雍正六年 （1681—1728）	下水渡	朱英若、朱之茂	《朱氏经营船桥会颂德碑》
雍正七年至十一年（1729—1733）	下水渡	朱履、米芬	《朱氏经营船桥会颂德碑》
道光七年（1827）	下水渡	苏志信、舒振虎	《下水渡船桥会碑》
道光十二年至十七年 （1832—1837）	下水渡	张盛明、李作赟、张洪绪、黄有章	《下水渡船桥会碑》
道光二十四年至二十九年 （1844—1849）	永兴渡	周平一、李凤、郑印国、李大业、宋志、张景师	《永兴渡会产田亩碑》
同治十一年（1872）	上水渡	黄登云、严顺、王清林、王进德、肖成芳	《上水渡船桥会碑》，拓片见图 5-1
光绪三十三年（1907）	张仙渡	杜阳春、潘贵、王永理、王明选	《张仙渡船桥会碑》，拓片见图 5-2
民国四年（1915）	永兴渡	杨伯藩、康继周、谢子珍、邹兴伦、徐子仪、江朝云	《订立永兴渡规章碑》
民国十一年至十三年 （1922—1924）	永兴渡	汪朝宗、李锟、张培荣、李世春	《永兴义渡会产田亩碑》
民国十九年（1930）	永兴渡	不详	《永兴义渡田亩碑》

注：南郑辖县内汉江上的古渡众多，参见图 5-3。本表资料来源见本书附录《汉中南郑县船桥会碑刻辑存》。

---

① 《订立永兴渡规章碑》记有"所称前因水夫勒索舟资，会首糜烂公款，弊窦丛生，致酿巨讼。虽议定订规则，改为义渡，徒以办法未善，以致名实不符"，参见陈显远《汉中碑石》，三秦出版社，1996 年，第 393 页。

图 5-1　清同治十一年南郑县《上水渡船桥会碑》（王兴成提供拓片）

图 5-2　清光绪三十三年南郑县《张仙渡船桥会碑》（王兴成提供拓片）

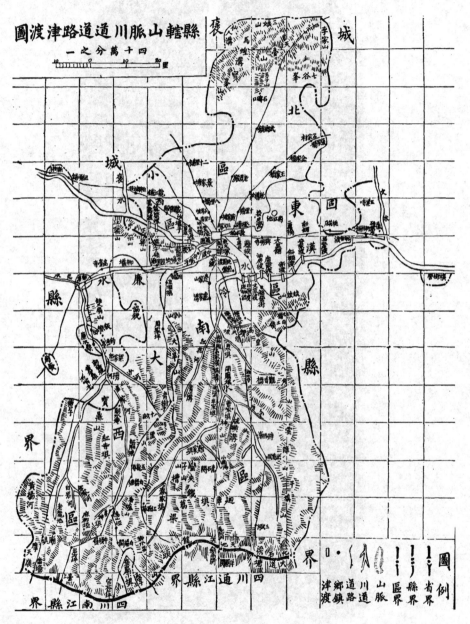

图 5-3　汉中府南郑县"县辖山脉川道道路津渡图"（来自民国十年《续修南郑县志》）

水夫也称水手、渡夫。《订立永兴渡规章碑》中，有关水手的条规有 13 条之多，涉及方方面面。永兴渡渡船 6 只，昼夜轮流行船，每船安排水夫 2 人。水夫"务要年力精壮，不染嗜好者为合格"。应募为水夫者必须请一人保荐，具保结一张，并缴纳"保船钱"六串文。除两季河粮外，义渡会再给水夫口食钱一串五百，不准水夫勒索往来商客分文。渡船修补期间，不给水夫口食钱。渡会发给每名水夫伏帽、雨衣、雨帽钱，其他篙杆、绳索水夫自备。南河岸停靠两船，北河岸四船，每只船均有编号，每号置签 40 根，由巡河监守发签，傍晚靠岸后，同众验签，考核勤惰，赏勤罚懒。冬春两季搭拆桥时，水夫负责搬运桥板、柱子等木料。河水泛滥时，水夫不得擅自冒险行船。水夫须受巡河指挥。

　　巡河是永兴渡用来监督水夫，督理码头和过渡人的专设岗位。永兴渡渡规计开巡河规则 7 条。巡河额定 1 人，由首士与会首招募，"必稍明大义，不尚阿谀者为称职"，按月给口食钱，准收二分河粮。其主要职责是"朝北暮南，监视给签，以便督促该水夫等，毋得稍事延宕，并督理码头及过渡人抢跻"。巡河不得与水夫串通作弊或徇情偷安，不得以水夫家人充任巡河。巡河遇有私事，须向渡会请假，但不得超过 7 天。

　　绅粮在地方上拥有强大的社会控制权。地方的大事小情都必须经由绅粮公议方能实行。如同治十一年，汉中金洋堰为移窑保农立碑示禁，"爰集水东绅粮公议，近堰大渠两旁，概不开烧熬窑厂。倘仍蹈前辙，致妨农食，该堰长率领堰夫，掘其窑，毁其窖"①。又如宣统时，岚皋县为洋溪河不准烧山、砍伐漆树刊立示禁碑，如违，"凭绅粮、乡保、牌甲公议"②。从南郑县《张仙渡船桥会碑》记载来看，职员、贡生、同州、廪生、武生、军功等都属于下层绅士集团，而没有功名的大户则属于粮民。船桥会的首士、会首是从当地绅粮中产生，并经绅粮共同认可才行。南郑县《订立永兴渡规碑》载："本渡首士由南区各坝绅粮公推票举，以人望素孚，殷富公正者为合格，如不欲久任，按六年一更替。本渡会首，以四人为合格，由首士会同各绅粮，选定家道殷实，老成谙练者为合格。"③因为兴办船桥会所需的"基

① 《公议移堰渠两旁烧熬窑厂以免妨农碑》，见陈显远《汉中碑石》，三秦出版社。1996 年，第 317-318 页。
② 《洋溪护漆戒碑》，见张沛《安康碑石》，三秦出版社。1991 年，第 356-357 页。
③ 陈显远：《汉中碑石》，三秦出版社，1996 年，第 393 页。

款"以及后续的施地、捐钱都是从他们中间募集的，所以，船桥会碑中会留下他们的名字。船桥会组织内部存在严密的科层分工，首士、会首与渡夫、巡河是雇佣关系。

三、船桥会的会产构成

会产是维持船桥会长久运行的物质基础。地方士绅、粮户或商民集资形成"基款"，用以支出造船添板，此外购置田地作为公产，以田租收入支付船夫工钱，维修、建造桥梁和船只。因此，田地是会产中的大宗。据碑文曰："自雍正至民国四年止，总计水田壹百二十八亩，旱地壹百一十九亩二分，沙地二段，地基六段，佃出瓦房十四间，民粮三两四钱，军粮六两七钱九分四厘。"①这是近两百年间永兴渡船桥会经营管理的会产总数。永兴义渡能够维持两百年，除了说明它是南郑县过汉江、通南北的交通枢纽，不可或缺，更重要的是说明其船桥会对会产经营得法，所获的捐助和公产租赁收入不断增加，尤其是以公款购置的土地不断积累。有两点值得注意：其一，永兴渡会产分为水田、旱地、沙地、地基、瓦房等五类不动产，而且数目详细，可见，历任首士和会首在任期内对会产收支应有明确记录，是有据可查的；其二，如此种类众多、数量巨大、记录明确的会产是"总计"结果，应不是在同一时段内募捐而得的，这说明，从雍正之初到民国四年，永兴渡船桥会用造船建桥的余钱置买田地，会产田亩得以不断积累。

钱款、渡船、桥板等也是会产的重要组成部分，它们来源于信士、绅粮的施舍和捐助。比如在道光二十五年至二十九年间，永兴渡船桥会获得信士施舍钱五十千文，渡船一只。②永兴渡船桥会以不动产租借生息的经营管理是相当成功的，不仅会产得以持续累积，足以支出该渡各项花销费用，而且尚有盈余可以资助附近其他渡口。对此，前引《永兴义渡会产田亩碑》有明确记载："本区冷水河三官庙普济渡，亦是行人要津，只为该渡基款无多，以致造船、搭桥，每岁掣肘。今与本渡绅首粮户商议妥谐，自后普济渡首人欲造船桥而板片材料款资不足者,准其来会领取,我永兴义渡首人酌量给予,不分畛域。"民国十一年至十三年的三年间，仅款资一项，永兴义渡船桥会

---

① 《订立永兴渡规章碑》，见陈显远《汉中碑石》，三秦出版社，1996年，第393页。
② 《永兴渡会产田亩碑》，见陈显远《汉中碑石》，三秦出版社，1996年，第279-280页。

就资助普济渡足有一万四千二百四十四串零五十四文之多①。从此可以看出，当地老百姓持续捐助船桥会，充分说明永兴渡在当地日常生活中不可或缺，而船桥会真正成为当地百姓赖以生存的民间组织。

在清初到民国的两百多年中，南郑县下水渡船桥会先后刻立 6 通碑记，将会产田亩的收支情况公示于众，以备会众监督。在这些碑文中，船桥会推崇自己的历史悠久，一方面表明会务管理得当，会产经营得法；更重要的是再三表明船桥会对购置的土地拥有所有权，而经理会首全都来自乡村士绅阶层，士绅阶层借助船桥会的名义进行土地兼并，趁机谋利。

第二节　船桥会与陕南地方社会的关系

一、船桥会与民间信仰的关系

船桥会得以存在是紧密借助民间信仰的结果。值得注意的是，朱氏《颂德碑》的碑尾署名"三官庙主持僧性善，徒空□"，联系到朱英若初创桥船会时，曾"为城隍庙执事之舟"，说明在创建船桥会过程中，朱氏家族借助了三官庙、城隍庙等信仰组织的力量，以确立其公信力与合法性。此后的船桥会主要是委托会首、经理等经营管理，而他们都是村落中绅粮阶层在公所庙会等公共议事地公推选举而来，其合法性和权威性自不待言。民国十三年前后，南郑县冷水河流域的三官庙普济渡，因"基款无多，以致造船、搭桥，每岁掣肘"，曾得到该区域内永兴义渡船桥会的大力资助。可见，在船桥会的组建和运行过程中，民间信仰不断主动或被动地介入是维护其持续发展的积极因素。同时，船桥会以举办庙会的方式对当地的信仰神祇进行祭祀，也不断强化和巩固着三官庙、龙王庙、城隍庙等传承民间信仰的场所在基层民众心目中的神圣地位。

船桥会开支中的重要一项是用于酬神演戏、超度祈福等祭祀活动。下水渡船桥会"于(道光)十五年十月，买木料板片，讽经演戏，超度河口二宗，

① 陈显远：《汉中碑石》。三秦出版社，1996 年，第 415-417 页。陈氏将此碑定名为《下水渡会产碑》，不妥。因碑文中有："今与本渡绅首粮户商议妥谐，自后普济渡首人欲造船桥而板片材料款资不足者,准其来会领取,我永兴义渡首人酌量给予,不分畛域。"

费用贰佰仟有余"①。船桥会举行集会，诵经酬神，超度不幸落水的亡灵，祭祀祈福，以护佑行船平安。在民国十一年至十三年的三年内，永兴渡船桥会"酬神演戏钱七百四十五串五百九十二"②。酬谢祭祀之神，无疑应该就是龙王。据赵世瑜先生对龙王信仰的研究，民众信仰龙王主要有三个原因：一是怕水，二是怕行船不测；三是寻求心理安慰。③基于此，无论摆渡的船夫，还是过江的行旅，他们都祈求龙王护佑，确保水上安全。通过祭祀龙王的仪式，会众也加强了对船桥会的认同。

缘于佛弟子的布施，陕南镇坪县龙滩子义渡才得以创建。"回龙寺南五里许龙滩子，属秦楚要津。……光绪丁酉年春，有僧隆学者……布施无吝色，欣然捐钱壹佰壹拾串，其弟启才，童君行三者，助捐钱式拾串……买王禄焕五池沟上截山地壹份，订秾（课）陆石，年付梢工伍石作工食费，存秾（课）一石作整修费。契卷书公义渡名号，免后人中废。其税契银，县主徐公免送。交首士顾世文执掌，以其居近渡处，便经理也。"④龙滩子渡口是僧人捐钱创办的义渡，因此在购置义渡田时，县令特意免除契税银。佛教徒所倡导的民间善举不仅于民有利，地方官也乐见其成，可见信仰的力量对基层社会的影响力。

实际上，船桥会经理的渡口附近大都建有庙。南郑县下水渡、永兴渡有龙王庙，上水渡有桥庙。时至今日，在南郑县汉江南岸的大河坎社区墙上，镶嵌有下水渡和永兴义渡的 7 块碑石，旁边仍然立有"龙王庙"和"关帝庙"。

二、船桥会的田产与灌区的关系

南郑县的船桥会历年购置的田产基本都分布在该会经营的渡口周边五六里范围内，除部分旱地和宅地外，这些土地中的大部分是水田，处于汉水支流注入汉水的开阔地带，属于堰水灌溉的膏腴之田。从现有资料来看，下水渡和永兴渡船桥会的水田主要依靠老溪堰和隆兴堰浇灌。这两堰属于汉水南

---

① 《下水渡船桥会碑》，见陈显远《汉中碑石》，三秦出版社，1996 年，第 270 页。

② 见陈显远《汉中碑石》，三秦出版社，1996 年，第 415-417 页。陈氏将此碑定名为《下水渡会产碑》。

③ 赵世瑜：《狂欢与日常——明清以来的庙会与民间社会》，三联书店，2002 年，第 98-105 页。

④ 《龙滩子义渡碑》，见张沛《安康碑石》，三秦出版社，1991 年，第 332-333 页。

支的冷水流域。冷水正干节次筑堰有五（详见图5-4）：首杨公堰，在河西；次复润堰，在河东；次隆兴堰，次芝子堰，均在河西；最下为班公堰，在河东。[①]

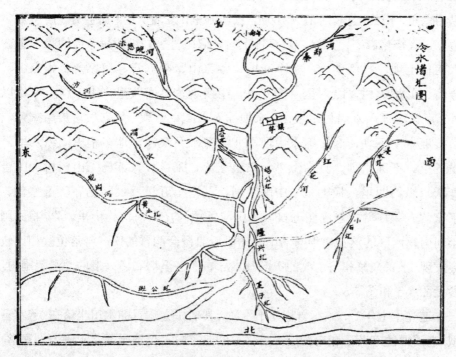

图 5-4　南郑县冷水河五堰示意图（来自《续修南郑县志校注》）

老溪堰又名芝子堰，在县南十五里，是引老溪水（又称老渚河）而成。源出旱山（汉山）的冷水与红花河自南至北都汇入老溪水。[②]老溪堰修筑在水南村中坝的李家营，引冷水西灌。有东西两渠，西渠灌海会寺、慈家营、杜家营田八百余亩。东渠灌鱼营一带田九百余亩。[③]冷水干流中游又有隆兴堰。隆兴堰旧名红花堰，在县南二十五里，下红花河之祖师殿。乾隆四十一年重修。灌溉卢家沟、李家营田二百余亩。[④]

据民国《续修南郑县志》记载：南郑县南区有二十一坝，并以此依次记

---

① 陕西省南郑县地方志办公室编：《续修南郑县志校注》，中国人民公安大学出版社，1993年，第173页。

② （乾隆）《南郑县志》卷二《舆地下·山川》，清乾隆五十九年刻本。

③ 陕西省南郑县地方志办公室编：《续修南郑县志校注》，中国人民公安大学出版社，1993年，第179页。

④ （民国）《续修南郑县志》卷二，民国十年刊本。

述每坝的远近、村落以及宽狭："慈家营坝，县南五里，旧称汉卫坝，隶大河坎、东营、曲水坝三村。濒临汉江南岸，纵横约三里。水南村下坝，县南七里，隶鱼营一村，堰田鳞错，滨汉一带，地多沙碛。南滨冷水，北滨汉。纵约六里，横约七里。水南村中坝，县南五里，隶油房街、海会寺、店子街、边家山、李家营、卢家沟、黄草坪七村，堰田膏腴。纵四里，横约二十里。水南村上坝，县南十里，隶李家街、赖家山、胡家营、何家营、张家山、金湾、彭湾七村。纵六里，横五里。中所坝，县南八里，隶三村吴家坎以外，卢家沟插入水南村中坝，孙家坝插入下高皇山坝。吴家坎东接慈家营，南接廉水中下坝，西接廉水中坝，北滨廉水及汉江，地多稻田，纵六里，横五里。下廉水坝，县南十里，隶康家营、张家村、苏杨二山三村，田皆膏沃。纵约四里，横七里。中廉水坝，县南十五里，隶回龙寺、董家营、丁家营、草堰塘、射虎庙五村，水田与下坝同，纵横均约十里。"[1]将民国年间南郑南区的这些村坝与清中晚期以后船桥会购置的田产坐落位置相比较会发现，永兴义渡和下水渡的田产基本分布在老溪堰和隆兴堰的灌溉范围内，参见图 5-5 和图 5-6。

道光十七年时，该渡自称为下水渡，其船桥会购置的水田坐落在（慈家营坝）老溪堰的东营子或东营庄、隆兴堰的熊家村；旱地坐落弥陀庵、刘家堂、（水南村中坝）油房街。

道光二十九年时，该渡被称为永兴渡，其船桥会购置的田产坐落在（中所坝）吴家坎窖坎上、岗子坎下、（中所坝）银沟坎、枣茨坎、书房门口、熊家村。

民国十三年永兴义渡碑的田产坐落分别是：（水南村下坝）鱼营土地庙门口、鱼营南头张家河坎、花家格搭庙后、孙家石桥（中所坝的孙家坝）、中所营（中所坝）八个碑。

民国十九年永兴义渡碑的田产坐落分别是：（水南村中坝）海会寺、（水南村中坝）油房街、杜家营、中所营（中所坝）银沟坎。

道光十七年时，下水渡船桥会购置的田产分布在东营、油房街，以及熊家村、弥陀庵、刘家堂等地，前两者属于《续修南郑县志》中所记载的慈家营坝、水南村中坝两个村坝，后三者不知归属。

从道光二十九年至民国十九年，永兴渡船桥会购置的田产集中在鱼营、海会寺、油房街、吴家坎等村，它们分别属于《续修南郑县志》所载的濒临

---

[1] （民国）《续修南郑县志》卷二，民国十年刊本。

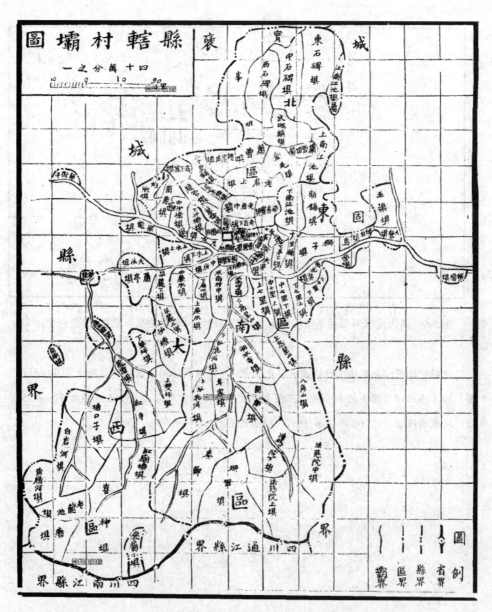

图 5-5 汉中府南郑县"县辖村坝图"（来自民国十年《续修南郑县志》）

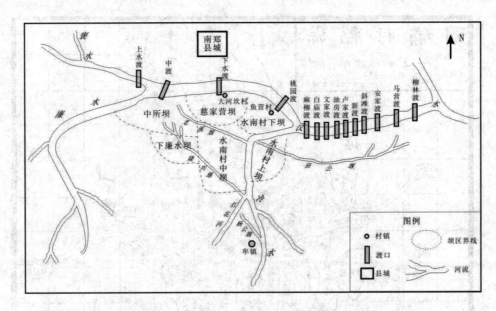

图 5-6 清代民国南郑县下水渡船桥会田产与村坝、堰渠关系示意图(徐雪强绘)

说明：此图综合民国《续修南郑县志》中的《县辖山脉川道道路津渡图》《县辖村坝图》和《冷水诸堰图》绘制而成。三图来源于《中国地方志集成·陕西府县志辑》第 51册，凤凰出版社， 2007 年，第 168、188、195 页。

汉江的水南村下坝、水南村中坝、中所坝三个村坝。此三坝将慈家营坝环抱于汉江南岸，都在县南八里范围内。慈家营坝的大河坎村即下水渡碑和永兴渡碑原本所在的地方。由此可见，下水渡船桥会名下的膏腴水田处在汉江支流冷水流域的隆兴堰和老溪堰灌区内，或许因为是船桥会的土地，佃户们在堰渠分水时，首先能够确保得到灌溉。以船桥会名义结成的用水共同体，能够有力量对抗堰水之争。

三、船桥会与乡村精英群体的关系

船桥会的创建、日常经营、维持发展离不开乡村精英群体的深度参与。士绅、乡村精英群体中，权势、影响和财力最大的是士绅。士绅对于实现地方的善治目标是不可或缺的，他们以非正式的权力履行着县级政府不能或不便履行的某些职能，比如有关公共福祉的事务①。管理义渡的船桥会显然属于社会公益组织。

下水渡自创建伊始，迨至更名为永兴义渡，该渡的存续与当地各类人群的日常生活休戚相关。因此，无论城居中的里内士绅，还是村居的乡绅都或倡导、或捐钱施地以创建船桥会，并且在船桥会中担任首士会长，管理着船桥会的会产。那些紧邻下水渡的膏腴水田被船桥会控制，而船桥会则由乡村精英群体中的士绅所把持，他们用公共财产——会田租佃生利，除拿出部分盈余以维持渡口日常运转，会首贪没公款的现象时有发生，"会首糜烂公款，弊窦丛生，致酿巨论"②，为此，南郑县知县杨楷才出面颁示《订立永兴渡规章碑》。

作为地方性自治组织，船桥会尽管也拥有土地、会款等公共财产和相应的管理制度，但从组织方式上来看，它是建立在公议和公需基础上的松散互助组织，并没有如同以血缘为纽带结成的华南宗族组织一样，通过仪式和法规建立起对共同权威的认同。因此，尽管士绅在船桥会的创建和运转过程中依然发挥作用，但更多的是依靠封建伦理和道义来维系。

（本章内容原载于《中国历史地理论丛》2021 年第 1 期，第 46-57 页。收入本书时略有改动。）

---

① 瞿同祖：《清代地方政府》，范忠信、何鹏、晏锋译，法律出版社，2011 年，第282 页。

② 《订立永兴渡规章碑》，见陈显远《汉中碑石》，三秦出版社，1996 年，第 391 页。

汉中南郑县船桥会碑刻辑存

整理说明：

其一，本附录共收汉中南郑县圣水寺石刻陈列馆保存的碑刻 8 种，包括下水渡 2 种，永兴渡 4 种，上水渡 1 种，张仙渡 1 种。

其二，所收录诸碑，皆是笔者 2019 年 1 月 23 日南郑考察所得见者。在考察过程中，南郑县文物管理委员会办公室主任、圣水寺文管所前所长王兴成先生，汉中市南郑区民间文艺家协会主席吴元贵先生等很多朋友，都给予了很大的帮助，特别是王兴成先生，无私地将自己收藏的碑刻拓片以及即将出版的《南郑碑石校释》赠送笔者。在此谨致谢忱。

其三，整理碑文时，先据照片、拓片录出碑文，然后据原石校核。凡陈显远先生编著《汉中碑石》已收录者，则据原石校核，以原石为据。

其四，为便于阅读、使用，笔者对录文加以标点。碑文中无法辨识，然可判断字数者，以"囗"表示；无法判断字数者，以省略号表示；"⬚辛⬚"表示补字"辛"。碑文中原有误字、漏字，则尽可能保持其原貌，并不径改。

1.《朱氏经营船桥会颂德碑》（雍正十一年）

现存汉中市南郑区大河坎镇大河坎社区。碑长方形，高 100 厘米，宽 68 厘米，厚 15 厘米。碑文楷书 16 行，满行 31 字，见附图 1。陈显远《汉中碑石》第 206～207 页有录文。今据原石及照片校录如次：

粤稽汉郡城南二里许，有汉水，西发源嶓冢，东底荆襄，南通巴蜀。蜀之人时贸易于汉中，而且汉水之南，居民数万户，无日不载驮归市，负薪入城，熙熙穰穰，往来于其际。兹汉水实汉南之要渡也，自吴逆变乱，舟楫倾覆，利济乏人，而民之病涉者多矣。幸有善人朱讳英若，为城隍庙执事之舟，

附图1 雍正十一年南郑县《朱氏经营船桥会颂德碑》（王兴成提供拓片）

创建桥船会于前，长公子讳之茂者，继其事于后，埋骨瘗骸，种种善事，不可悉数，而惟有功于桥船为最。数十年来，忘身忘家，不惮 辛 劳 ，夏造船只，冬建桥梁，人之历此津者，如履平川，毫无惊险。虽材木桥板钱粮，出自众人，而经营创造忧勤，独公一人。不幸于雍正六年辞世，人咸虑工程难继。又赖 有 公 之 长子讳履者，克绍前烈，身任其事。复有米讳芬者，同心协力，共襄厥功， 而 此 津之所以仍无塞阻也。噫！公之父为善于前，公为善于后，而其子复为善于今。古云："为善必昌"。如公积德之厚，必延及于世世子孙。凡过此津者，咸不忍没其功，因建石于江岸，欲公之芳名与汉水共流长焉云尔。

三官庙住持僧性善，徒空□，汉中府儒学廪膳生员朱弘祚撰文，南郑县儒学增广生员杜其渐书丹。

时雍正十一年岁次癸丑三月十六日立

2. 《下水渡船桥会碑》（道光十七年）

现存汉中市南郑区大河坎镇大河坎社区。碑长方形，高 100 厘米，宽 68 厘米，厚 15 厘米。碑文楷书 18 行，满行 31 字，见附图 2。陈显远《汉中碑石》第 269～270 页有录文。今据原石及照片校录如次：

下水渡船桥会序

《易》曰：善不积不足以成名。《书》曰：作善降之百祥。如汉郡南乡阖会绅士，设理下水渡船桥会，所造冬桥夏 船 ， 南 通北达，利济行人，历代久远。及道光七年，阖会绅士公举会首苏志信、舒振虎经理数年，立有碑记。又 道 光十二年，公举会首张盛明、李作赟、张洪绪、黄有章，协力同办，屡年收进租石并讨收会金，于十五年十月，买木料板片，讽经演戏，超度河口二宗，费用钱贰佰仟有余。复买明田地数亩，以光前烈，以表功德。更望后善人踵承其事，善为经理，庶此会之兴可垂久远不朽云。是为序。

道光十四年并十五年二起买明老溪堰王启春、王智德车水田壹亩伍分，坐落东营子安姓门口，随带户名□□聪项下军粮七升。十六年二月，又买明吴升旱地壹亩，坐落东营庄坡子上，系汉卫前所户名吴德□项下军粮六升。及三月内，复买明隆兴堰张仲林水田壹亩五分，坐落熊家村，随带三滩里二甲户名□洪仕项下民粮式升式合五勺。六月内，又买明宋裕义旱地壹亩五分，坐落弥陀庵后东面大路边，随带汉卫前所户名宋玉仁项下军粮九升。八月内，

附图 2　道光十七年南郑县《下水渡船桥会碑》（王兴成提供拓片）

又买明梁义忠旱地贰亩壹分，坐落刘家堂东面大路边，随带汉卫前所原军粮壹斗弍升六合。冬月内，又买明魏姓旱地壹亩，坐落油房街西面大路边，随带□贤里九甲户名魏秉仁项下原民粮壹升。十五年冬月内，本城中有一善士，施助会钱贰十四千文。

张洪绪撰，南庠生员魏维晋书。

经理绅士：张其籍、苏镇南、朱继麟、王毓廉、范钟英、张云行。

总理会首：黄有章、□□□、舒振虎、张盛明、李作赟。

住持：德庆

道光十七年岁次丁酉中秋月上浣吉旦

3.《永兴渡会产田亩碑》（道光二十九年）

现存汉中市南郑区大河坎镇大河坎社区。碑文行书 19 行，满行 45 字，见附图 3。陈显远《汉中碑石》第 279～280 页有录文。今据原石及照片校录如次：

尝思法久必敝而不然也。如我永兴渡，公请会长，六年一举，由来久矣。前之会长，愿后之会长振兴于后；后之会长，继前之会长美盛于前。自嘉庆初年以及二十五年时，则有买木料，置田产，修桥房者，克慎厥始，自道光初年以及二十三年时，则有置田地，移碑迹，建新庙者，克和厥中。然多有官事、口舌之扰，覆舟沉溺之警。幸道光二十四年，所举周平一、李凤、郑印国、李大业、宋志、张景师诸人，数年来，江汉澄清，会内平安，会首克勤克俭，尤复置田产、木料，克成厥终。太和之气，洽于是矣。夫人之好善，谁不如我。伏冀后之会长，踵而增之，遵六年一举之规，可十世以至百世，何敝之有哉。人存政举，此物此志也夫，是为序。

自道光二十五年至二十九年，造船添板，置买田地，开列于后：二十六年，造船添板余钱，买隆兴堰杨姓水田一丘一亩三分，坐落吴家坎窖坎上，价四十千文。带顺义里又一甲户首张素洪名下粮一升五合。又买隆兴堰王姓水田一丘二亩，坐落冈子坎下，价六十八千文，带兴让里前一甲户首王孝鹏名下粮二升。二十七年，造船添板，余钱买隆兴堰张姓车水田一丘四亩，坐落冈子坎下，价一百二十八千文，带顺义里一甲户首张云行名下粮四升。二十九年，造船添板，余钱买朱姓旱地二丘四亩，一丘坐落银沟坎，一丘坐落枣茨坎，价四十五千文，带遵贤里八甲户首朱袊名下三升七合。又买隆兴堰

附图3　道光二十九年南郑县《永兴渡会产田亩碑》（王兴成提供拓片）

张姓水田一丘八分，坐落书房门口，价三十千文，带顺义里一甲户首张素正名下原粮九合。又买隆兴堰张姓车田一丘一亩，坐落冈子上，价三十千文，随带汉卫中所户首张瑜名下粮六升。又买楚姓旱地一丘二亩，坐落冈子坎，价三十二千文，带归德里一甲户首方城名下粮二升。二十八年十一月，信士何登举施舍当价钱五十千文。二十九年三月，信士胡铭经施助渡船一只。又买隆兴堰吴姓水田一丘一亩，坐落熊家村门前漕内，价三十五千文，带汉卫左所四甲吴永项下原粮六升。

经理绅士：生员范钟英、生员朱步云、贡士苏坚芳、生员张云行、生员王九叙、生员张清泉。

执事会首：李大业、郑印国、李凤、周平一、宋志、张景师。

汉中府儒学生员朱步云撰文　　　　处士王体乾书丹　　　石工刘世隆镌泥工康文才

道光二十九年岁次己酉黄钟月望日吉旦

4. 《订立永兴渡规章碑》（民国四年）

现存汉中市南郑区大河坎镇大河坎社区，见附图 4。陈显远《汉中碑石》第 390~393 页有录文。今据原石及照片校录如次：

任命试署南郑县知事杨　　　　　　　为出示晓谕事：案据永兴渡首士杨伯藩、康继周，会首谢子珍、邹兴伦、徐子仪、江朝云等，以修规节款，恳准立案，以利济渡而垂永久等情具禀一案，除禀批据禀清折均悉。查该渡既属汉江要津，其船桥自宜切实规画，所称前因水夫勒索舟资，会首糜烂公款，弊窦丛生，致酿巨论。虽议定订规则，改为义渡，徒以办法未善，以致名实不符。兹据该绅等心存利济，邀集筹画，相渡南北形势，酌量河岸阔狭，分配船只，就旧有之资，为永久之计，所拟会首以下各项执务规则等条，均尚妥协可行，应准如禀立案，并准出示，以垂久远。嗣后务须遵照，切实整顿，毋蹈粉饰之习，庶几款不虚糜，功归实际，是为至要，切切此批。清折存挂发外，合行出示晓谕。为此示仰该渡会首、水夫暨过渡人等，一体知悉：尔等务遵照后开议定规则，切实整顿，认真经理，以利行人，而垂久远。毋得稍涉粉饰，虚糜公款，再蹈前习，致干咎戾，是为至要。其各凛遵毋违，切切特示。

计开会内分别办理规则各条：

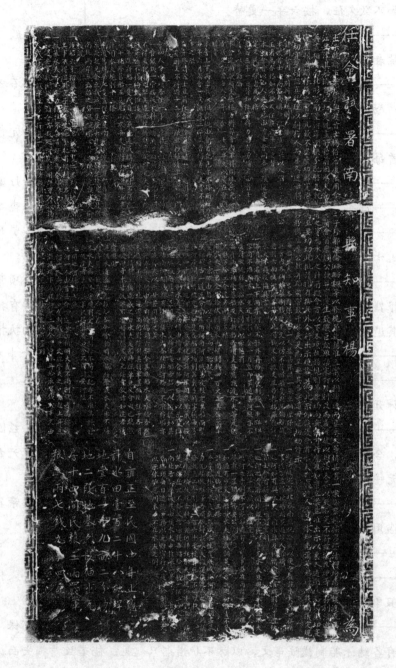

附图 4　民国四年南郑县《订立永兴渡规章碑》　（王兴成提供拓片）

——本渡首士由南区各坝绅粮公推禀举，以人望素孚，殷富公正者为合格，如不欲久任，按六年一更替。

——本渡会首，以四人为合格，由首士会同各绅粮，选定家道殷实，老成谙练者为合格。

——会首三年一更替，如任事得力，著有劳绩者，由首士建碑石旌善，以资劝励。

——本会迩因款项支绌，极力樽节，会内不得开灶，庶免一切冗费。议定会首每人全年薪金一十二串文，以资在会办公之膳费。

——本会上下两季，收取租稞(课)，概由会首干包，亦不得开灶糜费。

——每年六月办会一次，酒席三桌并香烛等项支费，不得过八串之限。

——每年终，请首士并前任会首清算账目一次，应用酒席香烛各费开支，不得过十二串之限，并抄录清单，实贴庙门，以昭公信。

——会四人，分四项，各任一事：一管收卖租稞(课)，一管各项账目，一管银钱，一管桥板木料。各项须互相稽查，各记手册一本，不得有把持之弊。其造船、搭桥、购置板料，凡大宗事件，必会同妥商，不得拘执推诿。

——每年造新船一只，或自造，或包造，或购置，约计不得逾七十串之限。

——每年补修旧船五只，凡两次，每只约计不得逾十五串之限。

计开水夫规则十三条：

——本渡旧规船七只，昼仅六只，南北分渡，一只留作支夜。兹因节款起见，合亟裁减一只，按六只昼夜轮流，俾足济渡，期以南北两岸无磊杂之势，无喧嚷之声为限，以免该水夫偷安狡混。

——渡船六只，招募水夫一十二名，按每只二名，均须本人躬亲其事，不得滥用空子塞责，坐地分肥，有误利济名义。

——招募水夫，务要年力精壮，不染嗜好者为合格。

——如遇要事耽搁，须先诣会首或巡河处报明许可，仍议请妥人代撑，发给假单，至多不得逾一星期，违者按期罚扣口食。

——每船水夫二名，各请保荐各一人，并具保结一张，互相环保，定与会内存各纳保船制钱陆串文，以防不护惜船只起见。倘若故意损失面板漂薄各节，以此项钱文作抵支，并另行招募，应该水夫不得后悔异言。

——每月每名除上下两季河粮不计外，再给口食制钱一串五百，往来客商，不准勒索一文，违则罚口食一月，立即革退，其河粮亦不准讨收，概归新招水夫讨收，以示惩罚。

——每年两季补修旧船及钉新船各项支务，应该渡水夫等是供，不能另给工食，违者开除另补。

——每水夫一名，全年给伏帽、雨衣、雨帽制钱四百文正，其余篙竿、系舟毡索，概由自备，以示体恤而免贻误。

——汉江从古一道，近分南北两河，南河岸狭易渡，限定其船两只。北河岸阔难济，限定船四只，各船头编刻第几号的字样，每号置签四十根，归巡河监守发签，傍晚齐诣河岸，同众验签，以按签数之多寡，例水夫之勤惰，由惰者口食折合给奖，以示鼓励。

——如遇水涨，南北一道，仍按六只轮流，每船各招一人搬桡。如其水枯，南河搁浅，搭有小桥，该水夫各往北河轮流，不准停船，亦不准停夫，以示甘苦同味之义。

——每年春季交船，由会内修码头六架，令其各船水夫承领，各搭各码头，不得彼此混淆。两船对撞，开具领单，其板片、柱子各项，登记清楚，至桥造成之日，水夫交船时，照单点交会内，已总然腐坏，即寸木寸板，亦不准顺携隐匿，以免任意狡诈，如违者议价照赔。

——遇洪水泛溢，必先报知各会首，验明水势核夺，该水夫亦不得擅专卖渡，致有性命之虞。

——各水夫务要恪守规则，受巡河指挥，不得违犯，亦不准其挟嫌寻仇，违者立予饬革，只得算给口食，不得讨要河粮。

计开巡河规则七条：

——巡河一人，由首士、会首选募，必稍明大义，不尚阿谀者为称职。

——巡河一人，每月给口食制钱三串文，照水夫之口食起止耳。并由裁减项下，准收河粮二分，全作身俸，再给衣帽钱贰串文，由该巡河自置仿巡警装束，以示区别。

——巡河限定，朝北暮南，监视给签，以便督催该水夫等，毋得稍事延宕，并督理码头及过渡人抢踏。

——巡河如有与水夫通同作弊及徇情偷安，有碍利济事宜者，首士、会首得量予惩罚重则。

——巡河之责，所关非轻，不得以争充水夫及现充水夫并水夫家人滥竽充数，以示慎重。

——巡河之责，刻不可离，如遇有急紧事务，准商请妥人代理，不得逾一星期，有务要公。

——如遇有少艾上船，该水夫嬉戏调笑者，准该巡河饬责不贷。

计开造桥规则三条：

——冬季搭桥，该水夫既熟识水性，覆收城乡河粮，自应稍尽气力，凡桥板、柱子各项，概归该水夫搬运，俟造成之日，每洞议给乾包工食制钱一百六十文，核算照给，不得短扣。

——春季拆桥，板柱各料晒干，仍归该水夫搬运桥房，同点交清楚，以便登记，不得故意伤损，每洞给大钱一百二十文。

——南北各桥造成后，由该水夫中推举一老成可靠者经理各桥码头每日造桥事务，以免防害行人，复筹给制钱三串文，以示体恤。应用木工，不在水夫之例。

自雍正至民国四年止，总计水田壹百二十八亩，旱地壹百一十九亩二分，沙地二段，地基六段，佃出瓦房十四间，民粮三两四钱，军粮六两七钱九分四厘。

5. 《永兴义渡会产田亩碑》（民国十三年）

现存汉中市南郑区大河坎镇大河坎社区。碑长方形，高 125 厘米，宽 69 厘米，厚 15 厘米。碑文行书 26 行，满行 50 字，见附图 5。陈显远《汉中碑石》第 415～417 页有录文，题为"下水渡会产碑"，不确，今据原石及照片校录如次：

本渡历届任事诸公，至交卸时，定将数年中所曾经手事件，逐一声明，勒之贞珉，以备查考，此曩昔之成规也。愚等忝首渡务，自接办以 来，无 一事不戒慎恐惧。幸此三年中，诸事称心，未获大咎。今值更替之际，所有渡中之船只、桥板、梁柱，以及新置之业产坐落、多鲜，理合一一勒石，以资考核。所差堪告慰者，自今义渡成立，往来行旅，不受需索之害，可无病涉之忧耳。再者，本区冷水河三官庙普济渡，亦是行人要津，只为该渡基款无多，以致造船、搭桥，每岁掣肘。今与本渡绅首粮户商议妥谐，自后普济渡首人欲造船桥而板片材料款资不足者，准其来会领取，我永兴义渡首人酌量给予，不分畛域。今特一并刊石，以期永垂不朽，泽及万世。谨将置备田地数目、座落及收入支出账项开列于后：

附图5　民国十三年南郑县《永兴义渡会产田亩碑》（王兴成提供拓片）

十二年，买胡兴让田捌丘，实有壹拾贰亩伍分，价钱式千式百肆拾串文，座落鱼营土地庙门口田式丘，实有田亩壹分；又座落鱼营南头张家河坎田叁丘，实有叁亩柒分；又座落花家格搭庙后田叁丘，实有肆亩柒分。民粮，南一里六钱四分正，边界照旧。

十三年，买罗田氏田式丘，实有式亩伍分，价钱肆百肆拾串文，座落孙家石桥。第壹丘大沟靠东壹亩捌分，东至孙姓田，南至黄姓田，北至沟。第式丘柒分，原边原界，南一里民粮一升五合。

十三年，买刘、杨氏两家旱地壹连叁丘，实有一十壹亩，价钱捌百串文，座落中所营八个碑，东北至小路，南至张姓，西至小路。南一里军粮六钱四分正。三年来，水旱粮、房稞（课）、地基共入钱一万四千五百□十四串三百二十八文正。

一宗水旱木匠、解匠共用钱一千零六十八串六百九十文。

一宗桐油、□□共用钱八百零一串一百八十五文。

一宗木料船板共用钱一千一百三十串零六百。

一宗完粮共用钱四百七十四串九百八十文。

一宗水夫、巡河薪水共用钱九百零七串五百文。

一宗杂使共用钱三千三百零八串零卅九文。

一宗田地价值共钱三千四百九十串文。

一宗南关石桥布施钱一佰伍拾串文。

一宗石板、画工、泥工连立碑共用钱一千七百卅伍串二百文。

一宗当黄姓街房钱三百伍拾串文。

一宗酬神演戏钱七百四十五串五百九十二。

一宗普济渡给桥板卅六页，又发钱八十式串二百六十五。三年共出钱一万四千二百四十四串零五十四文。

一宗巡河、水夫，上季共发麦子一十五石五斗正。

一宗巡河、水夫，下季共发谷子七十七石正。

一宗除使现存钱三百一十串零二百七十五文。

一宗三年上下季天旱共少收水旱粮一百五十二石四斗五升。

一宗现存谷子九十三石三斗五升正。

一宗现存麦子、黄豆一十石零一斗四升正。

一宗现存包谷、豆子三石四斗二升正。

一宗现存桥板贰百叁拾四页。

一宗现存桥柱贰百伍拾六根。

经理会长：汪朝宗、李锟、张培荣、李世春。画工何成昌，石工章尚志，木工李茂德，泥工莱三师。

中华民国十三年岁次甲子全月中旬谷旦立

6. 《永兴义渡田亩碑》（民国十九年）

现存汉中市南郑区大河坎镇大河坎社区。碑长方形，残高 80 厘米，存碑额及上部，缺下部。碑文楷书 19 行，见附图 6。未见著录。今据原石及照片校录如次：

永兴义渡成立，各地人士来此普济。虽洪水不患……乃臻今日之元善，现公利之实效。曩此诸君筹备……兴之志愿仆等庸愚成性。值口辰冬，蒙众公举执理……均系仆等依次口口自经理惟恐口口仍生特轻慊怨……支暨置产账项除对众宣布清算外，固置逐件勤……

一买明宋连福水田壹丘实口口口口口口口口口……

一买明谢培恩等口水田壹丘口口口口口口座落……

一买明张元升、张元成老溪堰水田壹丘实有壹亩伍分座落……

一买郑尚志水旱田地各壹丘实有四亩座落海会寺界，式亩六分座落油房街后……

一买谢光明水田壹丘实有壹亩座落口口村娘娘……

一买明谢光宗水田壹丘实有壹……

一买明胡兴文、胡兴武口水田口丘实有肆亩座落杜家营前……

一买苏德升水田式口实有叁亩座落苏家山油房……

一买王植口口口口口实有叁亩座落中所村银沟硚……

一买口口口口旱地壹丘实有贰亩座落中所营银沟硚……

一买口黄长福（中缺）坎街面瓦房叁间后房壹间　　鼎……

　　　　新添桥板四拾伍页

　　　　新添桥柱叁拾式根　　　　　经理会首……

中华民国拾九年全月

附图6 民国十九年南郑县《永兴义渡田亩碑》

7. 《上水渡船桥会碑》（同治十一年）

现存汉中市南郑区圣水寺石刻陈列馆。碑长方形，残高100厘米，宽48厘米，厚7厘米，左上部有残缺。碑文楷书19行。未见著录。序文15行，满行13字。今据原石拓片（见图5-1）校录如次：

□□□者，尤须善成，使有其倡之□，□□□虽事属善举，难保其积久□□□。我上水渡有船桥会者，不□□□时作舟行水，攸往有咸宜□□梁，伐冰寒冱，无朝涉之患，诚□□。但兵燹以后，诸君子几费经□□再睹钜业，倘继起无人，而欲□□新，不诚难哉！得胡君天喜、李君□□、谭君舜、田君阳生、高君兴等□任之。数年之间，执事维恪积其□，置业数垞，所遗地土，依旧璧还。□之后，属予为序，以刻石，是岂为□计哉！惟望后有作者，有感于斯，□诸久远，至于临流思德，诸公□愿居也，是为序。

□□存桥板壹拾六叶，大船板壹拾弍叶。水田□□□分，座落韩家硚西中沟水，军粮三斗一升。埂地弍亩五分，座落五皇庙门口，民粮一升□□一勺。又查出小中滩埠地一亩五分。

□腾霄、王黻文、武定□、武定攻、杜佐堂、李文秀各出钱二百文；来兴贵、董尽美、李贵秀等各出钱百五（以下略人名和出钱数）

庠生张国华拜撰

新会首 黄登云、严顺、王清林、王进德、肖成芳。乡约 武朝品、陈茂生。

大清同治十一年十二月廿二日立

8. 《张仙渡船桥会碑》（光绪三十三年）

现存汉中市南郑区圣水寺石刻陈列馆。碑长方形，残高80厘米，存碑额及上部，缺下部。碑文楷书19行。未见著录。今据原石拓片（见图5-2）校录如次：

懿夫乘舆待济，郑卿尚诩以□人舟楫，储材设□特□□重器。如我处张仙渡斜滩河者，上发嶓家，下汇彭蠡。南依汉麓，北通府城，盖所谓□达通衢是也。苟无以利济之□，不至望洋而□，临河而□者鲜矣。昔人悯此，特兴船桥会于兹。于是冰解阳回，春则有鹢头稳泛，水落石出；冬则有雁齿排空，诚过客□通行途□□□□斯其□□何如乎！然推前人之苦心，共襄盛事，亦早望后之人更推迭替，相继从公□过□滨者，攸往咸宜耳。

我□□□□年经□□□，阅三岁□造船建桥，按时而动，量入为出，有账必登。虽急公发私，亦意于竭力会内之事，上体前人之雅意，下启后人之公心。他如买田置业，日食不遑，□木奠川，过门未入，非敢自居勤劳，惧疏也。今值成梁之候，正逢替会之年，□故□戏，诵经赛报平水明王、河伯。同众算账，船桥退交会首，因将老会首历经之事逐一询察，并我等补修添业费用，泐之贞珉。庶几年代久远，善功常存，四时无沉溺之苦，万姓兴利涉之歌矣。是为序。

古渡兴有历年，前人所置田地共有四拾余亩，以至光绪拾叁年有会首王鉴、李含、范兆吉、赵明等经理十数余年，易换□基，□修桥庙正殿三间，厦房两间。每年造船搭桥，置业三亩，除化费外，余钱百拾余串。至贰拾九年六月，内交于杜阳春、潘贵、王永理、王明□四人经理，又补修桥庙，每年造船搭桥。内有贰年天□人□，又买陶姓水田贰垗贰亩，添买桥板桥柱树木用钱百拾余串。又新造谷仓□架。于今三载，请同两坝绅粮会首，□□□□□□□□□不朽云尔。

一宗买明水田壹丘一亩玖分，座落瓦窑子西边□子里，军粮；

一宗买明水田贰丘壹亩贰分五厘，座落瓦窑东边窑厂里，军粮；

一宗买明水田四丘五亩，座落牛营小田坝山水沟□外，民粮；□丘座落小田坝东边靠渠贰亩三分，民粮；

一宗买明水田壹丘三亩，座落屈家河土地庙□西边，军粮；

一宗买明水田壹丘贰亩，座落龚桥新沟洞口，民粮；

一宗置明水田壹丘三亩，座落郝家坎梁家坟，军粮；

一宗置明水田贰丘伍亩，座落草寺庙西边，军粮；

一宗置明水田壹丘伍亩，座落瓦窑子大沙坝，军粮；

一宗置明水田壹丘伍分，埠地一段贰亩，座落漕子里，军粮；

一宗置明水田壹亩八分，座落沙地里，军粮；

一宗置明水田壹丘一亩六分，座落岭岗子冷家房边，军粮；

一宗置明埠地一段八亩，座落沙地里，军粮；

一宗置明水田贰丘贰亩，座落党家冲新沟洞子下边，民粮；

一宗换明范姓庄基旱地一亩二分，座落石马坟西边，军粮；

一宗先年置明桥庙老庄基河坝地一段：上梁姓为界，下张姓为界，左面田姓大河为界，右面□姓张姓江子为界。东边长一百零八丈，南边长一百零五丈，西边长一百零三丈，北边一百零一丈。边界具明，军粮。

绅粮：职员杜作梁、武生杜桂荣、文连升、贡生杜泗章、监生牛文秀、文宪章、州同杜陵春、监生胡天成、廪生郝焜、军功范德润、职员赵德璋、王永德、武生文成章、沈可顺、杜□春、张义成。

协办会首：首士王明典、张万兴、王杰、张天喜，粮差李致祥，团首梁凤鸣，典史□德全，监生高德有、范书清、赵德兴，乡约王明机，地方汪源。

总理会首：杜阳春、潘贵、王永理、王明选

沈经、王明递、杜祥。

文生高彭寿撰

儒生王有志书

石匠许春祥

乡　王占魁

地　叶世荣、贺宪章、屈洪

大清光绪叁拾叁年季春月中旬谷旦日建立

参 考 文 献

[1] 马克斯·韦伯. 法律社会学[M]. 康乐，简惠美，译. 桂林：广西师范大学出版社，2005.

[2] 马克思·韦伯. 儒教与道教[M]. 王容芬，译. 北京：商务印书馆，1997.

[3] 杜赞奇. 文化、权力与国家：1900—1942 年的华北农村[M]. 王福明，译. 南京：江苏人民出版社，1995.

[4] 费正清，刘广京. 剑桥中国晚清史：1800—1911 年[M]. 中国社会科学院历史研究所编译室，译. 北京：中国社会科学出版社，1993.

[5] 黄宗智. 法典、习俗与司法实践：清代与民国的比较[M]. 上海：上海书店出版社，2001.

[6] 黄宗智. 清代的法律、社会与文化：民法的表达与实践[M]. 上海：上海书店出版社，2007.

[7] 夫马进. 中国诉讼社会史研究[M]. 京都：京都大学出版社，2011.

[8] 滋贺秀三，寺田浩明. 明清时的民事审判与民间契约[M]. 王亚新，范愉，译. 北京：法律出版社，1998.

[9] 费孝通. 乡土中国　生育制度[M]. 北京：北京大学出版社，1998.

[10] 费孝通. 乡土中国[M]. 北京：北京出版社，2004.

[11] 范愉. 非诉讼纠纷解决机制研究[M]. 北京：中国人民大学出版社，2000.

[12] 冯尔康. 中国社会结构的演变[M]. 郑州：河南大学出版社，1994.

[13] 瞿同祖. 清代地方政府[M]. 范忠信，何鹏，晏锋，译. 北京：法律出版社，2011.

[14] 瞿同祖. 中国法律与中国社会[M]. 北京：中华书局，2003.

[15] 梁志平. 清代习惯法：社会与国家[M]. 北京：中国政法大学出版社，1996.

[16] 牛铭实. 中国历代乡约[M]. 北京：中国社会出版社，2005.

[17] 田成有. 乡土社会中的民间法[M]. 北京：法律出版社，2005.

[18] 吴欣. 清代民事诉讼与社会秩序[M]. 北京：中华书局，2007.

[19] 杨国安. 国家权力与民间秩序：多元视野下的明清两湖乡村社会史研究[M]. 武汉：武汉大学出版社，2012.

[20] 杨开道. 中国乡约制度[M]. 北京：商务印书馆，2015.

[21] 张仲礼. 中国绅士研究[M]. 上海：上海人民出版社，2008.

[22] 赵世瑜. 小历史与大历史：区域社会史的理念、方法与实践[M]. 北京：生活·读书·新知三联书店，2006.

[23] 赵秀玲. 中国乡里制度[M]. 北京：社会科学文献出版社，2002.

[24] 赵旭东. 权利与公正：乡土社会的纠纷解决与权威多元化[M]. 天津：天津古籍出版社，2003.

[25] 郑振满，陈春声. 民间信仰与社会空间[M]. 福州：福建人民出版社，2003.

[26] 王日根. 明清民间社会的秩序[M]. 长沙：岳麓书社，2003.

[27] 吴佩林. 清代县域民事纠纷与法律秩序考察[M]. 北京：中华书局，2013.

[28] 段自成. 清代北方官办乡约研究[M]. 北京：中国社会科学出版社，2009.

[29] 卞利. 明清徽州社会研究[M]. 合肥：安徽大学出版社，2004.

[30] 张广修，张景峰. 村规民约论[M]. 武汉：武汉大学出版社，2002.

[31] 刘笃才，祖伟. 民间规约与中国古代法律秩序[M]. 北京：社会科学文献出版社，2014.

[32] 李启良，李厚之，张会鉴，等. 安康碑版钩沉[M]. 西安：陕西人民出版社，1998.

[33] 段自成. 清代乡约长的官役化与乡约教化的衰落[J]. 平顶山师专学报，2003（4）：15-17.

[34] 王日根. 论明清乡约属性与职能的变迁[J]. 厦门大学学报，2003（2）：69-76.

[35] 张中秋. 乡约的诸属性及其文化原理认识[J]. 南京大学学报，2004（5）：51-57.

[36] 黄志繁. 乡约与保甲：以明代赣南为中心的分析[J]. 中国社会经济史研究，2002（2）：3-7.

[37] 常建华. 明代徽州的宗族乡约化[J]. 中国史研究，2003(3)：135-152.

[38] 常建华. 乡约的推行与明朝对基层社会的治理[J]. 清史论丛，2003(4)：1-36。

[39] 陈柯云. 略论明清时期徽州的乡约[J]. 中国史研究，1990(4)：44-45.

[40] 汪毅夫. 试论明清时期的闽台乡约[J]. 中国史研究，2002(1)：131-144.

[41] 刘永华. 明清时期闽西四保的乡约[J]. 历史人类学，2003(2)：21-45.

[42] 吴晗，费孝通：皇权与绅权（增补本）[M].上海：华东师范大学出版社，2015.

[43] 郑峰. 杨增新治新时期的南疆乡约[J]. 喀什师范学院学报，2001(6)：39-41.

[44] 曹国庆.明代乡约推行的特点[J]. 中国文化研究，1997(1)：17-23.

[45] 董建辉. "乡约"不等于"乡规民约"[J]. 厦门大学学报，2006(2)：51-58.

[46] 肖瑛. 从"国家与社会"到"制度与生活"：中国社会变迁研究的视角转换[J]. 中国社会科学，2014(9)：88-104.

[47] 胡谦. 清代民间纠纷的民间调处研究[D]. 中国政法大学，2007.

[48] 卞利. 明清时期徽州乡约简论[J]. 安徽大学学报，2002(6)：34-40.

[49] 杨开道. 中国农村组织史略[J]. 社会学刊，1930，1(4).

[50] 杨开道. 乡约制度的研究[J]. 社会学界，1931(5).

[51] 杨开道. 吕新吾的乡甲约制度[J]. 社会学界，1934(8).

[52] 王兰荫. 明代之乡约与民众教育[J]. 师大月刊，1935(5).

[53] 吕著清. 中国乡约概要[J]. 河北学刊，1936(4).

[54] 谢长法. 乡约及其社会教化[J]. 史学集刊，1996(3)：53-58.

[55] 洪性鸠. 明代中期徽州的乡约与宗族的关系：以祁门县文堂陈氏乡约为例[J]. 上海师范大学学报，2005(2)：80-89.

[56] 陈瑞. 明清时期徽州宗族的内部救济[J]. 中国农史，2007(1)：86-99.

[57] 汪毅夫. 明清乡约制度与闽台乡土社会：《闽台区域社会研究》之一节[J]. 台湾研究集刊，2001(3)：70-79.

[58] 常建华. 国家与社会：明清时期福建泉州乡约的地域化：以《福建宗教碑铭汇编·泉州府分册》为中心[J]. 天津师范大学学报，2007(1)：40-46.

[59] 杨念群. 论十九世纪岭南乡约的军事化：中英冲突的一个区域性结果

[J]. 清史研究，1993(3)：114-121.

[60] 段自成. 试论清代乡约的政治职能[J]. 河池学院学报，1998(3)：74-77.

[61] 段自成. 明清乡约的司法职能及其产生原因[J]. 史学集刊，1999(2)：45-49.

[62] 段自成. 论清代里甲催科向乡约催科的转变[J]. 青海师范大学学报，2005(6)：70-74.

[63] 段自成. 论清末民初新疆乡约的特点[J]. 兰州学刊，2006(3)：71-79.

[64] 段自成. 清代北方官办乡约组织形式述论[J]. 中国社会历史评论，2006(7)：291-306.

[65] 段自成. 清代北方官办乡约与绅衿富民的关系[J]. 河南大学学报，2007(5)：112-116.

[66] 段自成. 论清代北方官办乡约首事选任条件的演变[J]. 石家庄学院学报，2008(5)：48-51.

[67] 段自成. 略论晚清东北乡约[J]. 史学月刊，2008(8)：66-71.

[68] 党晓红. 中国传统乡规民约研究[D]. 西北农林科技大学，2011.

[69] 党晓红，樊志民. 传统乡规民约的历史反思及其当代启示：乡村精英、国家政权和农民互动的视角[J]. 中国农史，2010(4)：100-105.

[70] 周家明，刘祖云. 传统乡规民约何以可能[J]. 民俗研究，2013(5)：65-70.

[71] 刘广安. 论明清的家法族规[J]. 中国法学，1988(1)：103-111.

[72] 中国人民大学清史研究所：清史研究集 第八辑[M]. 北京：中国人民大学出版社，1997.

[73] 卞利. 明清徽州乡(村)规民约论纲[J]. 中国农史，2004(4)：97-104.

[74] 党晓红. 明清晋陕地区乡规民约对水资源的管理及其作用探析[J]. 农业考古，2010(6)：10-12.

[75] 陈学文. 明清时期社会治安的条令和乡规民约[J]. 江南大学学报，2014(4)：48-53.

[76] 程功群. 明清时期乡规民约教化活动探析[J]. 宁波大学学报，2015(1)：36-40.

后　记

　　这部书稿是陕西省出版基金资助项目的最终成果。自 2014 年立项以来，此项目进展十分缓慢，家庭、单位、个人诸事缠身，致使研究工作一拖再拖。在此期间，笔者深感自己的研究从方法、理论和视野上明显遇到瓶颈，需要来自外部的新鲜知识再次激活。为此，笔者两度在外脱产进修，第一次是 2015 年 3 月至 2016 年 3 月，有幸前往英国伯明翰大学历史系访学，试图寻求西方社会学和人类学的理论资源来化解自己研究方法的困境，但收效甚微。毕竟自己是史学出身，受固有学科影响太深，一时很难有所长进；第二次是 2018 年 9 月至 2019 年 6 月，有幸到北京大学历史系进修，在此旁听了一学期赵世瑜教授的"社会史史料研读"课程，受益很大。笔者逐渐意识到"眼光向下"或"自下而上"从国家与地方互动关系中探究区域历史和文化是大有可为的研究视角，开始注重包括碑刻在内的民间文献在建构区域历史过程中的作用；从研究对象上来看，更关注普通民众、日常生活、基层精英等，注意从意识形态上研究国家意志与地方观念的博弈过程，更重要的是领悟到从长时段对区域历史的"结构过程"(structuring)进行分析的可能路径。另外，借鉴人类学和社会学而形成的"历史社会学"更加注重个人的生活、具体的经验感知和情境，这是以往史学研究所忽略的地方，也是必须经由深入的田野调查才能获得的。如此种种都对笔者进行清代陕西地方社会治理研究有很大启发。

　　基于此，笔者在本部书稿中以碑刻资料为主要史料，在文献细读的基础上，从地方政府治理与普通民众应对的双向互动过程中来探讨清代陕西地方社会治理的具体实态。从现有碑刻材料来看，地方政府治理的首要目的是保持社会秩序的安定和稳定。为达此目的，清代地方政府通常都要对民俗、教化、治安、宗教、经济等方面进行自上而下的治理。但限于财力和人力的不足，治理能力和效果差强人意。在这些方面，前人的研究都或多或少地关注到了。笔者更关心的问题是在州县政府和普通民众之间，起缓冲或中介作用的社会组织在地方治理过程中到底扮演什么角色？它们发挥着什么样的作用？为此，笔者主要围绕乡约组织以及会社组织开展研究，前者代表地方政府在乡村社会的半官方组织，它广泛参与到民间日常生活中的各个方面；后者则属于专门性民间互助组织，比如为禁止赌博而成立的禁赌会，以及为方便行旅商船过河而自发组织的船桥会等。这些民间组织的存在是一定程度上民间自治的反映。

这部书稿也是笔者将研究方向从中古吐鲁番社会史向明清陕西地方社会史转向的一次初步尝试。不熟悉的领域，不熟悉的资料，甚至非常陌生的研究主题，都是深入研究所面临的困难。比如在解读碑刻史料时，理解清代地方官制、赋役制度、行政区划和影响清代陕西历史演进的重大事件等诸多问题都是需要一边恶补基础知识，一边进行文本之外意义的阐发。有鉴于此，本书稿中难免有挂一漏万，甚至拾人牙慧之处。但即便如此，笔者坚信，结合田野调查，自下而上地进行陕西社会史研究是宋以后陕西地域史研究的薄弱环节，这一领域大有可为，一定能够出高质量的研究成果。

在此书稿写作过程中，承蒙常新、张萍、张雨、徐雪强、王兴成等多位师友鼓励和帮助，特别感谢西安电子科技大学出版社编辑高樱和宁晓蓉的辛劳付出。付梓之际，谨表谢忱！

董永强
2020 年 12 月